ADAC Reiseführer

Thüringen

Erfurt Gotha Weimar Jena

Schlösser und Burgen • Wanderungen • Museen
Bergwerke und Höhlen • Hotels • Restaurants

Die Top Tipps führen Sie zu den Highlights

von Gabriel Calvo Lopez-Guerrero
und Sabine Tzschaschel

Intro

Thüringen Impressionen 6

Burgenreigen und Schlösserprunk in Deutschlands grünem Herz

Geschichte, Kunst und Kultur im Überblick 12

Vom Reich der Thüringer zum Freistaat Thüringen

Unterwegs

Das Thüringer Becken – traditionsreiche Städte an der Via Regia 18

1 Erfurt 18
2 Weimar 28
3 Buchenwald 40
4 Apolda 41
5 Bad Berka 42
6 Kranichfeld 42
7 Arnstadt 44
8 Die Drei Gleichen 46
9 Gotha 47

Der Thüringer Wald – Deutschlands grünes Herz 50

10 Eisenach und Wartburg 50
11 Waltershausen und Friedrichroda 56
12 Brotterode 57
13 Ohrdruf 58
14 Oberhof 59
15 Suhl 61
16 Ilmenau 63
17 Paulinzella 64
18 Oberweißbach 65
19 Lauscha 66
20 Sonneberg 68

Das Werratal – beschauliche Dörfer und alte Residenzstädte 70

21 Hildburghausen 70
22 Schleusingen 72
23 Themar 74
24 Meiningen 75
25 Schmalkalden 78
26 Bad Salzungen und Bad Liebenstein 80

Thüringens Südosten – an der Saale hellem Strande 84

27 Saalekaskade 84
28 Saalfeld 86
29 Bad Blankenburg 89
30 Rudolstadt 90
31 Schloss Kochberg 93
32 Kahla und die Leuchtenburg 94
33 Jena 95
34 Dornburger Schlösser 98

Thüringens Osten – zwischen Elster und Pleiße 100

35 Altenburg 100
36 Das Holzland 103
37 Gera 104
38 Weida 108
39 Greiz 110

Das Eichsfeld und Nordthüringen 112

40 Heilbad Heiligenstadt 112
41 Leinefeld-Worbis 114
42 Mühlhausen 116
43 Bad Langensalza 119
44 Nationalpark Hainich 120
45 Nordhausen 121
46 Sondershausen 124
47 Bad Frankenhausen 125
48 Kyffhäuser 128

Thüringen Kaleidoskop

Klassik in Weimar 30
Das Bauhaus – Verwirklichung einer Utopie 37
Rosen statt Brot – die heilige Elisabeth 55
Auferstanden aus Ruinen – die Neue Landschaft Ronneburg 108
Stadtumbau Ost – Zurück in die Zukunft 116
Leiden unter Tage: das Konzentrationslager Mittelbau-Dora 123

Thüringen – die schönsten Wanderungen

Durch die Drachenschlucht zur Wartburg 56
Auf den Inselsberg und zum Trusetaler Wasserfall 58
Von Oberhofs Hochmoor über den Rennsteig zum Beerberg 61
Auf Goethes Spuren von Ilmenau nach Stützerbach 64
Auf dem Keltenweg nach Römhild 72
Einmal rund um Themar 75
Meiningens Schillerwanderweg 77
Sportlicher Dreiklang an der Werra 82
Durch das Schwarzatal bei Bad Blankenburg 90
Von Weimar nach Kochberg 93
Der Kyffhäuserweg 129
Grenzlinien als Wanderwege: Rennsteig und Grünes Band 137

Karten

Thüringen Süd vordere Umschlagklappe
Thüringen Nord hintere Umschlagklappe
Erfurt hintere Umschlagklappe
Weimar 33
Gotha 48
Jena 98
Gera 105

□ Service

Thüringen aktuell A bis Z 131

Vor Reiseantritt 131
Allgemeine Informationen 131
Anreise 131
Bank und Post 132
Behinderte 132
Einkaufen 132
Essen und Trinken 132
Feiertage 133
Festivals und Events 133
Kinder 134
Klima und Reisezeit 135
Sport 135
Statistik 139
Unterkunft 139
Verkehrsmittel 139

Register 141

Liste der lieferbaren Titel 140
Impressum 143
Bildnachweis 143

Leserforum

Die Meinung unserer Leserinnen und Leser ist wichtig, daher freuen wir uns von Ihnen zu hören. Wenn Ihnen dieser Reiseführer gefällt, wenn Sie Hinweise zu den Inhalten haben – Ergänzungs- und Verbesserungsvorschläge, Tipps und Korrekturen – dann kontaktieren Sie uns bitte:

Redaktion ADAC Reiseführer
ADAC Verlag GmbH
Am Westpark 8, 81365 München
Tel. 089/76 76 41 59
reisefuehrer@adac.de
www.adac.de/reisefuehrer

Thüringen Impressionen

Burgenreigen und Schlösserprunk in Deutschlands grünem Herz

Mag Thüringen auch eines der kleinsten deutschen Bundesländer sein – dank seines **landschaftlichen Reichtums** ist es zugleich eines der attraktivsten. Die sanften Hügel des Eichsfelds im Norden und die blauen Stauseen des Saaletals im Süden, die Buchenwälder des Hainichs im Westen und die reizende Kulturlandschaft entlang der Ilm im Osten laden zu ausgedehnten Entdeckungstouren ein. Im Zentrum des Bundeslandes erstreckt sich das von Gera und Unstrut durchflossene Thüringer Becken, wo mit Erfurt, Gotha und Mühlhausen drei der schönsten Städte des Bundeslandes auf ihre Besucher warten.

Handelsstädte und berühmte Universitäten

Schon im Mittelalter prosperierte **Erfurt**, die größte Stadt Thüringens. Damals zählte sie wegen des einträglichen Handels mit Waid, das zum Färben von Stoffen verwandt wurde, gar zu den größten auf deutschem Boden. So manches vom Reichtum seiner Erbauer zeugende Kaufmannshaus blieb erhalten. Die vollständig mit kleinen Fachwerkhäusern bebaute **Krämerbrücke** aus dem 15. Jh. sucht in Nordeuropa ihresgleichen. Ein einzigartiges Ensemble gotischer Sakralbaukunst ist der **Dom St. Marien** mit der **Severikirche**, die von hoher Warte die lebendige Altstadt überblicken. Für jugendliches Flair sorgen die Studenten der Erfurter Universität, an der vor 500 Jahren schon der Reformator Martin Luther lernte.

Auch **Jena** ist für seine Hochschule bekannt. Wo um 1800 der Philosoph Johann Gottlieb Fichte und der Dichter Friedrich Schiller dozierten, wird heute

Rechts oben: *An Sommertagen sind die Straßencafés auf Erfurts Fischmarkt stets voll*
Rechts: *Von der Wartburg blickt man über das Vorland des Thüringer Waldes*
Oben: *Wanderer und Mountainbiker zieht es hinaus in die Thüringer Natur*

für die Zukunft geforscht. Der JenTower im Zentrum der Stadt, mit seinen 159 m das höchste Gebäude Thüringens, ist das Symbol für den Aufschwung der vergangenen Jahre. All die bahnbrechenden Erfindungen, die ihren Ursprung in Jena hatten, präsentieren das Optische und das Schott GlasMuseum.

Ganz dem Mittelalter verpflichtet ist die von einer gut erhaltenen Stadtmauer umgebene Altstadt von **Mühlhausen**. Fachwerkhäuser säumen kopfsteingepflasterte Gassen, gotische Kirchtürme überragen rot gedeckte Dächer. Mehrere Museen lassen die Geschichte der einstigen Freien Reichsstadt Revue passieren, Cafés und Restaurants laden zum Verweilen ein. Auch in **Schmalkaldens** vorbildlich sanierten Straßen wird die Vergangenheit lebendig, vor allem die teils kunstvoll verzierten Fachwerkhäuser sind begeisterungswürdig.

Land der Ritter, Grafen und Herzöge

Mittelalter pur empfängt den Besucher jener **Burgen**, die von so manchem Bergsporn grüßen. Allen voran ist da natürlich die **Wartburg** über Eisenach, Versteck Martin Luthers vor den Häschern des Kaisers und Schauplatz des Wartburgfestes, auf dem Studenten die Einheit Deutschlands forderten. Ein aussichtsreicher Wanderweg verbindet Mühlburg, Burg Gleichen und Wachsenburg, besser bekannt als **Die Drei Gleichen**, bei Gotha.

Einst standen sich dort oben verfeindete Herrschergeschlechter gegenüber, heute bilden sie ein pittoreskes, von weither sichtbares Ensemble. Auch entlang der Werra, Thüringens Grenzfluss zu Hessen, wachen imposante Festungen, so Burg Hanstein über Bornhagen oder die Brandenburg bei Gerstungen. Angesichts dieser Fülle von Zeugen des Mittelalters ist es keine Überraschung, dass eine Thüringer Burg, nämlich die Veste Heldburg bei Hildburghausen, zum Standort des Deutschen Burgenmuseums gewählt wurde.

Als dem Adel Thüringens die Burgen im 16. Jh. zu zugig wurden, verlegte er den Wohnsitz hinunter in seine **Residenzstädte**. Die Bertholdsburg in Schleusingen und die imposante Heidecksburg über Rudolstadt, das Altenburger Schloss mit seiner in verspieltem Barock dekorierten Kirche und das weitläufige Sommerpalais in Greiz künden von Geltungsbedürfnis und Ehrgeiz all der Kleinstaaten, die seit jener Zeit entstanden. Das größte Schloss Thüringens – und eines der imposantesten in ganz Deutschland – schuf der Herzog von Sachsen-Gotha mit **Schloss Friedenstein**. Ein Tag reicht nicht aus, um seine Prunksäle und Museen zu erkunden.

Auch außerhalb der Städte finden sich bezaubernde Anlagen, etwa die Dornburger Schlösser auf einem mit Wein bewachsenen Muschelkalkfelsen hoch über der Saale. Ähnlich beeindruckend ist Schloss Altenstein inmitten seines Landschaftsparks, den allerlei Zierbauten verschönen.

Wo Dichterfürsten wandelten

Was den Fürsten der Thüringer Kleinstaaten an politischem Einfluss fehlte, das versuchten sie mit kulturellem Engagement und Mäzenatentum wieder wettzumachen. So kommt es, dass dem Reisenden allerorten vorzügliche Museen, Theater und Galerien begegnen.

Die Herzöge von **Gotha** etwa begründeten im 18. Jh. eine Theatertradition, welche die Stadt bis heute mit dem Ekhof-Festival zelebriert. Aus der herzoglichen Kunstkammer entstand über die Jahrhunderte eine Sammlung, die von alt-

deutscher und niederländischer Malerei bis zur Kunst der Gegenwart reicht.

Auch **Meiningen** überrascht mit einer Bühne, deren Qualität sich nicht vor den Theatern in Deutschlands Großstädten verstecken muss. Hier war es Herzog Georg II. von Sachsen-Meiningen, der Ende des 19. Jh. den Grundstein für eine lebendige Schauspiel-Tradition legte. In **Rudolstadt** wiederum beeindruckt neben einer Sammlung zarten Thüringer Porzellans die Waffensammlung der Schwarzburger Grafen.

Unbestritten überstrahlt der Glanz **Weimars** alle anderen Städte Thüringens. Hier begegnet man auf Schritt und Tritt den Spuren **Johann Wolfgang von Goethes**, dem unerreichten Heroen deutschen Geisteslebens. Das Goethe-Nationalmuseum ist quasi ein Tempel für den Dichterfürsten, hier wohnte er auf dem Höhepunkt seiner Schaffenskraft, hier gingen all die anderen Protagonisten der deutschen Klassik ein und aus. Gemeinsam mit Friedrich Schiller, dessen weitaus bescheideneres Wohnhaus gleichfalls zu besichtigen ist, prägte er eine ganze Epoche. Ob im Park an der Ilm mit Goethes Gartenhaus oder in der **Herzogin-Anna-Amalia-Bibliothek** mit dem prachtvoll wiederhergestellten Rokokosaal, ob im Schloss Belvedere, wo Goethe naturwissenschaftliche Studien betrieb oder auf dem Historischen Friedhof, wo Schiller und Goethe begraben liegen: an Pilgerstätten für Kulturliebhaber herrscht wahrlich kein Mangel. Eine weitere Blütezeit erlebte die Stadt Anfang des 20. Jh. dank der revolutionären Ideen der Bauhaus-Schule um Walter Gropius, die Architektur und Design radikal erneuerte. Weimars Bauhaus-Museum stellt die Errungenschaften dieser Bewegung ausführlich vor.

Links oben: *Die mit Stuck reich verzierten Prunkräume von Schloss Friedenstein in Gotha* **Links unten:** *Während der Erfurter Domstufen-Festspiele wird der Domberg zur Bühne* **Oben:** *Auf Jenas Marktplatz bieten die Bauern der Umgebung ihre Waren feil* **Rechts:** *Thüringens Vielfalt: Baden in der Bleilochtalsperre und mittelalterliche Gassen in Gotha*

Deutschlands Grünes Herz

Wenn Johann Wolfgang von Goethe nicht am Schreibtisch saß, dann zog es ihn hinaus in die Natur. Von seinem Haus in Weimar aus marschierte er regelmäßig nach Schloss Kochberg, Wohnort seiner Freundin Charlotte von Stein. Mittlerweile folgt der reizvolle **Goethewanderweg** seinen Schritten durch die Wiesen und Wälder südlich von Weimar.

Der berühmte Dichter ist gern zitierter Kronzeuge all jener, die Thüringens landschaftliche Schönheiten rühmen. Ins Schwelgen geraten sie etwa beim **Hainich**, dem größten zusammenhängenden Laubwald Deutschlands. Im Herbst, wenn sich seine Blätter bunt verfärben, bietet er einen wahrhaft unvergesslichen Anblick. Der Nationalpark, der seine wertvollen, uralten Buchenhaine schützt, verfügt mit dem Baumkronenpfad, auf dem man über das Blätterdach hinwegspazieren kann, über eine ganz besondere Attraktion.

Ganz oben: *Ausgehen in Jena*
Oben: *Kunstvoll gestaltet sind die Modelle für den Blaudruck, der bis heute in Erfurt gepflegt wird*
Rechts oben: *Präzisionshandwerk – ein Tierglasbläser aus Lauscha bei der Arbeit*
Rechts Mitte: *Thüringer Bratwürste und dunkles Bier aus Köstritz – eine schier unwiderstehliche Kombination*
Rechts unten: *Frühnebel liegt über den Feldern unterhalb der Wachsenburg, einer der Drei Gleichen bei Mühlberg*

Die Zahl der Wanderwege durch den **Thüringer Wald** ist schier unüberschaubar, von der Talwanderung bis zum anstrengenden Gipfelsturm ist alles geboten. Unangefochtener Star ist freilich der **Rennsteig**, der der Kammlinie des Thüringer Waldes zwischen Eisenach und Blankenstein auf 168 km folgt. Im Winter, wenn Schnee seine Höhen einhüllt, werden viele Wanderwege zu Loipen und in **Oberhof** trifft sich die Wintersportelite zu Biathlon- und Rodelwettbewerben.

Keine sportlichen Höchstleistungen erfordern die bestens markierten **Fahrradwege** entlang Werra, Elster oder Saale. Vielerorts kann man die Flüsse auch per Kanu erkunden – ein ganz besonderes Abenteuer. Gleichfalls zum **Wassersport** laden die Stauseen entlang der Saalekaskade. An der Bleilochtalsperre und über den Hohenwarte-Stausee gleiten Ausflugsschiffe zwischen Surfern und Paddelbooten dahin.

Nicht nur über, sondern auch unter der Erde ist Thüringen von überraschender Vielseitigkeit. In den **Feengrotten** bei Saalfeld schillern die Höhlenwände in allen Farben des Regenbogens, in der Marienglashöhle bei Friedrichroda kann man quasi einen Kristall betreten und im Erlebnis Bergwerk Merkers sehen die Besucher dem größten unterirdischen Bagger beim Kaliabbau zu.

Geschichte, Kunst, Kultur im Überblick

Vom Reich der Thüringer zum Freistaat Thüringen

400 v. Chr. Aus dem heutigen Frankreich kommen Kelten nach Thüringen. Auf dem Kleinen Gleichberg bei Römhild entsteht eine ihrer größten Burganlagen.

1. Jh. n. Chr. Der germanische Stamm der Hermunduren zieht vom Oberlauf der Elbe ins Thüringische.

ab 375 Die Völkerwanderung beginnt. Hermunduren und die aus dem Nord- und Ostseeraum zugewanderte Angeln und Warnen verbinden sich zum Stamm der Thüringer.

Landgraf Hermann von Thüringen als huldvoller Herrscher

ab 451 Mit der Niederlage Attilas auf den Katalaunischen Feldern beim französischen Troyes gegen das römisch-westgotische Heer endet die Vorherrschaft der Hunnen in Mitteleuropa. Die Thüringer nutzen das Fehlen eines starken Führers und erobern ein Reich, das sich zwischen Altmark im Norden und Frankenwald im Süden, Elbe im Osten und Werra im Süden erstreckt.

531 Die nach Osten vorrückenden Franken besiegen die Thüringer in der Schlacht bei Burgscheidungen an der Unstrut. Ab dem 8. Jh. wird Kolonisation und Burgenbau verstärkt.

725 Der Missionar Bonifatius gründet in Ohrdruf das erste thüringische Kloster. 742 stiftet er das Bistum Erfurt. 746 überträgt ihm der Papst das Bistum Mainz, dem nach und nach das Gebiet des 754 wieder aufgelösten Erfurter Bistums zugeschlagen wird. Fortan herrschen die Mainzer Erzbischöfe, die seit dem Mittelalter zu den mächtigsten Fürsten des Reiches zählen, über die Region um Erfurt.

802 Kaiser Karl der Große lässt im Lex Thuringorum das Stammesrecht der Thüringer kodifizieren, das der Region eine gewisse Eigenständigkeit sichert. Die Thüringer Herzöge setzt allerdings der Kaiser ein.

843 Mit dem Vertrag von Verdun teilen die Enkel Karls des Großen das fränkische Reich unter sich auf. Thüringen kommt mit dem Ostfrankenreich, der Keimzelle des Deutschen Reiches, an Ludwig ›den Deutschen‹.

908 Nach dem Tod des Thüringer Herzogs Burchard erwirbt der sächsische Herzog Otto weite Teile Thüringens.

919 Der Adel des Ostfrankenreichs wählt Heinrich, den Herzog von Sachsen zum König. Der sächsisch-thüringische Raum gehört damit zum Kerngebiet königlicher Macht.

933 In der Schlacht bei Riade, wahrscheinlich nahe des heutigen Weißensee, besiegt König Heinrich die Ungarn, die sein Reich seit Jahrzehnten mit Raubkriegen überziehen.

955 Durch den Sieg in der Schlacht auf dem Lechfeld bei Augsburg kann König Otto der Große die Ungarngefahr endgültig bannen.

1002 Mit dem Tod Kaiser Ottos III. stirbt die sächsische Linie der Ottonen aus. Unter Heinrich II. verlagert sich das Machtzentrum des Reiches in den Bamberger Raum, unter den salischen Königen ab 1024 gar an den Rhein. Der Thüringer Adel nutzt die Abwesenheit eines starken Herrschers und eignet sich die regionalen Königsgüter an.

1060 Ludwig der Bärtige, ein junger Adeliger aus dem Rhein-Main-Gebiet, gründet eine Herrschaft um das heutige Friedrichroda, wo seine erste Festung, die Schauenburg, entsteht. Seine Familie, die nach ihm benannten Ludowinger, steigen rasch zu mächtigen Fürsten auf.

1085 Der Ludowinger Ludwig der Springer lädt Mönche aus dem Hirsauer Reformkloster zur Gründung des Klosters Reinhardsbrunn bei Friedrichroda ein. Er legte auch den Grundstein für die Wartburg über dem heutigen Eisenach.

1131 Der Sohn Ludwigs des Springers, ebenfalls Ludwig genannt, erlangt von König Lothar III. die Landgrafenwürde. Er ist damit Stellvertreter des Königs in Thüringen und zählt zu den mächtigsten Fürsten des Reiches. Unter Landgraf Hermann (1190–1217) blüht die höfische Kultur auf.

1211 Die ungarische Prinzessin Elisabeth kommt vierjährig auf die Wartburg und heiratet einige Jahre später Landgraf Ludwig IV. Nach dessen Tod auf dem fünften Kreuzzug verpflichtet sie sich einem Leben in Armut. 1235 spricht Papst Gregor IX. sie heilig.

1247 Mit dem Tod des Landgrafen Heinrich Raspe stirbt das Geschlecht der Ludowinger aus, ihre Besitzungen sowie der Landgrafentitel fallen an die sächsischen Wettiner unter Heinrich dem Erlauchten.

1342–46 In der Thüringer Grafenfehde bezwingt Landgraf Friedrich II. aufständische Adelige. In den folgenden Jahrzehnten erwerben die Wettiner weitere Ländereien im Thüringer Raum, auch das vom Haus Reuß beherrschte Vogtland wird zu einem Wettiner Lehen. Andere Grafengeschlechter, etwa die Schwarzburger, bleiben relativ eigenständig.

1389 Papst Urban VI. gestattet dem Erfurter Rat die Gründung einer Universität, der dritten im Deutschen Reich.

15. Jh. Das im Hausgesetz der Wettiner verankerte Prinzip der Realteilung im Erbfall, also die gleichmäßige Aufteilung des Erbes unter allen Söhnen, führt immer wieder zu Streitigkeiten zwischen den Nachkommen. Mit der Leipziger Teilung von 1485 zerfällt das Haus Wettin endgültig, die sog. Ernestinische Linie erhält u.a. den Thüringer Landesteil sowie die Kurwürde,

Martin Luther als Juncker Jörg auf dem Cranach-Bild

also das Recht, an der Wahl des Kaisers teilzunehmen.

1501 Martin Luther immatrikuliert sich an der Universität Erfurt. Bei Stotternheim, einem Erfurter Vorort, hat er das Gewittererlebnis, das ihn zum Eintritt ins Augustinerkloster bewegt.

1517 Martin Luther veröffentlicht seine 95 Thesen gegen den päpstlichen Ablasshandel und löst so die Reformation aus. Da er sich weigert die Thesen zu widerrufen, ächtet ihn der Reichstag von Worms im Jahr 1521. Daraufhin nimmt ihn Kurfürst Friedrich der Weise auf der Wartburg unter dem Tarnnamen Junker Jörg in Schutzhaft.

1524 Der radikale Reformator Thomas Müntzer predigt in Mühlhausen. Er schließt sich den Bauernkriegen an und wird nach der Schlacht von Frankenhausen, die mit der Niederlage der Bauern endet, hingerichtet.

1531 Unter der Führung von Kurfürst Johann gründen die protestantischen Reichsstände den Schmalkaldischen Bund. Er soll die Rekatholisierung ihrer Ländereien durch Kaiser Karl V. verhindern.

1547 Der Schmalkaldische Krieg endet mit dem Sieg Kaiser Karls V. Kurfürst Johann verliert zwei Drittel seiner Ländereien sowie die Kurwürde an seinen Vetter Moritz von Sachsen. Die Ernestiner Linie der Wettiner versinkt damit in der politischen Bedeutungslosigkeit. Somit ist es ihr in den folgenden Jahrhunderten unmöglich, die vielen Grafschaften im Raum Thürigen unter ihrer Herrschaft zu vereinigen.

1599 Die auch im Haus Schwarzburg geltende Realteilung führt zur Gründung der Linien von Sondershausen und Rudolstadt.

1618–48 Thüringen leidet unter dem Dreißigjährigen Krieg, die Hälfte der Bevölkerung kommt ums Leben.

1640–75 Herzog Ernst I. der Fromme von Sachsen-Gotha reformiert Verwaltung und Bildungswesen. Sein Geheimer Rat Veit Ludwig von Seckendorff gilt als Vordenker der deutschen Verwaltungslehre.

Kurfürst Johann von Sachsen unterwirft sich Kaiser Karl V.

1680/81 Die sieben Söhne Herzog Ernsts I. des Frommen teilen Sachsen-Gotha untereinander auf. 1690 erreicht die Zersplitterung Thüringens ihren Höhepunkt. Es gibt zehn ernestinische, drei schwarzburgische und neun reußische Fürstenhäuser, außerdem zwei Reichsstädte.

1775 Carl-August übernimmt 18-jährig das Herzogtum Sachsen-Weimar-Eisenach und ruft den von ihm verehrten Johann Wolfgang Goethe nach Weimar [s. S. 30]. Thüringens ›Klassisches Zeitalter‹ beginnt.

1801 Napoleon etabliert den Rhein als Grenze zwischen Frankreich und den deutschen Territorien. Preußen, das Land verliert, entschädigt der Reichsdeputationshauptschluss von 1803 u.a. mit dem Eichsfeld sowie den Reichsstädten Nordhausen und Mühlhausen. Auch Erfurt fällt an Preußen, damit endet nach einem Jahrtausend die politische Bindung der Stadt an das kurmainzische Erzbistum.

1806 Weil Napoleon ihm das 1805 versprochene Königreich Hannover wieder abnehmen will, zieht Preußen gegen Frankreich in den Krieg. Nur wenige deutsche Territorien, darunter Sachsen-Weimar, unterstützen es. Nach der Niederlage in der Doppelschlacht von Jena und Auerstedt verliert Preußen alle linkselbischen Gebiete, die Thüringer Fürstentümer müssen Napoleons Rheinbund beitreten.

1812 Napoleons Russlandfeldzug führt ins Desaster. Daraufhin beginnen die Befreiungskriege, die in der Völkerschlacht von Leipzig 1813 mit dem Sieg Preußens, Russlands und Österreichs über Frankreich enden.

1815 Der Wiener Kongress ordnet Europa neu. Der Norden Thüringens sowie die Region um Erfurt fallen endgültig an Preußen. Sachsen-Weimar-Eisenach wird zum Großherzogtum erhoben. Zwölf thüringische Kleinstaaten unter Schwarzburger und Reußischer Herrschaft bleiben erhalten. Alle gehören dem neu gegründeten Deutschen Bund an.

1816 Preußen schließt die von Studentenschwund und Geldmangel gebeutelte Erfurter Universität.

1817 Jenaer Studenten initiieren das Wartburgfest, auf dem sie Reformen sowie die Einheit der deutschen Staaten fordern. Die Obrigkeit reagiert mit Pressezensur und Unterdrückung.

ab 1840 Mit dem Bau der Linie Hof–Leipzig erhält Thüringen Anschluss ans deutsche Eisenbahnnetz. Auch die Industrialisierung schreitet fort. 1846 eröffnet Carl Zeiss in Jena die Mechanischen Werkstätten.

1848 In der Märzrevolution bricht sich der Zorn der Bürger über ausgebliebene politische Reformen Bahn. Im preußischen Erfurt sterben 27 Menschen bei der Niederschlagung der revolutionären Bewegung.

1866 Durch den Deutschen Krieg drängt Preußen Österreich aus dem Deutschen Bund und bindet die nord- und mitteldeutschen Staaten eng an sich.

1869 August Bebel und Karl Liebknecht gründen in Eisenach die Sozialdemokratische Arbeiterpartei.

1871 Der Sieg Preußens über Frankreich im Deutsch-Französischen Krieg ermöglicht die Gründung des Deutschen Reiches, dem die Thüringer Staaten beitreten. Im neuen Bundesrat haben sie Stimmrecht und können eine gewisse Eigenständigkeit bewahren, etwa in der Kultur- und Bildungspolitik.

1875 In Gotha vereinen sich Sozialdemokratische Arbeiterpartei und Allgemeiner Deutscher Arbeiterverein zur Sozialistischen Arbeiterpartei Deutschlands (ab 1890 SPD).

1918 Nach der deutschen Niederlage im Ersten Weltkrieg dankt Kaiser Wilhelm II. ab. Die übrigen Fürsten folgen, als letzter am 25. November Günther Victor von Schwarzburg-Rudolstadt.

1919 Die Nationalversammlung tritt im Weimarer Theater zusammen und verabschiedet die erste demokratische Verfassung der deutschen Geschichte. Die Weimarer Republik, der auch der 1920 gegründete Freistaat Thüringen ange-

Goethe und Napoleon treffen sich 1809 in Erfurt

Willy Brandt blickt aus seinem Zimmer im Hotel Erfurter Hof auf die jubelnden Menschen

hört, existiert bis 1933. – Walter Gropius gründet das Staatliche Bauhaus in Weimar. 1925 zieht es wegen politischer Repressionen durch die Thüringer Landesregierung nach Dessau.

ab 1929 Die Weltwirtschaftskrise erreicht Thüringen. Sog. Notstandsarbeiter, also Arbeitslose, denen damit ein Auskommen ermöglicht werden soll, errichten die Bleilochtalsperre.

1930 Thüringen ist das erste Bundesland, in dem die NSDAP die Regierungsbeteiligung erlangt.

1933 Reichspräsident Hindenburg ernennt Adolf Hitler zum Reichskanzler. Das am 31. März erlassene ›Gesetz zur Gleichschaltung der Länder mit dem Reich‹ hebt die Selbstständigkeit der Bundesstaaten, also auch Thüringens, auf.

1937 Auf dem Ettersberg bei Weimar richten die Nationalsozialisten das KZ Buchenwald ein. Dort sterben etwa 56 000 Menschen.

1939-45 Im vom Deutschen Reich entfesselten Zweiten Weltkrieg sterben etwa 90 000 Thüringer. Fast die gesamte jüdische Gemeinde Thüringens wird im Ghetto Belzyce und im Vernichtungslager Theresienstadt ermordet.

1945 Mit dem Einmarsch der Amerikaner im April endet für Thüringen der Zweite Weltkrieg. Da die Region in der Konferenz von Jalta der Sowjetzone zugeordnet worden war, ziehen sich die USA im Juni zurück.

1946 Aus den Wahlen zum Thüringer Landtag geht die Sozialistische Einheitspartei Deutschlands (SED) als Siegerin hervor. Sie war durch den Zusammenschluss von KPD und SPD entstanden.

1949 Aus den drei westlichen Besatzungszonen und Westberlin entsteht die Bundesrepublik Deutschland (BRD). Darauf reagiert die Sowjetunion mit der Gründung der Deutschen Demokratischen Republik (DDR) in ihrer Besatzungszone.

ab 1950 Schrittweise vollzieht sich die Verstaatlichung der Thüringer Wirtschaft. In den 1970er-Jahren werden auch die letzten privaten Unternehmen Thüringens zu Staatseigentum.

1952 Durch die Auflösung der Länder wird die DDR zu einem zentralistisch organisierten Einheitsstaat.

1961 Um die Republikflucht zu unterbinden ordnet der Staatsratsvorsitzende Ulbricht die Schließung der Grenzen zur BRD an.

1970 Die Erfurter bejubeln Bundeskanzler Willy Brandt bei seinem DDR-Besuch.

1989 Berichte über gefälschte Ergebnisse der Kommunalwahlen im Mai lösen die Montagsdemonstrationen aus. Unter dem Druck der Massenflucht von DDR-Bürgern über Ungarn öffnet die DDR-Regierung am 9. November die innerdeutsche Grenze.

Sozialistischer Realismus zur Einheit von SPD und KPD

1990 Die Volkskammer der DDR beschließt die Wiedererrichtung der ostdeutschen Bundesländer. Hauptstadt des Freistaats Thüringen wird Erfurt. Die deutsche Wiedervereinigung erfolgt am 3. Oktober.

ab 1990 Der Zusammenbruch der Thüringer Industrie lässt die Arbeitslosigkeit rasant steigen, die Einwohnerzahl des Bundeslandes sinkt bis 2006 um 11%. Gleichzeitig retten hohe Investitionen viele Städte vor dem Verfall.

2004 Ein Brand in der Weimarer Herzogin-Anna-Amalia-Bibliothek vernichtet über 100 000 Bücher. Die Bilder vom zerstörten Rokokosaal lösen hohe Spendenbereitschaft aus, Bund und Land Thüringen gewähren der Klassik Stiftung Weimar die finanziellen Mittel, um die historischen Stätten zu bewahren.

2009 Thüringens Ministerpräsident Althaus (CDU) wird bei einem Skiunfall in Österreich schwer verletzt.

2010 Der Freistaat feiert das 250. Jubiläum der Thüringer Porzellanproduktion mit einer zentralen Ausstellung auf der Leuchtenburg.

2013 Das Deutsche Burgenmuseum auf der Veste Heldburg wird eröffnet.

Reizend ist das Dornburger Rokoko-
schlösschen mit seinem kleinen Garten

Karten und Pläne

Andalusien West
vordere Umschlagklappe
Andalusien Ost
hintere Umschlagklappe
Granada hintere Umschlagklappe
Málaga 20
Ronda 37
Granada: Alhambra 46
Cordoba 81
Sevilla 88
Sevilla: Catedral 90
Cádiz 118

Service

Andalusien aktuell A bis Z 129

Vor Reiseantritt 129
Allgemeine Informationen 129
Anreise 131
Bank, Post, Telefon 131
Einkaufen 131
Essen und Trinken 132
Feiertage 132
Festivals und Events 132
Klima und Reisezeit 134
Nachtleben 134
Sport 134
Statistik 135
Unterkunft 135
Verkehrsmittel im Land 136

Sprachführer 137

Spanisch für die Reise

Register 141

Impressum 143
Bildnachweis 143

Leserforum

Die Meinung unserer Leserinnen und Leser ist wichtig, daher freuen wir uns von Ihnen zu hören. Wenn Ihnen dieser Reiseführer gefällt, wenn Sie Hinweise zu den Inhalten haben – Ergänzungs- und Verbesserungsvorschläge, Tipps und Korrekturen – dann kontaktieren Sie uns bitte:

Redaktion ADAC Reiseführer
ADAC Verlag GmbH
Hansastraße 19, 80686 München
Tel. 089/76 76 41 59
reisefuehrer@adac.de
www.adac.de/reisefuehrer

Andalusien Impressionen

Brücke zwischen Orient und Okzident

Warum ausgerechnet ein Germanenstamm auf Durchreise nach Afrika der südspanischen Provinz zu ihrem Namen verhalf, wird wohl ein Rätsel der Geschichte bleiben. Aus **Al-(V)andalus**, Vandalenland, wurde Andalusien, heute mit 87268 km² (bei rund 8 Mio. Einwohnern) die zweitgrößte der 17 Autonomen Regionen Spaniens.

Carmen und Don Juan

Mit Kastagnetten klappernde Schönheiten und glutäugige Gitanas à la Carmen, schmalhüftige Caballeros und wagemutige **Toreros**, dazu Sonne, ein ewig blauer Himmel und immerwährende Fiesta: Unsere Andalusien-Klischees wurden schon im 19. Jh. geprägt – und werden weiterhin durch Folkloreshows und bunte Werbeprospekte der rührigen Tourismusunternehmen genährt.

Tatsächlich existieren diese Klischees nicht ganz so fern der Realität. Natürlich hat nicht jeder junge Andalusier ein Pferd im Stall und nicht jede Señora tanzt **Flamenco**, aber die Grundschritte der Sevillanas beherrschen die Andalusierinnen in der Regel schon. Und sind sie auch im Alltag passionierte Jeansträgerinnen, zu besonderen Anlässen verwandeln sie sich gerne in ›**Carmen**‹ und holen das Flamencokleid aus dem Schrank.

Tatsache ist auch, dass in Andalusien mehr Gitanos (Zigeuner) leben als anderswo in Europa. Allerdings führen sie keineswegs ein romantisches Dasein, sondern gehören zu einer Randgruppe mit großen Problemen.

Der Fußball ist seit Jahren mindestens genauso populär wie die **Corrida de toros**, aber der moderne Stierkampf wurde tatsächlich in Andalusien entwickelt, und bis heute sind hier die Mehrzahl der spanischen Toreros und ihrer Anhänger zu Hause. Auch wenn die nationalen Fernsehprogramme ihre Live-Übertragungen gestrichen haben, andere Provinzen wie die Kanaren oder Katalonien den Stierkampf unter dem Beifall der Tierschützer und des Auslands verboten haben: In Andalusien ernten solche Maßnahmen noch viel Unverständnis und Spott. Nicht

zuletzt vielleicht auch deshalb, weil an der Corrida ein nicht unbeträchtlicher Wirtschaftszweig hängt.

Was das **Wetter** betrifft: Auch in Andalusien ist es mitunter kühl und regnerisch. Gerade in den höheren Lagen kann im Frühjahr ein kaltes Windchen wehen, schließlich kennt man hier auch Schnee. Sonnenhungrige Urlauber dürfen jedoch auf die Statistik vertrauen, die eine Rekordzahl von Sonnentagen verzeichnet.

Und schließlich die **Fiesta**: Wenn die Andalusier feiern, scheint wieder alle Opernromantik wahr zu werden. Da fließt der Wein fließt in Strömen, wenn sich stolze Caballeros hoch zu Ross und Fächer schwenkende Schönheiten ein Stelldichein geben. Da wirken Großmutter, Tochter und Enkelin wie aus dem Bilderbuch, wenn sie im rauschenden Rüschenkleid über den Festplatz in Sevilla flanieren. Und Gelegenheiten zum ausgelassenen Feiern gibt es in Andalusien mehr als genug: Dem tief empfundenen Pathos der Karwoche muss zwangsläufig die heitere Erlösung der Frühlings-Ferias folgen, dazu gesellen sich noch die verschiedenen Patronatsfeste, Weinfeste, Wallfahrten ...

Blick nach Afrika

Von Tarifa aus scheint Afrika zum Greifen nahe. Der Blick aus der südlichsten Stadt Spaniens hinüber auf das afrikanische Küstengebirge mit dem **Dschebel Musa**, im Altertum die zweite Säule des Herkules neben dem **Felsen von Gibraltar**, beflügelt die Fantasie und stellt doch auch Realitäten klar. Andalusien ist eine Region am Rande Europas, nur die Straße von Gibraltar trennt sie vom afrikanischen Kontinent.

Die südlichste Autonome Region Spaniens ist heute ein ›Schlusslicht‹ des Königreichs mit großen wirtschaftlichen Schwierigkeiten und vielen Arbeitslosen. Das war einmal ganz anders: Andalusien kann auf eine glanzvolle Geschichte zurückblicken, auf Zeiten, als relativ viel

Links oben: *Mitreißend und unwiderstehlich ist der Rhythmus eines feurigen Flamenco*
Links unten: *Andalusiens Küsten bieten viel Sonne, Sand und Attraktionen; Tarifa, die südlichste Stadt Spaniens, avancierte zum beliebten Surfspot*
Unten: *Majestätisch thront die Alhambra, glanzvoller Höhepunkt islamischer Baukunst, über dem Häusermeer Granadas*

abqualifizierte: die Herrschaft der Muslime. Tatsächlich läutete sie eine erste grandiose **Blütezeit** besonders für den tiefen Süden der Iberischen Halbinsel ein. Die Stadt Córdoba war im 8.–10. Jh., zur Zeit der Omaijadenherrschaft, die blühendste Stadt Europas, mit der sich keine andere im Abendland messen konnte. In der Metropole lebten damals fast eine Million Menschen, zu einer Zeit, als die großen mitteleuropäischen Städte gerade einige Tausend Seelen zählten. Es gab Schulen und Bibliotheken für die Volksbildung, gepflasterte Straßen und nächtliche Beleuchtung. An die 600 Badehäuser, für die Christen Tempel des sündhaften Körperkults, belegten eindrucksvoll die verfeinerte Lebensart des Orients.

Von der überlegenen Baukunst der Muslime zeugen bis heute vor allem der Märchenpalast der **Alhambra** in Granada und die **Mezquita** von Córdoba.

Wohlstand herrschte und es im Zentrum des Weltgeschehens stand.

Große Vergangenheit

Vor 3000 Jahren gründeten die Phönizier in Andalusien mit Cádiz die älteste noch bestehende Stadt Europas. Die römischen Kaiser Hadrian und Trajan wurden im Ort Itálica geboren, als Andalusien noch als Provinz Baetica zum Römischen Reich gehörte.

711 überquerte der berberische Feldherr Tarik Ibn Ziyad die Straße von Gibraltar und es begann, was die europäische Geschichtsschreibung jahrhundertelang als Fremdherrschaft des Glaubensfeindes

Handel und Wandel

Auch in der Landwirtschaft waren die muslimischen Eroberer den Spaniern weit voraus. Sie brachten Kulturpflanzen mit in ihre neue Heimat, die uns heute selbstverständlich sind: Reis und Safran, Zuckerrohr und Baumwolle, Spinat und Auberginen, Orangen und Zitronen. Die ›Wüstensöhne‹ importierten auch eine ausgefeilte **Bewässerungskultur**, die sie in den Oasen Marokkos erlernt hatten und mit deren Hilfe sie das trockene Land Andalusiens in einen blühenden Garten verwandelten.

Die Mauren waren führend in vielen **Wissenschaften**, vor allem aber in der

Links oben: *Bedeutendster Bestandteil der Semana Santa sind die Prozessionen mit der Jungfrau Maria – das Ereignis des Jahres in vielen Gemeinden Andalusiens*
Links unten: *Ein Besuch der Alhambra in Granada mit dem Löwenhof ist unvergesslicher Höhepunkt eines Andalusienurlaubs*
Oben: *Das bildschöne Casares kann man auf der Route der Weißen Dörfer entdecken*

Medizin. Ärzte beherrschten Narkosetechniken und führten komplizierte Operationen durch. Viele Errungenschaften aus maurischer Zeit gerieten in Vergessenheit, als 1492 der Halbmond auch über der letzten maurischen Bastion Granada unterging, als die sprichwörtliche **Toleranz**, die zumindest in den Zeiten des Kalifats das Zusammenleben zwischen Muslimen, Christen und Juden bestimmt hatte, durch Fanatismus und Ignoranz ersetzt wurde.

Doch fast 800 Jahre maurischer Herrschaft hinterließen ihre Spuren. Die maurische **Baukunst** sollte noch Jahrhunderte nach dem Abzug der Muslime den architektonischen Geschmack der Andalusier bestimmen.

Maurischen Ursprungs ist auch die Anlage vieler Orte mit ihrem Gewirr von Gassen, ihren lauschigen Patios und paradiesischen Gärten, in denen das kühlende Wasser, höchstes Gut in einem heißen, trockenen Land, eine so große Rolle spielte. Auch blieben in der spanischen Sprache mehrere Tausend Wörter arabischen Ursprungs erhalten.

Die vollendete **Reconquista** mobilisierte christliche Kräfte. Unter dem Deckmantel des Glaubenskrieges war während der Rückeroberung geraubt und geplündert worden. Die Katholischen Könige hatten das wieder zu besiedelnde Land großzügig unter ihren Adligen aufgeteilt.

Handel und Landwirtschaft waren nicht die Sache der Christen. Misswirtschaft hätte viel früher zum Ruin geführt, hätte nicht ein Ereignis der Weltgeschichte den Fall Andalusiens hinausgeschoben und der Region ein zweites goldenes Zeitalter beschert: Die **Entdeckung der Neuen Welt** nahm in Andalusien ihren Ausgang. Die heimkehrenden Konquistadoren brachten Schätze mit, die Sevilla zu einer der

reichsten Städte Europas machten, einen einzigartigen Bauboom ermöglichten und die Basis für kulturelle Höchstleistungen schufen. Doch das Gold, das nicht im Land investiert wurde, brachte auch die Inflation. Den fetten Jahren folgte allzu schnell der rasante Abstieg, und aus einer Weltmacht wurde tiefe Provinz.

Kultur und Natur

Andalusien war und ist Feudalland, eine Landreform fand nicht statt. Die Gegensätze zwischen dem Elend der Landarbeiter, die sich mühselig mit Gelegenheitsarbeiten in der Oliven- oder Weinernte über Wasser halten und den Herren des Bodens prägt das ländliche Andalusien bis zum heutigen Tag, auch wenn in den Städten eine breite Mittelschicht entstanden ist.

Unter seinen Besuchern spricht Andalusien den **Kulturliebhaber** genauso an wie den Naturfreund. Mit grandiosen Sehenswürdigkeiten wird nicht gegeizt, sei es die *Alhambra*, entstanden auf dem Zenit maurischer Kultur in Andalusien, oder die *Mezquita*, die spektakulärste der wenigen Moscheen, die die Christen übrig ließen, oder die größte gotische Kirche der Welt mit einem Glockenturm, der einst Minarett der Moschee Sevillas war. Attraktionen muss man nicht suchen, man streift sie en passant, seien es prähistorische Höhlen, römische Ausgrabungsstätten, Renaissancestädte, barocke Kirchen oder mit Schätzen reich bestückte Museen.

Doch auch die **Landschaft** geizt nicht mit Reizen und anregende Kontraste bestimmen das Bild: Kaum zwei Stunden Fahrt sind es von den schneebedeckten Gipfeln der *Sierra Nevada* bis zu den Küsten des Mittelmeers mit ihrer subtropischen Vegetation. Ist die *Sierra de Grazalema* die regenreichste Region Spaniens, so liegt in der Provinz Almería die einzige Wüste auf dem europäischen Kontinent. Die schöne und auch so misshandelte Mittelmeerküste, die **Costa del Sol**, hat ihr Pendant in der wilden, kontrastreichen Atlantikküste – jenseits der Straße von Gibraltar.

Die **Seele Andalusiens** findet man jedoch weder an den Küsten noch in den

Links oben: *Bizarre Felsgebilde türmen sich im Naturpark El Torcal de Antequera auf*

Links unten: *Der Gazpacho andaluz ist der richtige Imbiss an heißen Sommertagen*

Oben: *Nach wie vor füllt das archaische Schauspiel des Stierkampfes Arenen*

Unten: *Nerja zählt zu den viel besuchten Urlaubszentren der Costa del Sol*

viel besungenen Städten, die allesamt ihren eigenen Charme haben. Endlose Olivenhaine und riesige Weinterrassen, der wilde Mohn auf den Getreidefeldern oder das leuchtende Gelb der Sonnenblumen – das sind die Bilder, die sich einprägen. Andalusisches Bauernland – eine Welt entfernt vom Lärm der Metropolen.

Geschichte, Kunst, Kultur im Überblick

Von Kalifen und Katholischen Königen, Konquistadoren und Künstlern

um 20 000 v. Chr. Die ältesten Spuren menschlicher Siedlungen in Andalusien gehen bis in die Frühgeschichte zurück, wovon etwa die eindrucksvollen Höhlenmalereien der Cueva de la Pileta in der Nähe von Ronda zeugen.

ab 2500 v. Chr. Südspanien kristallisiert sich zu einem Zentrum der Megalithkultur heraus. Aus dieser Zeit stammen die Dolmen von Menga, Viera und El Romeral bei Antequera, die den Archäologen in vielerlei Hinsicht immer noch Rätsel aufgeben.

um 1100 v. Chr. Die Phönizier beginnen, entlang der spanischen Südküste Handelsniederlassungen zu errichten. Sie gründen auch die älteste Stadt des Landes: Gadir, das heutige Cádiz an der Atlantikküste.

ca. 900–550 v. Chr. An der Mündung des Guadalquivir blüht das sagenumwobene Reich Tartessos, das vielleicht mit dem in der Bibel erwähnten Tarsis identisch ist. Sein Reichtum basiert auf der Metallverarbeitung. Mit den Phöniziern entwickelt sich reger Handelsaustausch. Die Ankunft der phönizischen Karthager führt zum Zerfall von Tartessos.

um 650 v. Chr. Die Karthager steigen zur führenden See- und Handelsmacht im westlichen Mittelmeer auf. Diese Vormachtstellung wird ihnen jedoch bald von den Römern streitig gemacht.

Römischer Kaiser Hadrian, geborener Andalusier

218–201 v. Chr. Im Zweiten Punischen Krieg fällt Südspanien an Rom. Zu den ersten römischen Siedlungen gehört die Veteranenkolonie Itálica (gegründet 205).

1.–2. Jh. n. Chr. In der römischen Provinz Baetica, die in ungefähr dem heutigen Andalusien entspricht, wurden die Kaiser Trajan (reg. 98–117) und Hadrian (reg. 117–138) geboren.

ab 415 Mit dem Zusammenbruch des Römischen Reiches beginnt die Völkerwanderungszeit. Durch Spanien ziehen die Vandalen, die Andalusien (›Land der Vandalen‹) den Namen geben. Ihnen folgen Sueben und Westgoten.

450–711 Die Westgoten lassen sich auf der Iberischen Halbinsel nieder und wählen Toledo zur Hauptstadt ihres Reiches.

711 Unter dem Feldherrn Tarik Ibn Ziyad überqueren die Mauren die Straße von Gibraltar und unterwerfen in einem raschen Eroberungszug fast die gesamte Iberische Halbinsel.

Vorchristliche Steinfiguren belegen die lange Tradition des Stierkults

Im Namen ihres Glaubens: Die Katholischen Könige besiegen im 15. Jh. die Mauren

722 Die Schlacht von Covadonga (in Asturien) bildet den Auftakt für die christliche Rückeroberung des Landes, die sog. Reconquista.

732 Karl Martell stoppt den weiteren Vormarsch der Mauren in der Schlacht von Tours und Poitiers.

756 Der aus Syrien geflüchtete Omaijade Abd ar Rahman I. gründet das unabhängige Emirat von Córdoba. Er war als einziger Spross seiner Dynastie dem grausamen Massaker der Abbasiden entkommen. Im Jahr 785 beginnt er mit dem Bau der Moschee von Córdoba.

929 Abd ar Rahman III. erhebt Al-Andalus zum unabhängigen Kalifat des Westens. Der strahlende Mittelpunkt dieses Reiches ist Córdoba, mit dessen Glanz und Reichtum sich damals nur Konstantinopel und Bagdad messen können. Unter der Regie von Abd ar Rahman III. entsteht die vor den Toren Córdobas liegende Palaststadt Medina Azahara.

976–1002 Der elfjährige Hisham II. besteigt 976 den Kalifenthron. Die Fäden der Macht hält jedoch bis 1002 der ehrgeizige Großwesir Almansur ›der Siegreiche‹ in den Händen. Er unternimmt zahlreiche Feldzüge gegen die Christen. 997 gelingt es ihm sogar, bis nach Santiago de Compostela vorzustoßen. Nicht zuletzt deshalb erhält er den Beinamen ›Schrecken der Christen‹.

1002–09 Nach dem Tod von Almansur übernimmt sein Sohn Abd al Malik al Muzaffar das Amt des Großwesirs, allerdings stirbt er kurze Zeit darauf. Aufgrund des Machtvakuums entbrennen innere Kämpfe um die Regierungsmacht, die sich 1009 zu einem Bürgerkrieg ausweiten. Der Kalif Hisham II. dankt resigniert ab. Die Palaststadt Medina Azahara wird 1010 von berberischen Truppen zerstört.

1031 Das Kalifat von Córdoba zerfällt in Teilkönigreiche (Reinos de Taifa).

1085 Der kastilische König Alfonso VI. erobert im Zuge der Reconquista Toledo.

1086–1145 Die gegen die Christen zu Hilfe gerufene Berberdynastie der Almoraviden aus Nordafrika bringt das Reich Al-Andalus unter ihre Vorherrschaft.

1150 Die Almoraviden werden entmachtet von den Almohaden, einem Berberstamm aus Nordafrika. Sevilla wird zur Hauptstadt des neuen Reiches.

ab 1212 In der Schlacht bei Las Navas de Tolosa erringen die christlichen Heere einen wichtigen Sieg über die Almohaden. Er ist der Auftakt für die Eroberungen von König Ferdinand III., der in den folgenden Jahren fast ganz Andalusien einnimmt. In die Hände der Christen fallen Córdoba 1236, Jaén 1246, Sevilla 1248 und Cádiz 1264.

1238–1492 Das islamische Reich von Granada hält sich aufgrund der geschickten Politik der Nasridenherrscher bis zum Jahr 1492. Fast von Beginn an unterstellen sie sich als Vasallen den christlichen Königen von Kastilien, d.h. sie sind zu Tributleistungen und Waffenhilfe verpflichtet. Das letzte maurische Königreich umfasst in etwa die heutigen Provinzen Granada, Málaga, Jaén und Almería. Im 13. Jh. beginnt Mohamed Ibn al Ahmar mit dem Bau der Alhambra von Granada.

1349–69 König Pedro I. von Kastilien errichtet mithilfe maurischer Künstler den Alcázar von Sevilla.

ab 1469 Die Hochzeit von Isabella von Kastilien mit dem Thronfolger Ferdinand von Aragón 1469 schafft die Basis für die spätere Vereinigung der beiden christlichen Königreiche in Personalunion (1479). Nach einem zehnjährigen Kriegszug gegen die Nasriden schließt das Königspaar, das in die Geschichte als die Katholischen Könige eingeht, die Reconquista 1492 ab.

ab 1478 Die Inquisition arbeitet zum ›Schutz‹ des christlichen Glaubens.

1492 Am 2. Januar 1492 übergibt der letzte Nasridenkönig Boabdil kampflos die Stadt Granada. Die Sepharden, die spanischen Juden, werden gezwungen, die christliche Religion anzunehmen oder das Land zu verlassen. Im gleichen Jahr entdeckt Kolumbus, auf seiner Suche nach dem Seeweg nach Indien, Amerika.

1502 Die noch in Spanien lebenden Mauren werden ebenso wie vor ihnen die Juden vor die ›Wahl‹ gestellt zu konvertieren oder auszuwandern. Die zwangsgetauften Mauren werden als Morisken bezeichnet.

1503 Sevilla erhält mit der Casa de la Contratación die Monopolstellung für den Handel mit den überseeischen Kolonien.

1516–56 Der Habsburger König Karl I., der spätere Kaiser Karl V. des Heiligen Römischen Reiches, erbt das spanische Weltreich, in dem ›die Sonne nicht untergeht‹. Er ist der Sohn von Johanna der Wahnsinnigen, der Tochter der Katholischen Könige, und dem habsburgischen Philipp dem Schönen.

1556–98 Philipp II., Sohn von Karl V., übernimmt die Regierungsmacht über Spanien.

1568–70 Aufstände der Morisken in den Bergen der Alpujarras werden blutig niedergeschlagen.

1571 In der Seeschlacht von Lepanto wird die türkische Vormacht im Mittelmeerraum gebrochen.

1581 Die Niederlande fallen von Spanien ab.

1588 Die ›unbesiegbare‹ spanische Armada wird vor der englischen Küste vernichtend geschlagen.

1609 Philipp III. vertreibt die Morisken aus Spanien.

1700–14 Die Habsburgerära endet in Spanien mit dem Tod Karls II. im Jahr 1700. Daraufhin entflammt 1701 der spanische Erbfolgekrieg, aus dem die Bourbonen 1714 siegreich hervorgehen. Gibraltar fällt bereits im Frieden von Utrecht (1713) an England.

1717 Aufgrund der Versandung des Guadalquivir geht das Handelsmonopol für die überseeischen Kolonien von Sevilla an Cádiz.

1805 In der Seeschlacht von Trafalgar tragen die Engländer unter Lord Nelson gegen die französisch-spanische Flotte den Sieg davon.

1808–14 Napoleonische Truppen besetzen 1808 ganz Spanien mit Ausnahme von Cádiz. Die Spanier kämpfen in den Jahren 1808–14 für ihre Unabhängigkeit von Frankreich. Den ersten Erfolg erzielen sie in der Schlacht von Bailén am 19. Juli 1808.

1812 Die Mitglieder der Nationalversammlung (Cortes) proklamieren im unbesetzten Cádiz die erste liberale Verfassung Spaniens, die die Errichtung einer konstitutionellen Monarchie vorsieht.

1814–33 Ferdinand VII., zurück aus französischer Gefangenschaft, setzt die Verfassung von Cádiz außer Kraft und regiert fortan als absolutistischer Herrscher.

1833–39 Im Streit um die Thronfolge kommt es zum ersten Karlistenkrieg. Weitere Kämpfe folgen 1847–49 und 1872–76.

1844 Die Polizeieinheit Guardia Civil wird gegründet und von den Großgrundbesitzern gegen aufständische Landarbeiter eingesetzt.

1873–74 Die erste Spanische Republik wird ausgerufen, kann sich jedoch nur kurze Zeit halten. Königin Isabella II. flieht ins Exil nach Frankreich.

1898 Der Spanisch-Amerikanische Krieg endet mit dem Frieden von Paris, bei dem Spanien seine letzten überseeischen Kolonien (Kuba, Puerto Rico und die Philippinen) verliert.

1923–30 Primo de Rivera putscht sich an die Macht und errichtet eine Militärdiktatur.

1931 Die Republikaner erringen in den Wahlen zur verfassunggebenden Versammlung einen eindeutigen Sieg. Die zweite Spanische Republik wird ausgerufen. Sie scheitert vor allem an der Frage einer Agrarreform. Das Klima im Land polarisiert sich zusehends.

In der Schlacht von Bailén 1808 besiegen die Spanier die französischen Truppen

Prinz Juan Carlos (li.) neben dem Diktator General Franco (re.)

1936 Die Volksfront, ein Bündnis der Linksparteien, siegt bei den Wahlen. Spanien kommt nicht zur Ruhe, Streiks und politische Morde sind an der Tagesordnung. Der radikale Reformkurs der Volksfrontregierung stößt auf den erbitterten Widerstand der Rechten.
1936–39 Eine Militärrevolte unter General Francisco Franco y Bahamonde in Spanisch-Marokko und die Ermordung des konservativen Abgeordneten Calvo Sotelo lösen 1936 den Spanischen Bürgerkrieg aus. Andalusien wird zum Aufmarschgebiet der Nationalen unter Franco. Nach einem dreijährigen Bürgerkrieg, der mehr als einer halben Million Menschen das Leben kostet, müssen sich die Republikaner geschlagen geben. Zurück bleibt ein tief traumatisiertes Spanien, ein innerlich gespaltenes Volk.
1939–75 Bis zu seinem Tod am 20. November 1975 hält der Diktator Franco die Zügel der Macht fest in seinen Händen. Nach seinem Tod wird die Demokratisierung Spaniens eingeleitet.
1977 Die ersten freien Parlamentswahlen seit 1936 werden abgehalten.
1978 Die neue demokratische Verfassung Spaniens gesteht den Regionen politische Autonomie zu.
1981 Ein Putschversuch von Colonel Tejero und Angehörigen der Guardia Civil, scheitert. König Juan Carlos I. stellt sich entschieden auf die Seite der jungen spanischen Demokratie.
1982 Felipe González gewinnt mit der PSOE (Sozialistische Arbeiterpartei Spaniens), die Parlamentswahlen.
1986 Spanien wird Mitglied der Europäischen Gemeinschaft.
1992 Weltausstellung Expo '92 in Sevilla.
1996 José María Aznar und seine konservative Partei (PP) gewinnen die Parlamentswahlen und beenden damit die 14-jährige ›Ära Felipe González‹.
2002 Spanien übernimmt im ersten Halbjahr die EU-Ratspräsidentenschaft. Im Juni treffen sich die Staats- und Regierungschefs der EU zum Gipfel in Sevilla.
2003 In Málaga, der Geburtsstadt des Künstlers Pablo Picasso, eröffnet im Oktober das Picasso-Museum.
2004 Bei den Parlamentswahlen im April gewinnt José Luis Rodrígues Zapatero, Kandidat der Sozialistischen Arbeiterpartei (PSOE). Unter großer Anteilnahme der Bevölkerung heiraten im Mai der spanische Thronfolger Felipe de Asturias und die Fernsehjournalistin Letizia Ortiz.
2005 In einem Plebiszit stimmt das spanische Volk mit großer Mehrheit für die EU-Verfassung.
2007 Der Schnellzug AVE verbindet Córdoba mit Málaga.
2008 PSOE wird bei den Parlamentswahlen erneut in die Regierung gewählt.
2010 Málagas Flughafen-Terminal 3 wird eröffnet.
2011 Klarer Wahlsieg der konservativen Partei unter Mariano Rajoy.
2012 Cadiz, ›Ciudad de la Libertad‹ und diesjährige ›Capital Iberoamericana de la Cultura‹, feiert 200 Jahre spanische Verfassung..

Ein glückliches Paar – 2004 heiraten Journalistin Letizia Ortiz und Thronfolger Felipe de Asturias

Die Mezquita von Córdoba beeindruckt mit ihrem steinernen Säulenwald

Unterwegs

Málaga und der Süden – sonnenverwöhnte Küste und gebirgiges Hinterland

Seit vielen Jahren ist die ›Sonnenküste‹, die **Costa del Sol**, eine der großen Ferienregionen Europas. Viel geschmäht wegen baulicher Sünden, zieht sie doch noch immer Jahr für Jahr Millionen von Urlaubern aus Nord- und Mitteleuropa an.

Das Kerngebiet des 300 km langen Küstenstreifens zieht sich von Nerja bis Estepona. Mittelpunkt ist die Provinzhauptstadt **Málaga**, Geburtsstadt des Künstlergenies *Pablo Picasso* (1881–1973). Eine Bergkette, die stellenweise fast bis ans Meer reicht, schützt die Küste mit ihren ausgedehnten Stränden vor Wind. **Subtropische Vegetation** mit Palmen, Zypressen, Blütensträuchern, Agaven, Zitrusbäumen und das blaue Meer lassen eine Mittelmeerlandschaft wie aus dem Bilderbuch entstehen. Wer einen eher preiswerten Urlaub mit viel Rummel ersehnt, mietet sich in Torremolinos oder Fuengirola ein, wer sich mehr Komfort leisten will, ist weiter westlich in Marbella anzutreffen.

Relativ unberührt geblieben ist das schöne, gebirgige Hinterland der Küste. Dazu gehören Antequera mit seinen prähistorischen Grabmonumenten, die bizarren Karstformationen des Parque Natural El Torcal, vor allem aber die **Route der weißen Dörfer**. Weiß sind sie fast alle, die Bergdörfer Andalusiens, das ist das maurische Erbe. Der spanische Begriff *Ruta de los pueblos blancos* bezieht sich im Besonderen auf die Dörfer im Dreieck der Städte Cádiz, Tarifa, Ronda. Einige von ihnen sind bequem in Ausflügen von den Küstenorten aus zu erreichen. Doch wer bis ins Herz dieser Region vordringen will, muss etwas mehr Zeit mitbringen und sich abseits der Hauptrouten auf kleinen, kurvigen Pfaden und Passstraßen bewegen, die für die großen Touristenbusse nicht passierbar sind.

Über den *Pueblos* ragen mächtige **Burgen** auf. Sie erinnern an die Zeit der Reconquista, der christlichen Rückeroberung des Landes, als hier die Grenze zwischen christlichem und maurischem Territorium verlief.

Einladend präsentiert sich der Strand von Nerja am Balcón de Europa

1 Nerja

TOP TIPP *Der angenehme Badeort ist weithin bekannt für seine Tropfsteinhöhle.*

Der Küstenort Nerja zählt dank seiner Badebuchten und **Strände** zu den viel frequentierten **Urlaubszentren** an der Costa del Sol. Die Altstadt von Nerja ist gepflegt und überschaubar, auf der schönen, von Palmen gesäumten Strandpromenade treffen sich die Spaziergänger. Von der Aussichtsterrasse **Balcón de Europa** bietet sich ein herrlicher Blick auf die zerklüftete Küste und ihr Hinterland. Östlich von Nerja liegt das hübsche Maro mit einer beliebten Badebucht.

Cueva de Nerja

2 km östlich von Nerja führt eine Abzweigung zur Tropfsteinhöhle *Cueva de Nerja* (Tel. 952529520, www.cuevadenerja.es, im Sommer tgl. 10–19.30, im Winter tgl. 10–14 und 16–18.30 Uhr). Sie zählt neben der *Cueva de la Pileta* [Nr. 12] bei Ronda zu den ältesten Zeugnissen der Erdgeschichte Südspaniens. 1959 entdeckten Kinder aus dem benachbarten Dorf Maro den Eingang zur Höhle. Die rund 3 km lange unterirdische Höhlenwelt setzt sich aus einer Folge von **märchenhaften Sälen** zusammen. Gewaltige, sich auftürmende Stalagmiten und hängende Stalaktiten inszenieren ein fantastisches Naturspektakel. Vor und in dieser Kulisse findet sommers ein Ballett- und Musikfestival statt.

i Praktische Hinweise

Information

Oficina de Turismo, c/ Carmen, 1, 29780 Nerja, Tel. 952521531, www.nerja.com

Hotel

******Parador de Nerja**, c/ Almuñécar, 8, Nerja, Tel. 952520050, www.parador.es. Moderner *Parador* unweit der *Playa de Burriana* mit Terrassen samt Meerblick.

Restaurants

Pepe Rico, c/ Almirante Ferrándiz, 28, Nerja, Tel. 952520247, www.pepericо.info. Bodenständiges Restaurant in kleinem Apartmenthotel mit Sommerterrasse.

›Udo Heimer‹ c/ Andalucia, 27, Nerja, Tel. 952520032, www.udoheimer.net. Innovative Mittelmeerküche mit Niveau. Reservierung empfohlen (Mi geschl.).

2 Frigiliana

TOP TIPP *Schmuckstück der Sierra de Almijara.*

Mehrfach wurde das malerische Bergdorf in der *Sierra de Almijara* (Höhe 433 m ü. d. M.) bei dem Wettbewerb ›Verschönert euer Dorf‹ ausgezeichnet. Nur 10 km nordwestlich von Nerja [Nr. 1] gelegen, ist Frigiliana ein beliebtes Ziel für Tagesausflüge, das auch per Bus gut zu erreichen ist.

Die Bewohner widmen sich liebevoll der Pflege ihres Dorfes. Jedes Jahr wird frisch geweißelt, die Blumentöpfe in den idyllischen Patios und auf den Balkonen neu arrangiert. An den Hauswänden erzählen hübsche **Kachelbilder** aus der Geschichte des Dorfes. Das Hauptthema sind dabei die Aufstände der Morisken in den Jahren 1568–70, die alljährlich beim Dorffest mit großer Begeisterung nachgespielt werden.

i Praktische Hinweise

Hotel

TOP TIPP ******La Posada Morisca***, Loma de la Cruz s/n (gut 10 km südwestlich von Frigiliana), Crta. Montaña, Tel. 952534151, www.laposadamorisca.com
Die zwölf fantasievoll gestalteten Zimmern des Hotel rural bieten einen traumhaft schönen Ausblick über das Meer; im Restaurant gibt es traditionelle und kreative mediterrane Küche.

3 Málaga

Geburtsort Picassos, blühende Hafenstadt und Drehpunkt der Costa del Sol.

Málaga ist einer der großen spanischen **Mittelmeerhäfen**, Hauptstadt und ökonomisches Zentrum der gleichnamigen Provinz sowie touristischer Dreh- und

Angelpunkt der *Costa del Sol*. Keimzelle der Stadt mit dem ausgesprochen milden Klima – 300 Sonnentagen im Jahr – war eine phönizische Siedlung. Heute ist sie mit rund 560 000 Einwohnern die zweitgrößte Stadt Andalusiens.

Den schönsten Blick auf Málaga hat man vom Hügel **Gibralfaro** mit dem gleichnamigen Castillo. Aus 130 m Höhe blickt man auf das Meer und die Berge, aber auch auf bauliche Zeugen der Geschichte: die **Alcazaba**, die Burg aus der Nasridenzeit, die sich den Berg hinaufschiebt, und den mächtigen Turm der **Catedral** in der Innenstadt, ein trutziges Denkmal der christlichen Rückeroberung. Flanierstraße der Stadt ist der *Paseo del Parque* entlang des Hafenbeckens.

In der Stadt treten Gegensätze deutlich zutage: Prachtvolle Boulevards und Plätze, Feinschmecker-Restaurants und Villen gehören ebenso zum Ambiente wie vernachlässigte Wohnviertel. Doch auch wenn die Bewerbung für die Europäische Kulturhauptstadt 2016 nicht geklappt hat, blickt Málaga hoffnungsfroh in die Zukunft. Es wurden Straßen ausgebaut, Gebäude und Denkmäler restauriert und neue Museen sind in Planung.

Geschichte Gegründet wurde Málaga von den Phöniziern, die hier Handel mit **gesalzenem Fisch** trieben. Dieser Wirtschaftszweig ist möglicherweise auch für den Namen der Stadt verantwortlich, abgeleitet von *malac*, ›salzen‹. Den Phöniziern folgten die Griechen, und 206 machten die Römer Málaga als *Malacitanum* zum Bestandteil ihres Reiches. Die Römer wurden nach einem kurzen byzantinischen Intermezzo endgültig in der zweiten Hälfte des 6. Jh. von den Westgoten vertrieben. Diese wiederum hatten gegen die Berber 711 das Nachsehen. Zur Zeit des Kalifats von Córdoba (10./11. Jh.) versank Málaga dann in Bedeutungslosigkeit. Die große **Blütezeit** der Stadt sollte kommen, als weite Teile Andalusiens bereits von den Christen zurückerobert waren. Zur Zeit des Nasridenreichs von Granada war Málaga 250 Jahre lang (1237–1487) Hafenstadt des letzten großen Maurenreichs auf spanischem Boden und damit wichtigste Verbindung nach Nordafrika. 1487, fünf Jahre vor Granada, fiel Málaga an die Christen.

Im 16./17. Jh. erlebte die Stadt wirtschaftliche Blüte durch den **Amerikahandel**. Nach einer Schwächeperiode im 18. Jh. brachte im 19. Jh. die Ansiedlung von Händlern aus Kastilien und dem Ausland erneuten Aufschwung. Verarbeitet und verschifft wurden vor allem land-

Weiter Blick über Málagas Stierkampfarena und den noch immer geschäftigen Hafen

Ihr einzelner Glockenturm wurde zum Kennzeichen der Catedral von Málaga

wirtschaftliche Produkte der Region: Malagawein, Rosinen, Mandeln und Fischkonserven. Im Spanischen Bürgerkrieg erlitt die Stadt schwere Zerstörungen.

Catedral

Der Rundgang beginnt mit dem Besuch der **Catedral** 1 (Tel. 952 21 59 17, Mo–Fr 10–18, Sa 10–17 Uhr), einer der großen Renaissancekirchen Andalusiens. Das Siegesmonument der Christen wurde unter Kaiser Karl V. 1528, z. T. auf dem Grundriss der Hauptmoschee, begonnen. Das Westwerk der *Catedral de la Encarnación* wurde erst 1783 vollendet, der zweite Turm blieb wie eine abgeschlossene Hauptfassade ein Wunschtraum: Im Volksmund heißt die Kirche **La Manquita**, ›die Fehlende‹. Andererseits beeindruckt das Gotteshaus allein schon durch seine Ausmaße (117 m lang, 72 m breit, 48 m hoch). Und trotz der langen Bauzeit wirkt es einheitlich, denn auch spätere Baumeister hielten sich an die Pläne des 16. Jh. Der Chor birgt mit dem Chorgestühl (1662) eine der Hauptattraktionen der Hallenkirche. Besonders interessant sind die 40 geschnitzten *Hochreliefs* von Pedro de Mena, dessen Heiligenfiguren sich durch große Lebendigkeit auszeichnen.

Beide Seitenschiffe sowie der Chorumgang sind mit Kapellen bestanden, der Rundgang beginnt am besten im südlichen Seitenschiff. Die dritte Kapelle ist die *Capilla del Rosario*, die dominiert wird von Alonso Canos Rosenkranzmadonna (17. Jh.). Die erste Kapelle im Chorumgang rechts beherbergt eine Madonnenfigur, *Nuestra Señora de los Reyes*, geschaffen von einem kastilischen Meister des 14. Jh. Weitere Kunstwerke aus dem *Tesoro*, dem Kirchenschatz, zeigt das *Kathedralmuseum* in zwei holzgetäfelten Räumen des ehem. Kapitelsaals.

Dem Nordportal gegenüber liegt die kleine **Iglesia del Sagrario** 2 (Di–Sa 9.30–12.30 und 18.30–19.30 Uhr) aus dem 18. Jh., in deren Krypta Reste der Moschee-Fundamente auszumachen sind. Sehenswert ist das platereske Portal aus dem 16. Jh. zur Calle de Santa María hin, das noch vom Vorgängerbau stammt. An der Plaza del Obispo liegt der im 16. Jh. erbaute **Palacio Episcopal** 3 (Bischofspalast, Tel. 952 60 27 22), der im Rahmen von Ausstellungen besucht werden kann.

Weltliche Kunst zeigt das neue **Museo Carmen Thyssen** 4 (c/ Compañía 10, Tel. 902 30 31 31, www. carmenthyssenmalaga. org, Di–Do und So 10–20, Do/Fr 10–21 Uhr).

In einem Palast aus dem 16. Jh. wird vor allem spanische Malerei des 19. Jh. aus der Sammlung Carmen Thyssen-Bornemisza präsentiert.

Nördlich der Catedral

In der Altstadt nördlich der Catedral wandelt man ganz auf den Spuren von Pablo Picasso, dem berühmtesten Sohn der Stadt. So wurde etwa in der Calle San Agustín 8 in dem stimmungsvollen Renaissancebau des *Palacio de los Condes Buenavista* 2003 im Beisein des spanischen Königspaares das **Museo Picasso Málaga** 5 (Tel. 952127600, www.museopicassomalaga.org, Di–Do, So/Fei 10–20, Fr/Sa 10–21 Uhr) eröffnet. Hier wird das Werk des kreativen Genies mit mehr als 200 kostbaren Gemälde, Zeichnungen, Stichen, Skulpturen und Keramiken gewürdigt. Zusätzlich finden Wechselausstellungen statt.

TOP TIPP

Die Calle Granada führt weiter nach Norden, vorbei an der **Iglesia de Santiago** 6 (Tel. 952219661, tgl. 9–13.30 und 18–20 Uhr), in der Picasso 1881 getauft wurde. Sie wurde 1490 gegründet und samt ihrem schönen Viereckturm nach der *Reconquista* im *Mudéjar*-Stil erneuert, das Kircheninnere später barockisiert.

Von hier aus ist es nur noch ein Katzensprung zur *Plaza de la Merced*, wo der große Künstler im Haus Nr. 15 am 25. Oktober 1881 das Licht der Welt erblickte. Sein Geburtshaus, die **Casa Natal de Picasso** 7 (Tel. 951926060, www.fundacionpicasso.es, Mo–So 9.30–20 Uhr, feiertags geschl.), bewahrt heute als einzigartiges Studienzentrum und Museum mehrere Werke des Meisters sowie über 4000 Bücher, 15 000 Dias, Videofilme, Fotos und unzählige Zeitungsartikel zum Phänomen Picasso. Allerdings verließ der junge Pablo Málaga bereits 1891, als die Familie wegen eines neuen Arbeitsplatzes von Vater Ruiz Blasco nach La Coruña in Galizien übesiedelte. Zur Franco-Zeit wurde der Emigrant Picasso in Spanien totgeschwiegen. Auch nach der Demokratisierung dauerte es in Málaga eine Weile, bis man dem berühmten Künstler den ihm gebührenden Ruhm zukommen ließ.

Alcazaba

Auf der Calle Alcazabilla gelangt man südwärts zur Burg Alcazaba. Links vom Eingang fällt der Blick auf die Überreste eines römischen Theaters, **Teatro Romano** 8, das auf das 1. Jh. v. Chr. datiert wird. Einige Sitzreihen wurden restauriert, die Orchestra ist teilweise erhalten.

Viele der antike Bauelemente wie Säulen oder Marmorverkleidungen wurden im 11. Jh. schon beim ersten Bau der **Alcazaba** 9 (Tel. 952227230, April–Okt. Di–So 9.30–20, Nov.–März Di–So 8.30–18 Uhr) verwendet. Die heutige Burg mit innerem und äußerem Mauerring ist im Wesentlichen ein Werk der Nasridenherrscher des 13./14. Jh. Sie wurde in den folgenden Jahrhunderten immer wieder erweitert, bis sie Mitte des 19. Jh. aufgegeben wurde und fortan als Armenquartier diente. Bei einer Restaurierung in den 1930er-Jahren wurden jüngere Gebäude abgerissen, andere im Stil der Nasridenzeit – nicht immer ganz originalgetreu – wieder errichtet.

Meisterwerke aus dem Musée Picasso Antibes zu Gast im Museo Picasso Málaga

Einst muss die Alcazaba ein prunkvoller Palast ähnlich der Alhambra von Granada [Nr. 17] gewesen sein. Doch von der aufwendigen Ausschmückung blieb kaum etwas erhalten. Rosen, spanischer Jasmin, Myrtenhecken und Zypressen säumen den Weg, der durch eine Reihe von Toren stetig bergan steigt. Schließlich erreicht man die *Plaza de Armas* (Waffenplatz) und die *Puerta de los Cuartos de Granada*, die, wiederum dem Stil der Nasridenzeit nachempfunden, in den **inneren Palastbereich** führt. Hier befanden sich ab dem 11. Jh. der eigentliche Palast sowie ein Wohnviertel. Heute findet man in diesem Areal das **Museo Arqueológico de la Alcazaba** (geöffnet wie Alcazaba). Es zeigt wertvolle Exponate zur Geschichte der Stadt, darunter prähistorische Funde und die berühmte ›grüne Keramik‹ aus Málaga (12.–14. Jh.).

Östlich der Catedral

Vom Burgtor aus führt der weitere Stadtrundgang Richtung Hafen, vorbei am klassizistischen früheren Zollhaus **Palacio de la Aduana** 10 (1788–1829), Symbol des Handelslebens von Málaga. Der stattliche Vierflügelbau soll ab 2013 das Muséo Arquéológico sowie das Museo de Bellas Artes beherbergen. Unweit davon führt der **Paseo del Parque** 11, der von Palmen und Platanen gesäumte Prachtboulevard, am Hafenbecken entlang. Beinahe mutet er wie ein botanischer Garten an, mit tropischen und subtropischen Gewächsen, die im milden Klima der Stadt bestens gedeihen. Von hier aus fährt übrigens auch die Buslinie Nr. 35 auf den Gibralfaro, den Hausberg von Málaga.

Ob am Meer oder in der Altstadt – köstliche Kleinigkeiten gibt es in Málaga in jeder Bar

Die schönste Zeit zum Besuch des **Gibralfaro** 12 ist der späte Nachmittag, wenn die Sonne die Stadt in sanftes Licht taucht. In maurischer Zeit wurde auf dem ›Gipfel‹ des 130 m hohen Bergrückens das **Castillo del Gibralfaro** (im Sommer tgl. 9–20, im Winter tgl. 9–18 Uhr) als Festung angelegt. In der ehemaligen Pulverkammer dokumentiert die militärhistorische Ausstellung des *Centro de Interpretación de Gibralfaro* die Geschichte des Castillo. Die Befestigungsmauern der Anlage gehen in die der tiefer gelegenen Alcazaba über, doch ein Durchgang ist nicht möglich. Imponierend ist sowohl vom Gipfel als auch vom Fußweg am südlichen Hügelhang die **Aussicht** auf Stadt und Hafen. Deutlich ist das große Rund der Stierkampfarena **Plaza de Toros** 13 zu sehen, dahinter schweift der Blick vom gebirgigen Hinterland über das Mittelmeer und die Küste entlang bis Torremolinos.

Südwestlich der Catedral

Stadteinwärts mündet der Paseo del Parque in die *Plaza Marina*, in deren Norden sich der Eingang zum **Museo Interactivo de la Música** 14 (MIMMA, Tel. 952 21 04 40, www. musicaenaccion.com, Mo–Fr 10–14 und 16–20, Sa/So 11–15 und 16.30–20.30 Uhr) versteckt. Über 300 Musikinstrumente aus verschiedenen Epochen und Ländern wurden hier zusammengetragen, und viele von ihnen können nicht nur betrachtet, sondern auch ausprobiert werden. Im Festsaal finden regelmäßig Konzerte statt.

Nach einer langen Siesta belebt sich ab 17 Uhr die nördwärts anschließende Einkaufszone wieder, deren Hauptverkehrswege die *Calle Marqués de Larios* und die *Plaza de la Constitución* sind. Von letzterer zweigt inmitten der Altstadt der **Pasaje Chinitas** ab, eine der malerischsten Straßen von Alt-Málaga. Ihr Pendant im Südwesten ist die **Puerta del Mar** 15. Die palmengesäumte Fußgängerzone zählt zu den schönsten Straßen der Innenstadt, und in den Seitengassen machen sich viele kleine Restaurants und *Tapas*-Bars Konkurrenz. Über die Calle Atarazanas gelangt man zum **Mercado Central** 16, der Markthalle. Bis zur Mittagszeit herrscht hier lebhaftes Treiben. Allerlei frisches Meeresgetier und Früchte, am Montag nach der Corrida auch Stierfleisch, werden mit großer Lautstärke angepriesen. Sehenswert ist auch das Marktgebäude selbst im Neo-*Mudéjar*-Stil. Besondere Beachtung verdient das

Vom Café an der Plaza del Obispo hat man die Catedral und den Bischofspalast (li.) im Blick

Eingangsportal aus Marmor, das noch aus der Nasridenzeit stammt. Es war ursprünglich Bestandteil der königlichen Schiffswerften. Am Hufeisenbogen prangen zwei Wappen des 14. Jh., und ein Spruchband verkündet: »Allah allein ist der Sieger«.

Parallel zur Calle Atarazanas verläuft die lebhafte und verkehrsreiche **Alameda Principal** bis zum Río Guadalmedina. Wendet man sich vor dem Fluss nach Süden, erreicht man bald das **Centro del Arte Contemporáneo** 17. (CACMA, c/ Alemana, s/n, Tel. 952 12 00 55, www.cacmalaga.org, Mitte Juli–Mitte Sept. Di–So 10–14 und 17–21, sonst Di–So 10–20 Uhr). Das Museum verfügt über eine große Sammlung internationaler zeitgenössischer Kunst, darunter Fotografien von Cindy Sherman und Holzinstallationen von Juan Muñoz. Zusätzlich sind interessante Wechselausstellungen zu sehen.

i Praktische Hinweise

Information

Oficina Municipal de Turismo, Av. Cervantes, 1, 29016 Málaga, Tel. 952 13 47 30 – Plaza de la Marina, 11, Tel. 951 92 66 20 – Punto de Información: Alcazaba, Catedral, Correos, Estación de Autobusses und Plaza de la Merced. Allgemeine Infotel. 010, www.malagaturismo.com

Flughafen

Aeropuerto de Málaga (AGP), Av. García Morato (11 km südwestl. vom Zentrum), Málaga, Infotel. aller spanischen Flughäfen 902 40 47 04, www.aena.es. Busse und Bahn zur Innenstadt.

Hotels

****Larios**, c/ Marqués de Larios, 2, Málaga, Tel. 952 22 22 00, www.hotel-larios.com. Eines der besten innerstädtischen Komforthotels.

****Parador de Málaga Gibralfaro**, Castillo de Gibralfaro (Südhang des Gibralfaro, unterhalb des Castillo), Málaga, Tel. 952 22 19 02, www. parador.es. Herrliche Terrasse mit einem der schönsten Ausblicke Málagas.

***California**, Paseo de Sancha, 17, Málaga, Tel. 952 21 51 64, www.hotelcalifornia net. com. Kleines, aufmerksam geführtes Hotel im Viertel La Caleta in Strandnähe.

***Hotel del Pintor**, c/ Álamos, 27, Málaga, Tel. 952 06 09 80, www.hoteldelpintor.com. Kleines, aber feines Stadthotel nahe der Plaza de la Merced mit origineller Ausstattung.

Hostal Victoria, c/ Sancha de Lara, 3, Málaga, Tel. 952 22 42 23, www.hostalvictoriamalaga.com. Nette und zentral gelegene Pension.

Torremolinos – Flanieren an der Strandpromenade oder einfach Sonne und Meer genießen

Restaurants

António Martín, Plaza La Malagueta, s/n, Málaga, Tel. 952 22 73 98. Stimmungsvolles Lokal mit innovativen Tapas (So abends und Mo geschl.).

Figón de Juan, Pasaje Esperanto, 1, Málaga, Tel. 952 28 75 47. Leckere bodenständige Küche (Mo geschl.).

El Jardín, c/ Cañón, s/n, Málaga, Tel. 952 22 04 19. Hübsches Café mit Tageskarte hinter der Catedral (So geschl.)

Mesón Astorga, c/ Gerona, 11, Málaga, Tel. 952 34 25 63, www.mesonastorga.com. Köstliche regionale Küche, gute Weinauswahl (So geschl).

Bars

Antigua Casa de Guardia, Alameda Principal, 18, Málaga, Tel. 952 21 46 80, www.antiguacasadeguardia.net. Fässer mit Málaga-Wein schmücken die älteste Bodega der Stadt (So geschl.).

Bodegón El Pimpi, c/ Granada, 62, Málaga, Tel. 952 22 89 90, 19–2 Uhr. Leckere *Tapas* in Stierkämpferambiente in der Altstadt.

4 Torremolinos

Rummelplatz der Sonnenküste.

Nur ein Katzensprung ist es vom Flughafen Málaga [Nr. 3] zum beliebtesten Rummelplatz der Costa del Sol. Dabei war Torremolinos vor rund 60 Jahren noch ein kleines Fischerdorf, das nach Getreidemühlen (*Molinos*) und einem Wachturm (*Torre*) benannt war. Die **Molino de Inca** ist jetzt ein Museum, eingebettet in den neuen **Jardín Botánico** (Mai–Sept. Di–So 11.30–13.30, 18–21, Okt.–April Di–So 10.30–13.30, 16–18 Uhr). In den 1950er-Jahren kamen die ersten Touristen, um sich an den 9 km langen **Stränden** zu erholen. In den 1960er-Jahren wurde ›Torre‹ zur Hippiemetropole, verewigt in James Micheners Kultbuch ›Die Kinder von Torremolinos‹.

Die Hippies sind längst den Pauschaltouristen gewichen. Kilometerlang ziehen sich die Betonburgen der Hotels und Apartmenthäuser an der Küste entlang. Dazwischen tobt das Leben. Wer eher Vergnügen als Erholung sucht, ist hier gut aufgehoben: Diskotheken, Bars und Restaurants gibt es in Hülle und Fülle. Abends flaniert man entlang der Strandpromenade mit ihren Fischrestaurants, tagsüber werden Tennis, Golf, Reiten und natürlich Wassersport angeboten.

i Praktische Hinweise

Information

Oficina de Turismo, Calle Delfines, 1, 29620 Torremolinos, Tel. 952 37 29 56, www.ayto-torremolinos.org

Hotels

******Tryp Guadalmar**, Moby Dick, 2, Urbanización Guadalmar, Tel. 952 23 17 03, www.solmelia.com. Angenehmes Strandhotel in ruhiger Wohnsiedlung.

****Hotel Residencia Miami**, c/ Aladino, 14, La Carihuela, Tel. 952 38 52 55, www.residencia-miami.com. Idyllisches, einfaches Hotel mit Garten und Pool.

Restaurant

La Mancha, Plaza Goya, 2 (zwischen c/ Río Mesa und c/ Tiépolo), Torremolinos, Tel. 952 38 01 46. Ein echter Geheimtipp: Umringt von Hochhäusern bietet das Restaurant eine gepflegte Küche und guten Service.

5 Mijas

Das Vorzeigedorf der Costa del Sol.

Die **weißen Gassen** von Mijas ziehen sich wie Ränge eines Amphitheaters an den Berghängen hinauf. Doch das Paradedorf der Küste hat gelitten: Längst übersteigt die Zahl der Ausflügler die der Einheimischen um ein Vielfaches. Das weiße Dorf läuft Gefahr, zu einer einzigen Souvenirbude zu verkommen. Ein Ausflug lohnt dennoch – allein wegen der **großartigen Sicht** auf die Küste. Auch ein Bummel durch die malerischen Gassen ist ein Vergnügen, wenn man den Rummel am Hauptplatz hinter sich lässt und in den oberen Teil des Dorfes hinaufsteigt.

i Praktische Hinweise

Information

Oficina de Turismo, Plaza Virgen de la Peña, s/n, 29650 Mijas, Tel. 952 58 90 34, www.mijas.es

6 Fuengirola

Beliebter Badeort mit großem Freizeitprogramm.

Eine kleine Altstadt und die Ruine der maurischen Burg *Sujayl* (10. Jh.) am westlichen Rand erinnern an die Ursprünge des Ortes, der heute ganz im Dienste des Tourismus steht. Ein **langer Strand**, ein Jachthafen sowie zahllose Sport- und Unterhaltungsmöglichkeiten versuchen, über die schlimmen Bausünden, die hier vor allem in den 1970er-Jahren begangen wurden, hinwegzutrösten.

i Praktische Hinweise

Information

Oficina de Turismo, Avda. Jesús Santos Rein, 6, 29640 Fuengirola, Tel. 952 46 76 25, www.fuengirola.org

Hotels

******Beatriz Palace Hotel & Spa**, A 7, km 207, Fuengirola, Tel. 952 92 20 00, www.beatrizhoteles.com. Familienfreundliches Urlaubshotel am schönen langen Strand.

******Confortel Fuengirola**, Paseo Marítimo Rey de España, 87, Fuengirola, Tel. 952 92 10 00, www.confortelhoteles.com. 180 stilvoll minimalistisch eingerichtete Zimmer bietet das Hotel an der Strandpromenade.

Einen reizvollen Nachmittag versprechen die weißen Gassen von Mijas den Besuchern

7 Marbella

Im elegantesten Badeort der Küste tummelt sich nicht nur der Jetset.

»Que mar bella!«, »Welch schönes Meer!«, soll Isabella die Katholische ausgerufen haben beim Anblick des herrlichen Küstenstreifens. Dem Zauber des Ortes, dessen Ursprung in römischer Zeit liegt, erlagen in den 1950er-Jahren die Reichen und Schönen aus den kühleren Regionen Europas. Prinz Alfonso von Hohenlohe gründete mit dem **Marbella Club** einen Treffpunkt des Jetset, dessen Partys Marbella berühmt machten und der noch immer Anlaufstelle derjenigen ist, die dazugehören (wollen).

In den 1970er-Jahren kam eine neue Klientel dazu, für die die hübsche weiße Moschee mit Hubschrauberlandeplatz im Westteil des Ortes errichtet wurde, und auf deren Anwesenheit auch die arabische Ortsausschilderung hinweist: die **Scheichs**. Jahrhunderte nach der Vertreibung der Araber kamen ihre Nachfahren zurück und kauften sich ein – auch im Marbella Club.

Marbella gibt sich edel: Elegante Villen und Apartmenthäuser ragen hinter Hecken und Zäunen hervor, die Wohnanlagen im neomaurischen Stil passen sich harmonisch in die Landschaft ein und sind viel gefälliger als die Betonklötze weiter östlich. Grünflächen verschönern allenthalben das Stadtbild und schließlich gibt es noch eine bildhübsche **Altstadt** mit Resten der mittelalterlichen Wehrmauer. Zentrum ist die *Plaza de los Naranjos*, gesäumt von duftenden Orangenbäumen, gemütlichen Restaurants und dem Rathaus aus dem 16. Jh.

Einen Nachmittag lang sollte man in die Atmosphäre des Luxusjachthafens **Puerto Bañus** eintauchen, der 7 km westlich des Zentrums liegt. Hier findet man teure Boutiquen, schicke Cafés und Feinschmecker-Restaurants, Golfplätze und ein Kasino ergänzen das Unterhaltungsprogramm.

i Praktische Hinweise

Information

Oficina de Turismo, Glorieta de la Fontanilla, s/n, 29602 Marbella, Tel. 952 77 14 42, www.marbella.es/turismo

Oficina de Turismo, Plaza de los Naranjos, 1, 29601 Marbella, Tel. 952 82 35 50

Hotels

******Marbella Club Hotel, Golf Resort & Spa**, Blvd. Príncipe Alfonso von Hohenlohe, Marbella, Tel. 952 82 22 11, www.marbellaclub.com. Die nobelste Art, in Marbella zu wohnen. Bungalows und Apartments sind eingebettet in einen herrlichen Park.

******Fuerte Marbella**, Avda. El Fuerte, s/n, Marbella, Tel. 952 86 15 00, www.fuertehoteles.com. Renommiertes Haus direkt am Strand.

In und um Marbella kann man sie sehen, die Statussymbole der Reichen und Schönen

Entspannte Siesta in einem Café an der Plaza de las Flores in Estepona

La Morada Mas Hermosa, Casco Antiguo, c/ Montenebros, 16 A, Marbella, Tel. 952 92 44 67, www.lamoradamashermosa.com. Ein kleines Juwel mit nur sechs Zimmern und einer Suite in der Altstadt.

Lima, Avda. Antonio Belón, 2, Marbella, Tel. 952 77 05 00, www.hotellimamarbella.com. Das strandnahe Hotel bietet ein sehr gutes Preis-Leistungs-Verhältnis.

Restaurants

In den unzähligen Restaurants der Altstadt kann man erstaunlich gut und günstig essen, wenig innovativ zwar, aber die Zutaten sind in der Regel frisch.

Restaurante Santiago, Paseo Marítimo, 5, Marbella, Tel. 952 77 00 78, www.restaurantesantiago.com. Hier speist man stilvoll und erlesen, vor allem Fisch und Meeresfrüchte.

8 Estepona

Geruhsamer Badeort.

Der einstige Fischerort besitzt eine nette kleine **Altstadt**. Die Hotelbauten sind weit verstreut, die Uferpromenade, von der man bei guter Sicht einen Blick auf die *Säulen des Herkules* genießen kann, ist noch erstaunlich unverbaut. Hier geht es um einiges ruhiger zu als in den anderen Orten der *Costa del Sol*.

Vornehm präsentiert sich die nahe gelegene Nobelsiedlung **Sotogrande** mit Jachthafen, Golf- und Poloplätzen. Sie ist beliebter Tummelplatz der Briten aus dem benachbarten Gibraltar [Nr. 58].

Beliebtes Ausflugsziel ist der großzügig angelegte Wildpark Selwo Aventura (Tel. 902 19 04 82, www.selwo.es, Feb.–Okt. tgl. 10–18, Juli–Aug. bis 20 Uhr), in dem sich Tiere aus fünf Kontinenten tummeln.

i Praktische Hinweise

Information

Oficina de Turismo, Avda. San Lorenzo, 1, 29680 Estepona, Tel. 952 80 20 02, www.infoestepona.com

Hotels

*****__Kempinski Hotel Bahía,__ Ctra. Cádiz, Km 159, Estepona, Tel. 952 80 95 00, www.kempinski.com. Elegantes und exklusives Wellness-Resort mit Blick auf die afrikanische Küste.

***Hostal El Pilar**, Plaza de las Flores, 10, Tel. 952 80 00 18, www.hostalelpilar.es. Einfaches Hostal im Herzen Esteponas, einige Zimmer mit Balkon zur Plaza.

Restaurant

Los Rosales, c/ Damas, 12, Estepona, Tel. 952 79 29 45, www.infhosteleria.com/losrosales. Schlichtes Ambiente, aber köstliche Tapas und Fischgerichte (So geschl.).

9 Casares

TOP TIPP *Das hinreißend schöne Bergdorf erzählt vom einfachen Leben.*

14 km windet sich die Straße von der Küste bergauf nach Casares. Allein die Fahrt durch **Korkeichen-** und **Pinienwälder**, vorbei an Weiden, denen im Frühjahr Zistrosen Farbtupfer verleihen, lohnt den Abstecher. So mancher Halt, Ausgangspunkt für einen Spaziergang oder einfach, um tief durchzuatmen, bietet sich an, bevor sich der Blick auf das **weiße Dorf**, bekrönt von Kastell und Kirche, auftut. Hier scheint die Zeit stehen geblieben zu sein – im Gegensatz zum viel besuchten Mijas. Wer das Besondere liebt, kann in der Burg (12.–15. Jh.) des 40 km südwestlich gelegenen Dorfes *Castellar de la Frontera* übernachten (s. u.).

i Praktische Hinweise

Unterkunft

***__Complejo Castillo de Castellar__, c/ Rosario, 3, 11350 Castellar de la Frontera, Tel. 956 69 31 50, www.tugasa.com. Neun exklusive Zimmer bietet das in der Burg 2009 neu eingerichtete Hotel El Alcázar, zudem stehen ansprechende Ferienhäuschen im Burgbezirk zur Verfügung.

10 Arcos de la Frontera

Eines der schönsten weißen Dörfer und guter Ausgangspunkt zur Erkundung der Umgebung.

Dramatisch ist der Anblick schon von weitem – die weißen Würfel der Häuser scheinen auf dem Felsen zu kleben, der sich 160 m über dem Ufer des Río Guadalete auftürmt. Steil ragen aus dem Häusergewirr die Türme der beiden Hauptkirchen empor.

Das Erklimmen der Altstadtgassen ist wie bei den meisten *Pueblos blancos* nervenaufreibend für Autofahrer und ermüdend für Fußgänger. Eine Pause kann man am höchsten Punkt des Ortes, an der **Plaza del Cabildo**, im *Parador*, einlegen und den herrlichen Blick von der Terrasse über die Ebene genießen.

Nebenan steht die wichtigste Kirche des Ortes, **Santa María de la Asunción** (Mo–Fr 10–13, 15.30–18.30, Sa 10–14 Uhr). Das reich verzierte Westportal ist beste Isabellinik. Auch das Innere ist hübsch mit dem gotischen Palmbaumgewölbe und der zumeist barocken Ausstattung.

Durch verwinkelte Gassen, vorbei an Adelspalästen aus dem 15.–18. Jh., führt der Weg zur zweiten wichtigen Kirche des Ortes, **San Pedro**. Ebenfalls ein Bau

der Spätgotik, wurde San Pedro im 18. Jh. maßgeblich umgestaltet und besitzt ein sehenswertes Retabel aus dem 16. Jh. mit Szenen aus dem Leben des Petrus.

i Praktische Hinweise

Information

Oficina de Turismo, Cuesta de Belén, 5, 11630 Arcos de la Frontera, Tel. 956 70 22 64, www.ayuntamientoarcos.org

Hotel

***Los Olivos**, Paseo Boliches, 30, Arcos de la Frontera, Tel. 956 70 08 11, www.hotel-losolivos.es. Freundliche Zimmer rund um einen hübschen Patio.

***Parador de Arcos de la Frontera**, Plaza del Cabildo, s/n, Arcos de la Frontera, Tel. 956 70 05 00, www.parador.es. Grandioser Blick und schönes Ambiente.

Hacienda El Tesorillo II, Ctra. Arcos, 2 km nordwestl. v. Arcos de la Frontera, Tel. 619 32 86 01, www.eltesorillo.com. Gästehaus bei historischen Gutshof. Swimmingpool und Reitmöglichkeiten.

Marqués de Torresoto, c/ Marqués de Torresoto, 4, Arcos de la Frontera, Tel. 956 70 07 17, www.hotelmarquesdetorresoto.com. Kleines Hotel in ehem. gräflicher Residenz (17. Jh.).

Blendend weiß leuchten die Häuserkuben des malerisch-kleinen Casares im Sonnenschein

11 Parque Natural Sierra de Grazalema

TOP TIPP *Die Igeltanne ist eine der botanischen Attraktionen des Naturparks.*

1984 wurde die Region, die mehrere Ausläufer der *Serranía de Ronda* umfasst, zum ersten spanischen Naturpark erklärt. Zum Erstaunen vieler handelt es sich um die regenreichste Region Spaniens. Die Wolken vom Atlantik werden von den Gebirgszügen von Grazalema abgefangen und regnen sich ab. Die Niederschläge haben die Landschaft geprägt, zur Verkarstung der Kalksteingebirge und zur **Höhlenbildung** beigetragen.

Das feuchte Klima sorgt außerdem für eine höchst abwechslungsreiche **Pflanzenwelt**. Neben Johannisbrotbäumen, Kork- und Steineichen findet man auch eine botanische Besonderheit: die Igel- oder Pinsapotanne, ein Relikt aus dem Tertiär. Im Frühling prägt das Gelb des Drüsenginsters die Landschaft, und Wanderer sehen häufig Orchideen. Die *Fauna* steht der *Flora* in nichts nach, wenn auch die Bestände von Steinbock und Fischotter stark abgenommen haben. **Vögel** sind gut zu beobachten, darunter Gänsegeier und Adler.

Auf einer Rundfahrt kann man einige der schönsten Teile des Parks kennenlernen. Ausgangspunkt dafür ist **El Bosque**, wo auch die Parkverwaltung und das Besucherzentrum ihren Sitz haben. Hier erhält man Informationen über die Wanderwege, Landkarten und die für einige Touren erforderliche Wandererlaubnis.

Ubrique

Auf der C 373 gelangt man nach Ubrique. Der Ort am Fuß des *Monte Tajo* hat sich zu einem Zentrum des **Lederhandwerks** mit mehr als 100 Werkstätten und Fabriken entwickelt. Die Möglichkeit, sich günstig mit Stiefeln, Taschen oder Jacken einzudecken, lockt viele Besucher an.

Grazalema

Die C 375 führt über Benaocaz durch die karge Berglandschaft der *Sierra del Caillo* nach Grazalema. Das hübsche Dorf hat sich erfreulich wenig verändert. Treffpunkt ist der Dorfplatz mit netten Bars und kleinen Restaurants. **Wanderer** haben Grazalema längst für sich entdeckt, es ist ein idealer Ausgangspunkt für Touren in den Naturpark der Sierra de Grazalema. Allerdings ist zu beachten, dass vor allem im Winter und zu Beginn des Frühjahrs mit Regen zu rechnen ist, denn Grazalema ist in dieser niederschlagreichen Region der regenreichste Ort.

TOP TIPP Zahara de la Sierra

Die CA 531 von Grazalema nach Zahara ist steil, schmal und kurvig. Linker Hand liegt der Igeltannenwald der *Sierra del Piñar*. Die Straße steigt bis zum 1332 m hohen Pass *Puerto de las Palomas* an. Wie ein weißer Teppich liegen nördlich davon die Häuser von Zahara de la Sierra unterhalb des burgbekrönten Felsens. Wunderschön ist auch vom Dorf aus der Blick auf den Stausee *Embalse de Zahara*.

Tiefes Blau in sattem Grün – der Stausee Embalse de Zahara

Praktische Hinweise

Information

Oficina de Turismo Benzalema, Plaza de España, 11, 11610 Grazalema, Tel. 956 13 22 25, www.marcaparque natural.com

Centro de Visitantes, c/ Federico García Lorca, 1, 11670 El Bosque, Tel. 956 72 70 29

Hotels

****Puerta de la Villa**, Plaza Pequeña, 8, Grazalema, Tel. 956 13 23 76, www.graza lemahotel.com. Geschmackvoll eingerichtetes Landhotel am Dorfplatz.

Arco de la Villa, Camino Nazarí, s/n, Zahara de la Sierra, Tel. 956 12 32 30, www. tugasa.com. Nettes Hotel in schwindelerregender Höhenlage mit tollem Blick.

Reitergruppe unterwegs auf einer Tour im Naturpark Sierra de Grazalema

12 Cueva de la Pileta

Grandioses Naturerlebnis und Reise zu den Anfängen der Menschheit.

Die 1905 von einem Bauern entdeckte Tropfsteinhöhle **Cueva de la Pileta** (Tel. 952167343, www.cuevadelapileta.org, Besichtigung nur im Rahmen einer etwa einstündigen Führung, Anmeldung ratsam, 16. April–Sept. tgl. 10–13 und 16–18, sonst bis 17 Uhr) liegt etwa 22 km westlich von Ronda [Nr. 13], nur wenig westlich des Ortes Benaoján.

Als man 1912 mit der Erforschung der Höhle begann, entdeckte man Spektakuläres: Knochen, Werkzeuge, Tonscherben und Feuersteine von Menschen, die hier vor Tausenden von Jahren lebten. Die Funde wurden zum größten Teil ins Museo Arqueológico von Málaga [s. Nr. 3] gebracht. An den Felswänden finden sich aber noch heute bis zu 27000 Jahre alte **Tierzeichnungen**! Auszumachen sind Darstellungen von Stieren, Pferden, Ziegen und das in der prähistorischen Kunst seltene Bild eines Fisches. (Achtung: Der Zugang zu den faszinierenden Zeugnissen der Anfänge menschlichen Lebens ist beschwerlich und wegen der glitschigen Stufen nicht ungefährlich.)

i Praktische Hinweise

Hotel

Molino del Santo, Benaoján (5 km nördl. der Cueva de la Pileta), Tel. 952167151, www.molinodelsanto.com. Sehr sympathisches und für sein Engagement im Umweltschutz ausgezeichnetes Hotel in einer alten Mühle.

13 Ronda

Die weiße Stadt mit den dramatischen Ausblicken gilt als Wiege des modernen Stierkampfes.

Die Berühmtheit Rondas resultiert nicht zuletzt aus seiner grandiosen Lage. Stolz und trutzig wie ein **Adlerhorst** liegt es in 750 m auf einem Hochplateau, umgeben von mächtigen Gebirgszügen, die bis zu 1600 m hoch aufragen. Eine Brücke spannt sich seit dem 18. Jh. über die bis zu 90 m breite und 160 m tiefe Schlucht *Tajo* des Rio Guadalevín und verbindet die Altstadt, *La Ciudad*, mit der erst nach der *Reconquista* entstandenen Neustadt *El Mercadillo*. Das Stadtbild selbst besticht mit schmucken, weiß getünchten Häusern und alten Adelspalästen. Außerdem

Kühn überbrückten Baumeister vor mehr als 250 Jahren mit der Puente Nuevo die Schlucht des Rio Guadalevín

ist Ronda ein Wallfahrtsort für Stierkampf-*Aficionados*. Die Arena ist eine der ältesten Spaniens und viele berühmte *Toreros* waren hier zu Hause.

Geschichte Prähistorische Funde in der Umgebung lassen darauf schließen, dass Ronda zu den **ältesten Siedlungsgebieten** Spaniens gehört. Handelskontakte lockten Phönizier und Griechen in die Region. 122 v. Chr. machten die Römer Ronda zu einem ihrer Handelszentren, bis sie im 7. Jh. v. Chr. von den Westgoten vertrieben wurden.

Im Jahr 711, bald nach der Ankunft von Tariks Mannen in Andalusien, wurde Ronda maurisch. Es war ab dem 11. Jh. Hauptstadt einer *Taifa* (Königreich) und ab dem 13. Jh. Teil des Nasridenreiches. Zeitweise befand es sich auch im Besitz des Königs von Marokko. Erst 1485 gelang es den Christen, die bis dahin aufgrund ihrer Lage als uneinnehmbar geltende Stadt nach wohlgeplanter Belagerung zu stürmen. Wachsender Wohlstand des **Handelszentrums** ging in den folgenden 200 Jahren einher mit einer regen Bautätigkeit. Heute ist Ronda ein Städtchen von 37 000 Einwohnern, Sitz kleiner Industrien (Möbel und Nahrungsmittel) und ein beliebter Ausflugsort.

El Mercadillo

Ausgangspunkt des Stadtrundgangs ist das **Hotel Reina Victoria** 1 (s. u.) im nördlichen Teil des *Mercadillo*-Viertels. Das 1906 erbaute Haus besitzt einen wunderschönen Garten, in dem ein

Nur noch wenige Male im Jahr füllen sich die Ränge der Arena von Ronda mit Zuschauern

Bronze-Denkmal an Rainer Maria Rilke erinnert, der hier im Winter 1912/13 einige Monate verbrachte. Zu Ehren des berühmten Gastes wurde auch ein kleines *Museum* im Zimmer 208 eingerichtet.

Die Calle Jerez (auch: c/ Doctor Fleming) führt ins Zentrum und passiert den Stadtpark **Alameda del Tajo** 2. Hier steht die Büste des berühmten Stierkämpfers Pedro Romero (1754–1839) mit der Inschrift: »Für den Stierkampf muss man ein Mann sein, denn die Furcht schlägt mehr Wunden als der Stier.« Die Stierkämpferdynastie der Romeros aus Ronda hatte maßgeblich zur Formulierung der Regeln der modernen Corrida beigetragen.

Die Männerdomäne Stierkampf wurde in den letzten Jahren zwar erfolgreich von Frauen unterwandert, die Stierkampfarena **Plaza de Toros** 3 (Tel. 952 87 41 32, www.rmcr.org, tgl. 10–18, im Sommer bis 20 Uhr) aber ist und bleibt ein Tempel des Männlichkeitskults. Sie geht zurück auf das Jahr 1785 und ist damit eine der ältesten Arenen des Landes, denn bis zu dieser Zeit fanden Stierkämpfe auf öffentlichen Plätzen statt. Das schöne Rund mit seiner durch zwei Arkadenreihen gegliederten Zuschauertribüne bietet 5000 Zuschauern Platz, wird aber nur noch zwei- bis dreimal im Jahr genutzt: am Samstag vor Ostern, mitunter im Mai und Anfang September. Zu letzterem Termin wird in historischen Kostümen aus dem 18. Jh. die **Feria de Pedro Romero** gefeiert und gekämpft. Der Arena ist ein kleines **Museo Taurino** angegliedert, in dem Besucher zu Klängen aus Georges Bizets andalusischem Opus ›Carmen‹ alte Plakate, Stierkämpferkostüme und historische Fotos betrachten können.

TOP TIPP

Die angrenzende **Plaza de España** 4 wird von zwei Gebäuden beherrscht: dem alten Rathaus, das in einen *Parador* (s. u.) umgewandelt wurde, und dem ehem. Dominikanerkloster, einst Sitz des Tribunals der Inquisition. Von seinen Gebäuden sind nur die Kirche und Reste des Kreuzgangs erhalten geblieben. Noch vor der Puente Nuevo, die den Übergang zur Altstadt markiert, biegt man nach Norden ab in die Calle Villanueva, orientiert sich nach rechts zur Calle Mina und gelangt zu einer hübschen Parkanlage mit dramatischem Blick auf den *Tajo* und die **Puente Nuevo** 5, die Neue Brücke, die die Schlucht an ihrer schmalsten Stel-

Tod in der Arena

Federico García Lorca bezeichnete Spanien als »das einzige Land, dessen Nationalschauspiel der Tod ist«. Der Kampf in der Arena lässt niemanden kalt: Den **Aficionados**, den Stierkampfverehrern, stehen die Gegner des Spektakels verständnislos gegenüber. Sicher ist, dass der Stierkampf in keiner anderen Region Spaniens so große Popularität genießt wie in Andalusien, wo die berühmtesten Toreros und die edelsten Stiere zu Hause sind.

Der späte Sonntagnachmittag zwischen Ostern und Ende Oktober ist in vielen Städten Andalusiens noch immer die Zeit der **Corrida de toros**, während der sich in der Regel drei **Toreros** je zwei Stieren entgegenstellen. In dem etwa 20 Minuten dauernden Spektakel eines Kampfes fiebert alles dem Höhepunkt entgegen, wenn sich Stierkämpfer und der schon durch Lanzenstiche und Widerhaken geschwächte Stier gegenüberstehen, bereit zum Todestanz. Der **Matador** lockt den Stier mit seinem roten Tuch, der **Muleta**, umschleicht ihn, neckt ihn, zeigt elegante Posen aus seinem Figurenrepertoire, stellt seine Intelligenz und Geschicklichkeit der Kraft des über 500 kg schweren Tieres gegenüber.

Nach einer festgelegten Frist setzt der Torero zum **Todesstoß** an, der direkt auf die Hauptschlagader zielt. Ob es ihm gelingt, mit einem einzigen Stoß die richtige Stelle zu finden, oder ob er stümperhaft das Leiden seines Gegners vergrößert, entscheidet über den Jubel oder die Verachtung des Publikums.

Die besten unter den Toreros umgibt auch in Zeiten, in denen der Stierkampf in Spanien längst nicht mehr unumstritten ist, immer noch der Mythos von **Volkshelden**. Nur die Meister können von ihrer Kunst leben, eine Handvoll steigt zum **Großverdiener** auf. Ein Kampf um Leben und Tod ist die Corrida trotz aller **Kommerzialisierung** geblieben, schön und grausam zugleich. Sie fordert ihre Opfer auch unter den Großen der Torero-Zunft.

le überwindet. 1751 begann man mit dem Bau des 98 m hohen Meisterwerks, ein kleines Brückenmuseum informiert darüber (Mo–Fr 10–18 Uhr, im Frühjahr und Sommer bis 19 Uhr, Sa/So 10–15 Uhr).

Der Rundgang führt weiter zur **Plaza del Mercadillo** 6, die im 15. Jh. noch vor den Mauern der Stadt lag. Im Zentrum des stimmungsvollen Platzes steht ein achtstrahliger Brunnen. Zwei sakrale Bauwerke flankieren den Platz: die dem Ursprung nach gotische, aber vielfach veränderte Kirche *Nuestro Padre Jesús* sowie das Kloster *Madre de Dios* (16. Jh.).

Südöstlich führt die **Puente Árabe** 7, die arabische Brücke über den Fluss. Sie stammt aus dem frühen 17. Jh. und überspannt den Guadalevín in 30 m Höhe. Von hier aus blickt man auf die **Puente Romano** 8, die römische Brücke, die aber wohl ebenfalls erst in arabischer Zeit errichtet wurde.

La Ciudad

Gegenüber, in der Altstadt *La Ciudad*, liegen die tonnenförmig eingewölbten **Baños Árabes** 9 (Mo–Fr 11–19, Sa/So 10–15 Uhr). Die arabischen Bäder (Anfang 14. Jh.) mit ihren hübschen sternförmigen Lichtöffnungen gehören zu den wenigen noch erhaltenen Relikten der arabischen Badearchitektur in Andalusien.

Durch die *Puerta Felipe V.* von 1742 führt der steile Weg hinauf in die eigentliche Altstadt, kurz *La Ciudad* genannt. Zur Linken taucht die barocke Fassade des **Palacio de Salvatierra** 10 aus dem 18. Jh. auf. Den Haupteingang flankieren korinthische Säulen, darüber befindet sich ein schöner schmiedeeiserner Balkon. Beachtenswert sind auch die vier Gebälkträger, die deutlich südamerikanische Züge tragen: zwei Figuren, die ihre Scham bedecken, sowie zwei, die dem Betrachter die Zunge herausstrecken.

Eines der interessantesten Gebäude der Altstadt ist die sagenumwobene **Casa del Rey Moro** 11 (c/Santo Domingo, 9, Tel: 952 18 72 00, tgl. 10–19 Uhr), das Haus des maurischen Königs. Es wurde zu Beginn des 14. Jh. von einem maurischen Despoten errichtet und diente wahrscheinlich militärischen Zwecken. Das heutige Gebäude stammt im Wesentlichen aus dem 18. Jh. Neben dem schönen *Garten* kann auch die *Mina del Aqua* besichtigt werden, ein Tunnel, in dem über 200 Stufen hinunter zum Fluss führen. Er sicherte die Wasserversorgung des Hauses auch in Belagerungszeiten.

Folgt man der Straße bergauf, passiert man die Kirche **San Sebastián** 12. Ihr Glockenturm mit Schlüssellochfenstern ist ein Relikt der Moschee, die im 14. Jh. an dieser Stelle errichtet wurde.

Amüsantes Detail – rechtes Gebälkträgerpaar am Palacio de Salvatierra

Über die Calle del Teniente Gordo gelangt man zur **Plaza de la Duquesa de Parcent** 13. Der einstige Waffenplatz wird im Süden von einem lang gestreckten Arkadenbau begrenzt, der Mitte des 17. Jh. als Kaserne erbaut wurde und seit 1978 als Rathaus dient. Links davon erhebt sich die wichtigste Kirche Rondas, **Santa María Mayor** 14 (Tel: 952 87 22 46, tgl. 10–20 Uhr, So über Mittag geschl.), die nach der *Reconquista* auf den Grundmauern einer Moschee errichtet wurde. Der quadratische Glockenturm besteht aus einem Minarett der Almohadenzeit, das

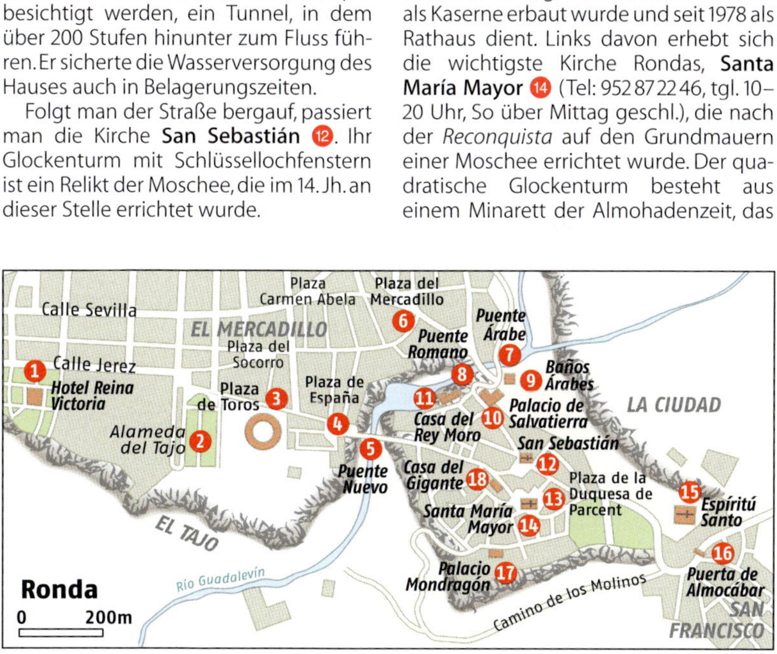

später mit einem Renaissanceglockenstuhl bekrönt wurde. Recht ungewöhnlich sind die hübschen Balkone, die als Zuschauertribünen für weltliche und geistliche Würdenträger bei öffentlichen Großereignissen wie den Stierkämpfen dienten.

Im Vorraum der Kirche zeugen Reste des *Mihrab*-Bogens, mit Kalligrafien und Arabesken verziert, von der Pracht der einstigen Nasriden-Moschee.

Im dreischiffigen Innenraum sind die verschiedenen Bauetappen deutlich auszumachen: Der Westteil wurde im frühen 16. Jh. noch im von Königin Isabella so geschätzten Stil der Spätgotik gestaltet. Ein völlig anderes Raumgefühl erwartet den Besucher im Ostteil der Kirche, der bei einem Erdbeben 1580 zerstört und im Stil der Renaissance wieder aufgebaut wurde. Vorbild war die Kathedrale von Granada [s. S. 50], deren Anordnung korinthischer und toskanischer Säulen kopiert wurde. In der Ausstattung überwiegen barocke Kunstwerke.

Ganz im Süden von *Ciudad* steht die wehrhaft anmutende einschiffige Kirche **Espíritú Santo** 15 (Di–Sa 10–14 Uhr) von 1485. Daneben führt der einstige Hauptzugang zur Stadt, die mit den mächtigen Rundtürmen trutzig wirkende **Puerta de Almocábar** 16, in die Vorstadt San Francisco. Das gleichnamige Kloster wurde im 15. Jh. von den Katholischen Königen gestiftet. Zurück in der Altstadt, biegt man an der Plaza de la Duquesa de Parcent in die Calle Manuel Montero ein. Diese führt zum heutigen Stadtmuseum im **Palacio Mondragón** 17 (Mo–Fr 10–19 Uhr, Sa/So 10–15 Uhr), der 1314 als Sitz maurischer Herrscher erbaut und später verändert wurde. Die Renaissancefassade weist mit den maurischen Doppelfenstern über dem Portal Elemente des *Mudéjar*-Stils auf. Dies gilt auch für einige der *Patios*.

Die Calle Hidalgo führt zur **Casa del Gigante** 18 (Mo–Fr 10–19, Sa/So 10–15 Uhr), benannt nach der Fassadenskulptur eines punischen Herkules. Die *Casa* ist ein ausgezeichnetes Beispiel für maurische Profanarchitektur des 14. Jh.

Ronda la Vieja

Etwa 20 km nordwestlich von Ronda liegen die Ausgrabungen der römischen Stadt *Acinipo* (Tel. 670 94 54 51, meist Di–So 10–17 Uhr), auch Ronda la Vieja genannt. Aus dem 1. Jh. noch erhalten sind Reste des antiken Forums, der Thermen und des Theaters.

i Praktische Hinweise

Information

Oficina de Turismo, Plaza de Blas Infante, s/n, 29400 Ronda, Tel. 952 18 71 19, www.turismoderonda.es

Hotels

******Parador de Ronda**, Plaza de España, Ronda, Tel. 952 87 75 00, www.parador.es. Hinter der Fassade des alten Rathauses, dramatisch am *Tajo* gelegen, präsentiert sich einer der schönsten *Paradores* Andalusiens.

******Husa Reina Victoria**, c/ Jerez, 25, Ronda, Tel. 952 87 12 40, www.hotelhusareinavictoriaronda.com. Das Rilke-Hotel lebt hauptsächlich vom Ruhm vergangener Tage. Etwas für Nostalgiker.

******San Gabriel**, c/ Marqués de Moctezuma, 19, Ronda, Tel. 952 19 03 92, www.hotelsangabriel.com. Charmantes kleines Stadthotel in einem 1736 erbauten Haus in der Altstadt.

****Hostal Virgen del Rocio**, c/ Nueva, 18, Ronda, Tel. 952 87 74 25. Freundliche

Pension, die in zentraler Lage, nahe dem *Tajo*, angesiedelt ist.

Restaurants

Don Miguel, Plaza de España, 5, Ronda, Tel. 952 87 10 90, www.dmiguel.com. Gepflegtes Hotelrestaurant mit ortstypischen Spezialitäten und von der Terrasse aus mit schönem Blick auf den angrenzenden *Tajo*.

Doña Pepa, Plaza del Socorro, 10, Ronda, Tel. 952 87 47 77, www.dpepa.com. Gepflegtes Restaurant mit Stierkampfambiente und andalusischen Kacheln.

Pedro Romero, Avda. Virgen de la Paz, 18, Ronda, Tel. 952 87 11 10, www.rpedroromero.com. Lokal mit gediegenem Stierkampfambiente; Spezialität ist das köstliche Rabó de Toro, Stierschwanz-Ragout.

Bar

TOP TIPP **La Verdad** (im Restaurant Hnos. Macías), c/ Pedro Romero, 5, Ronda, Tel. 952 87 42 38, www.hermanosmacias.com. In dieser gemütlichen Bar gibt es Wein vom Fass und eine Vielzahl von Tapas.

Aus Olveras weißem Häusermeer scheinen Burg und Kirche (19. Jh.) emporzuwachsen

14 Setenil und Olvera

Gewagte Architektur auf, unter und im Fels.

Ganze Straßenzüge schieben sich abenteuerlich zwischen die **Felsvorsprünge**, die teilweise das Dach ersetzen. Wohnen mag in den dunklen Gemäuern von Setenil heute kaum noch jemand, aber als Kulisse für urige Bars sind sie ideal.

Auf dem Weg nach Norden passiert man die Wallfahrtskirche **Los Remedios**, ein Kleinod des andalusischen Barock. Von hier hat man den schönsten Blick auf die Dorfanlage von Olvera, bekrönt von einer mittelalterlichen Festung und einer mächtigen klassizistischen Kirche.

15 Antequera

Geschichtsträchtige Kleinstadt mit bedeutenden Megalithgräbern.

Das 44000 Einwohner zählende Landstädtchen ist das Zentrum der fruchtbaren Hochebene des Río Guadalhorce. Die ältesten Spuren menschlichen Daseins gehen in Antequera auf die Megalithkultur (um 2500 v. Chr.) zurück. Davon zeugen heute noch die am Ortsrand liegenden **Dolmen**, die zu den eindrucksvollsten Zeugnissen der spanischen Frühgeschichte zählen. Die Römer nannten, vielleicht daran anknüpfend, die Stadt *Anticaria*, ›die Alte‹, woraus sich der heutige Name entwickelte. In maurischer Zeit wurde ein Kastell erbaut, doch dies konnte nicht verhindern, dass die Christen die Stadt 1410 zurückeroberten.

Hoch über Antequera, auf dem *Cerro de San Cristobal*, thront die maurische **Alcazaba** aus dem 14. Jh. Von der einst auf römischen Fundamenten erbauten Burg existieren außer den Befestigungsmauern nur noch Bergfried und Pulverturm. Von hier oben bietet sich ein herrlicher Blick auf Antequera und die weite Hochebene des Guadalhorce.

Aus römischer Zeit stammt der ›Ephebe von Antequera‹ im Museo Municipal

Innerhalb der Festungsanlage liegt die elegante Renaissancekirche **Santa María la Mayor**. Die frühere Stiftskirche mit ihrer prachtvollen *Mudejar*-Holzdecke wird heute als Ausstellungs- und Konzertsaal genutzt. Auf dem Rückweg in die Altstadt führt ein Abstecher zur ehemaligen Klosterkirche der Unbeschuhten Karmeliter, **Nuestra Señora del Carmen**. Von außen wirkt die Kirche eher nüchtern, im Innern offenbart sie sich als barockes Kleinod von großer Schönheit.

Auf der nahen Plaza Coso Viejo beherbergt der barocke **Palacio de Nájera** aus dem 18. Jh. mit stimmungsvollem Innenhof das städtische **Museo Municipal** (Tel. 952704021, Di–Fr 10–14, Sa/So 10–13.30, Mi–Fr 20.30–22.30 Uhr). Die Sammlung umfasst Exponate von der Antike bis zur Neuzeit. Glanzstücke des Museums sind der Marmorkopf der *Venus von Antequera* und die römische Bronzestatue eines wunderschönen Jünglings, des *Epheben von Antequera* (1. Jh. n. Chr.).

Dolmenes de Menga y Viera

Ein Besuch der **Dolmen** (Carr. de Málaga, 5, Tel. 952712215, Di–Sa 9–18, So 9.30–14.30 Uhr) am östlichen Ortsrand von Antequera kommt einer Zeitreise von 4000 Jahren gleich. Ein schmaler Gang führt zu den in Hügeln gebauten *Grabanlagen*. Ungeklärt ist, inwieweit die Dolmen für kultische Zwecke genutzt wurden und welche Rolle astronomische Gesichtspunkte beim Bau der Anlagen spielten.

Der großzügig angelegte *Dolmen de Menga* (2500 v. Chr.) zählt zu den ältesten Zeugnissen westeuropäischer Baukunst. Die ovale Grabkammer besteht aus 15 senkrecht aufgestellten Steinplatten. Die Deckplatten werden durch eine Reihe von Pfeilern abgestützt. Der schwerste Stein dieser grandiosen, prähistorischen Krypta wird auf 180 t geschätzt.

Ganz in der Nähe befindet sich der deutlich kleinere *Dolmen de Viera* (1800 v. Chr.). Im Vergleich zu Menga besticht die sorgfältigere Bearbeitung der Steine und deren genaue Fugung.

Dolmen del Romeral

4 km entfernt liegt der Dolmen del Romeral (2500 v. Chr, Di–Sa 9–18, So 9.30–14 Uhr). Erstaunliche Parallelen wurden in der Bauweise dieses Grabhügels und der des Schatzhauses des Atreus in Mykene festgestellt. Dies könnte auf frühe Verbindungen der beiden Mittelmeerkulturen hindeuten.

Künstlerin Natur – skurril anmutende Steinwesen im Naturpark El Torcal de Antequera

Praktische Hinweise

Information

Oficina de Turismo, Plaza San Sebastián, 7, 29200 Antequera, Tel. 952 70 25 05, www.antequera.es

Hotel

****Parador de Antequera**, Paseo García del Olmo, 2, Antequera, Tel. 952 84 02 61, www.parador.es. Frisch renoviert ist der schicke, ruhig am nordwestlichen Innenstadtrand gelegene *Parador*.

Restaurants

La Espuela, Paseo María Cristina, Plaza de Toros, Antequera, Tel. 952 70 22 96. Lokale Leckereien wie das Dessert *Bienmesabe* oder Tomatenkaltschale *Porra*.

Noelia, Alameda de Andalucía, 12, Antequera, Tel. 952 84 54 07. Familiäres charmantes Lokal mit Bar. Auf der Speisekarte steht feine regionale Küche.

16 Parque Natural El Torcal de Antequera

TOP TIPP *Bizarre Felslandschaft wie aus einer anderen Welt.*

In Antequera [Nr. 15] ist die Straße zum Naturschutzgebiet El Torcal 15 km südlich ab der Arena gut ausgeschildert.

Die fantastische **Karstlandschaft** El Torcal de Antequera umfasst ein Gebiet von 1170 ha und liegt auf einer Höhe zwischen 1000 und 1300 m. Wie verwunschene Wesen wirken die bizarr geformten Felsen. Die Karstgebilde gehen geologisch auf die Zeit der alpinen Faltenbildung zurück, Wind und Wetter brachen die im Gestein entstandenen Risse im Laufe der Jahrhunderte weiter auf.

Bei dem Weiler *Villanueva de la Concepción* befindet sich am 1200 m hoch gelegenen Parkplatz des Naturparks das **Centro de Visitantes Torcal Alto** (Tel. 952 24 33 24, www.torcaldeantequera.com, tgl. 10–17 Uhr, bis 19 Uhr im Sommer) mit kleinem *Museum*, das anhand einfacher Modelle die Geologie des Gebiets erklärt. Auch der Artenreichtum der hiesigen Tier- und Pflanzenwelt (Orchideen!) ist ein Thema. Am Besucherzentrum beginnen drei farbig markierte Wanderwege, *Senderos de Torcal Alto*, durch den Naturpark: *Grün* ist der mit 1,5 km kürzeste, *gelb* führt 2,5 km oft auf Wiesen und Matten zu dem Aussichtspunkt ›Las Ventanillas‹, ›Panoramafenster‹, über dem Tal von Málaga, *rot* ist der 4,5 km lange und schwerste Pfad, der aber auch schöne Ausblicke über den Park und auf die afrikanische Küste gegenüber bietet.

Granada und Umgebung – letzte Bastion der Mauren

Schönheit und Anmut von Granada wurden immer wieder von Sängern gepriesen und von Dichtern in Verse gefasst. Die wohl schönste Liebeserklärung widmete Federico García Lorca seiner Heimatstadt: »Granada ist eine Stadt der Muße, eine Stadt der Betrachtung und Fantasie, eine Stadt, in welcher der Verliebte besser als in irgendeiner anderen den Namen seiner Liebe in den Sand schreibt (...). Granada ist gemacht für Traum und Träumerei«. Vieles von dem, was die Stadt Granada heute ausmacht, verdankt sie ihrer **maurischen Vergangenheit**. Die Dynastie der Nasriden (1238–1492) führte das Königreich von Granada zu einer späten Blüte, als das restliche Spanien bereits wieder in christlichen Händen lag. Das kostbarste Vermächtnis der 250-jährigen Herrschaft der Nasriden ist der Palast der **Alhambra**, ein glanzvoller Höhepunkt islamischer Baukunst. Ihren Ruhm verdankt die Stadt aber auch ihrer einzigartigen Lage. Die *Alhambra* mit den schneebedeckten Gipfeln der **Sierra Nevada** im Hintergrund ist ein unvergesslicher Anblick, bei dem selbst die eher nüchternen Mitteleuropäer ins Schwärmen geraten. Südlich der *Sierra Nevada* erstreckt sich die wildromantische Berglandschaft der **Alpujarras**, in der die Mauren aus Granada ihre letzte Zufluchtstätte fanden.

Vom Meer trennen Granada nur 70 km – und 738 Höhenmeter. Die Küste gehört zur östlichen *Costa del Sol*. In den vergangenen Jahren wurde jedoch für diesen rund 100 km langen Küstenabschnitt zwischen der zur Provinz Málaga gehörenden Costa del Sol im Westen und der östlich anschließenden Costa de Almería verstärkt die Bezeichnung **Costa Tropical** verwendet. Der Tourismus hat auch hier das Gesicht der Küste verändert, doch einige Orte konnten sich trotzdem noch etwas von ihrer andalusischen Atmosphäre bewahren.

Zart und mächtig zugleich erhebt sich die märchenhaft anmutende Alhambra vor den Bergen der Sierra Nevada

17 Granada

Zauberhafte Stadt der Alhambra.

Die Erwartungen an Granada (234 000 Einw.) sind hoch gesteckt, umso ernüchternder ist für viele Besucher der erste Eindruck. Die Fahrt ins Stadtzentrum führt durch triste Vorstädte, die in den 1960er- und 1970er-Jahren lieblos aus dem Boden gestampft wurden.

Um den **Zauber** von Granada zu verspüren, sollte man etwas Zeit mitbringen und am besten einen Reisetermin außerhalb der touristischen Hochsaison wählen, das Auto abstellen und die Stadt zu Fuß erkunden. Als Erstes empfiehlt es sich, den Hügel des Viertels Albaicín zu erklimmen. Die alte maurische *Medina* ist noch nicht überall auf Hochglanz gebracht worden, von vielen Häusern bröckelt der Putz. Belohnt wird der Anstieg durch die engen Gassen mit einem fantastischen Blick auf die **Alhambra**. Majestätisch breiten sich der maurische Palast und die traumhafte Gartenanlage des **Generalife** auf dem Asabika-Hügel aus. Im Hintergrund türmen sich die schneebedeckten Hügel der *Sierra Nevada* auf. Ein unvergesslicher Anblick! Der viel zitierte Spruch »Es gibt kein größer Leid auf Erden, als in Granada blind zu sein«, hat seine Gültigkeit nicht verloren.

Geschichte Granada geht auf eine iberische Ansiedlung zurück. Ins Licht der Geschichte rückte die Stadt jedoch erst unter **islamischer Herrschaft**. Nach dem Zerfall des Kalifats von Córdoba (1031) erhoben die Ziriden Granada zum Sitz eines *Taifa*-Reichs. Im Jahr 1090 wurden sie von den Almoraviden entmachtet, denen es gelungen war, die Vorherrschaft in Al-Andalus an sich zu reißen. Mitte des 12. Jh. wurden sie ihrerseits durch die berberischen Almohaden von der Macht verdrängt. Diese Dynastie geriet im 13. Jh. durch die Vorstöße der christlichen Truppen immer mehr in Bedrängnis. 1236 fiel die ehem. Kalifenstadt Córdoba in die Hände der Christen. Der Nasride Ibn al Ahmar nutzte die Gunst der Stunde und gründete 1238 das **Königreich Granada**.

Von Anfang an unterstellten sich die Nasriden der Krone von Kastilien als **Vasallen**, d. h. sie sicherten sich gegen Tri-

bute und Waffenhilfe den Frieden. An der Seite der Christen beteiligten sie sich, gegen ihre eigenen Glaubensbrüder, an der Eroberung von Sevilla 1247. Wohl nur dank der geschickten Diplomatie der Nasridenherrscher konnte sich das kleine Königreich Granada bis 1492 halten. In dieser Zeit erlebte die Stadt Granada eine **einzigartige Blüte**, deren kostbarste Hinterlassenschaft die Palastanlage der Nasriden, die *Alhambra*, bildet. Die Vereinigung von Kastilien und Aragón, deren Grundstein mit der Heirat von Königin Isabella und Infant Ferdinand II. 1469 gelegt wurde, schuf eine neue Einheit im christlichen Lager. Nach einem elfjährigen Feldzug waren die **Katholischen Könige** am Ziel ihrer Wünsche angelangt. 1492 übergab ihnen der letzte Nasridenkönig Boabdil kampflos die belagerte Stadt.

Die in Granada verbliebenen Mauren wurden zunächst entgegen den Kapitulationsvereinbarungen vor die Wahl gestellt, die christliche Religion anzunehmen oder das Land zu verlassen. 1609 erließ Philipp II. dann das Vertreibungsedikt für **Morisken** (zwangsbekehrte Mauren), die meist als Handwerker und Bauern tätig waren. Granada verlor einen großen Teil seiner Bewohner und wurde in seiner Entwicklung weit zurückgeworfen.

TOP TIPP Alhambra 1

Die **Eintrittskarten** zur Alhambra (Tel. 902441221, www.alhambra-patronato.es, 15. März–14. Okt. tgl. 8.30–20 Uhr und Abendöffnung Di–Sa 22–23.30 Uhr, 15. Okt. –14. März 8.30–18 Uhr und Abendöffung Fr–So 20–21.30 Uhr) müssen spätestens einen Tag im Voraus reserviert werden. Auf ihnen ist die individuelle Einlasszeit für den Nasridenpalast vermerkt. Bitte beachten: Vom Ticket-Schalter zum Nasridenpalast läuft man 20 Min. **Vorbestellung** im Internet (www.alhambra-tickets.es, www.servicaixa.com) ist anzuraten, da es nur ein bestimmtes Kontingent an Tickets gibt. Karten können auch über jeden Bankomaten und in jeder Filiale von *La Caixa* (Tel. 092888001 in Spanien, Tel. 0034/934923750 aus dem Ausland) mit Kredit- bzw. EC-Karte gezogen werden. Vorbestellte Karten können am Besichtigungstag am Patronatsschalter vor der Alhambra, Eingang Generalife, abgeholt werden. Verfügbare Tickets gibt es **vor Ort** am Eingangspavillon oder bei der Gartenanlage Generalife. Hotels verkaufen Tickets mit Führungen lokaler Veranstalter.

Majestätisch dehnt sich die maurische **Palastanlage**, die 1984 in den Kreis der UNESCO-Weltkulturerbe aufgenommen wurde, auf dem Asabika-Hügel vor dem Hintergrund der schneebedeckten Gipfel der *Sierra Nevada* aus. Ihr Name *Kala al hambra*, **Rote Burg**, geht auf die rötliche Farbe ihrer Mauern und Türme zurück. Mit der Alhambra wurde ein arabisches Märchen wahr, ihr Bau Mitte des 13. Jh. markiert einen unvergleichlichen Höhepunkt islamischer Baukunst. Rund 250 Jahre residierten die Nasridenkönige auf der *Alhambra*, bis sie der letzte maurische König Boabdil kampflos den Katholischen Königen übergab. Dank seiner damals unpopulären Einsicht in die Ausweglosigkeit eines Kampfes gegen die christliche Übermacht blieb der Palast unversehrt erhalten.

Die **Puerta de la Justicia [A]**, das Tor der Gerechtigkeit, führt ins Innere der mauerumgebenen Palaststadt der *Alhambra*. Vermutlich wurden in alten Zeiten vor dem Tor Gerichtsurteile verkündet und vollstreckt. In der Mitte des Hufeisenbogens ist eine Hand zu sehen, die die fünf Grundpfeiler des Islam symbolisiert. Der Schlüssel im zweiten Torbogen steht für den Eintritt ins Paradies, ein wiederkehrendes Symbol der Nasriden.

Die **Puerta del Vino [B]** (Weintor) ist die Verbindung zur **Alcazaba [C]**, dem Festungbereich im Westen. Sie wurde 1238 von Ibn al Ahmar auf den Fundamenten eines Vorgängerbaus der Ziriden errichtet. Im Innern sind noch die Grundrisse von Soldatenquartieren zu erkennen. Vom *Torre de la Vela* hat man einen herrlichen Blick auf Granada und seine fruchtbare Ebene, die *Vega*.

Der Weg zum Nasridenpalast führt vorbei am Palast von Karl V., dem **Palacio Carlos V. [D]**, dem ein Teil der alten *Alhambra* zum Opfer fiel. Der in Italien geschulte Baumeister Pedro Machuca entwickelte 1526 die Pläne für den wuchtigen Renaissancebau. Der Kontrast zu der filigranen Bauweise der *Alhambra* könnte nicht größer sein. Heute beherbergt der Palast von Karl V. das **Museo de la Alhambra** (Tel. 958027900, Di–So 9–14/14.30 Uhr), das einen guten Einblick in maurische Kultur vermittelt, sowie das **Museo de Bellas Artes** (Tel. 958575450, www.museosdeandalucia.es, 15. März–14. Okt. Di 14.30–20, Mi–Sa 9–20, So 9–14.30, 15. Okt.–14. März Di 14.30–18, Mi–Sa 9–18, So 9–14.30 Uhr) mit kostbaren Gemälden und Kunstschätzen aus dem Palast.

Kühle Eleganz – das Wasserbecken des Patio de los Arrayanes mit Torre de Comares

Der sich im Norden und Osten anschließende Komplex des **Königspalastes der Nasriden [E–O]** wurde unter den Herrschern Jusuf I. (1333–54) und Mohammed V. (1354–91) erbaut. Nach maurischer Tradition konzentriert sich die ganze Prachtentfaltung im Inneren der Anlage. Schwerelos wirkt die filigrane Ausgestaltung mit Stuckarabesken, Holz und Keramik. Die einzelnen Paläste sind um Innenhöfe herum angeordnet. In einem Moment der Stille, während einer Besichtigung wohl eher selten zu erleben, ist nur das Plätschern der Brunnen zu vernehmen. Wasser steht symbolisch für Reichtum und Wohlstand, fördert aber auch den Gleichklang der Seele.

Zunächst betritt man den **Mexuar [E]**, den Empfangs- und Gerichtssaal der Nasridenherrscher. Im Hintergrund ist ein kleines Oratorium zu sehen, in dem die Richter Allah um Beistand für die Urteilsfindung baten. Nach der *Reconquista* wurde der *Mexuar* in eine christliche Kapelle umgewandelt. Der sich anschließende Innenhof, *Patio del Mexuar*, bezaubert durch die herrlich mit *Azulejos* und filigranen Stuckarabesken verzierte Südfassade. Das linke Tor führt in den benachbarten **Patio de los Arrayanes [F]**,

Blick in den Löwenhof – Inbegriff des morgenländischen Zaubers der Alhambra

den Myrtenhof, das eigentliche Kernstück der unter Jusuf I. entstandenen Palastanlage. Traumhaft spiegelt sich die Fassade des **Torre de Comares [G]** in dem lang gestreckten Wasserbecken, das von immergrünen, duftenden Myrtenhecken gesäumt wird.

Auf dem Weg zur **Sala de Embajadores**, dem Thron- oder Botschaftersaal im Comares-Turm, passiert man die *Sala de la Barca*. Sie diente wahrscheinlich als Vor- oder Warteraum für die Gesandten. Einzigartig ist die Prachtentfaltung im Thronsaal selbst. Die Wände sind oberhalb des Kachelsockels übersät mit floralen und geometrischen Arabesken. Stellenweise kann man noch die ursprüngliche farbige Gestaltung ausmachen. In den Nischen, die immer wieder neue Ausblicke auf Granada eröffnen, saßen die Ratgeber des Sultans. Der Herrscher selbst nahm den mittleren Platz der Stirnseite ein. Die Gesandten im Raum waren geblendet von der Sonne und dem Glanz des Thronsaals. Gekrönt wird der Saal von einer fantastischen *Zedernholzkuppel* aus

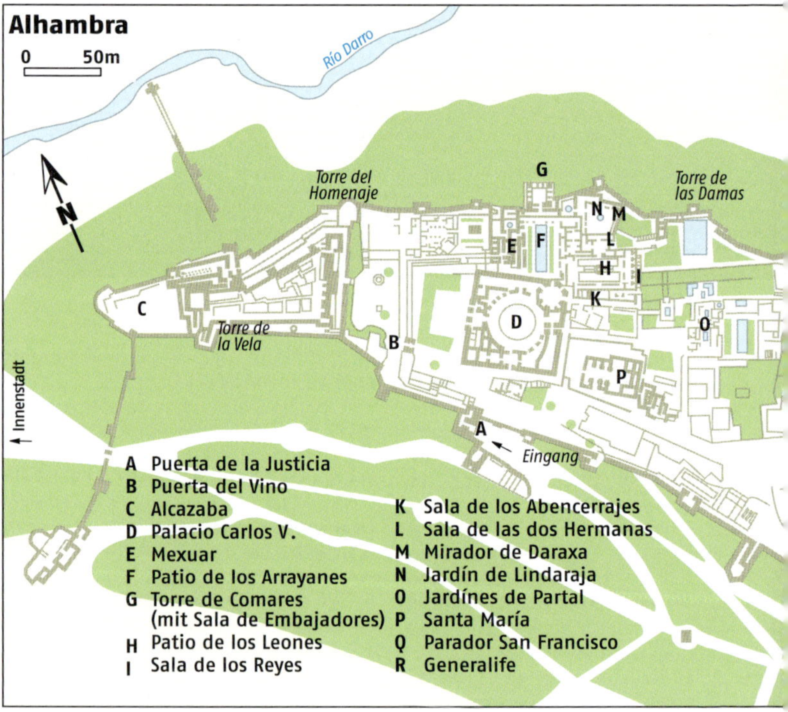

über 8000 einzelnen Holzteilchen. Kreisförmig angelegte Sternenbahnen repräsentieren die sieben Himmel des Islam.

Zurück über den Myrtenhof kommt man in den bekanntesten Teil der *Alhambra*, den **Patio de los Leones [H]** oder Löwenhof. Der Herrscher Mohammed V. schuf sich hier sein ›ganz privates Königreich‹ mit Harem. Zugang hatten außer ihm nur seine Frauen, Konkubinen und Kinder. 124 grazile Säulen, die sich wie Palmen auffächern, bilden einen eleganten Arkadenumgang. In der Mitte des Hofes tragen – nach langer Restaurierung – nun wieder die zwölf wasserspeienden Löwenfiguren den namengebenden Brunnen.

Im Osten schließt sich die **Sala de los Reyes [I]** (Saal der Könige) an. Über dem mittleren Alkoven, wohl das Schlafgemach des Sultans, ist ein auf Leder gespanntes Deckengemälde (15. Jh.) zu sehen. Thema ist eine fiktive Versammlung der ersten zehn Nasridenkönige.

Die Südseite des Löwenhofes öffnet sich zur **Sala de los Abencerrajes [K]**. Über dem Raum schwebt eine herrliche sternförmige Stalaktitenkuppel, die sich in einem Marmorbrunnen widerspiegelt.

Die Bezeichnung des Saales geht auf eine blutige Legende zurück. Nach ihr sollen hier 36 Angehörige aus dem Fürstengeschlecht der Abencerrajes grausam niedergemetzelt worden sein.

Auf der nördlichen Seite des Löwenhofs befindet sich die **Sala de las dos Hermanas [L]** (Saal der zwei Schwestern). Zwei große, fast identische Marmorplatten auf dem Fußboden gaben dem Raum den Namen. Einzigartig ist das Licht- und Schattenspiel der Kuppel, die einen 16-zackigen Stern bildet.

An den Saal grenzt der **Mirador de Daraxa [M]**. Von dem Erker boten sich einst grandiose Ausblicke auf die Stadt. Aufgrund der Anbauten von Karl V. bleibt heute nur noch der Blick auf den begrünten Hof, den *Jardín de Lindaraja*. In den Räumen von Karl V. schlug der Schriftsteller Washington Irving für mehrere Monate sein Domizil auf. Hier schrieb er seine 1829 veröffentlichten ›Erzählungen von der Alhambra‹. Ein paar Stufen führen zum nördlich gelegenen **Jardín de Lindaraja [N]**, wo auch die *arabischen Bäder* aus der Zeit Jusufs I. liegen. Durch die **Jardínes de Partal [O]** im Osten, mit Blick auf die *Torre de las Damas*, verlässt man den Bereich des Nasridenpalastes.

Der Weg zum *Generalife* mit dem Sommerpalast führt an der Kirche **Santa María [P]** vorbei, wo sich früher die Moschee der *Alhambra* befand. Links vom Eingang zum Generalife liegt das ehem. Franziskanerkloster, heute ist es als **Parador San Francisco [Q]** eines der schönsten Hotels in historischem Ambiente [s. u.].

Der Name der bezaubernden Gartenanlage **Generalife [R]** bedeutet ›Garten des Architekten‹, womit wohl der Schöpfer Allah gemeint ist. Im obersten Bereich liegt die nasridische Sommerresidenz (14. Jh.) mit ihren Wasserspielen. Der Musiker Manuel de Falla (1876–1946) ließ sich hier zu einigen seiner schönsten Kompositionen inspirieren. Ihm ist nicht weit von der Alhambra in der Antequeruela Alta 11 die **Casa Museo Manuel de Falla** (www.museomanueldefalla.com, Di–So 10–14 Uhr, Juli/Aug. Do–So) gewidmet.

Albaicín

Das Stadtviertel Albaicín im Nordosten gleicht noch heute mit seinem labyrinthischen **Gassengewirr** einer arabischen *Medina*. Falls man die Orientierung verliert, führt der Weg bergab ins Darro-Tal zurück in die Altstadt. Der Albaicín ist seit einigen Jahren wieder als Wohnviertel gefragt, auch wenn vor dem Einzug erst einmal gründlich renoviert werden muss. Und doch ist der Albaicín, abgesehen von den wohlhabenden Besitzern der *Carmenes*, den großzügigen Anwesen mit schönen Gartenanlagen, kein Viertel der Reichen. Um das Leben der Bewohner etwas zu studieren, begibt man sich am besten auf die umtriebige **Plaza Larga** 2. Hier wird jeden Morgen ein Markt

Leicht fühlt sich der Gast im Mirador de Daraxa in die Zeit der Kalifen versetzt

Nach anstrengender Besichtigungstour eine kurze Rast in den Cafés der Plaza Nueva

abgehalten, und in den Bars ringsum trifft man sich zum *Tapas*-Essen.

TOP TIPP Es lohnt sich, etwas weiter abwärts den im Straßengewirr versteckt liegenden **Mirador de San Nicolás** 3 zu suchen. Von ihm öffnet sich ein herrlicher Panoramablick auf die *Alhambra* gegenüber, die vor allem abends im Schimmer der untergehenden Sonne wie verzaubert wirkt. Andächtige Ruhe kommt freilich selten auf, denn der terrassenartige Aussichtspunkt ist auch ein beliebter Treffpunkt einheimischer Jugendlicher. In unmittelbarer Nähe liegt die neue *Moschee* von Granada, deren Hoftor meist einladend offen steht.

Etwas weiter östlich lädt an den Hängen des Sacromonte-Hügels im Barranco de los Negros das engagierte **Centro de Interpretación del Sacromonte** 4 (Tel. 958215120, www.sacromontegranada.com, April–Okt. tgl. 10–14 und 17–20.30, Nov.–März tgl. 10–14 und 16–19 Uhr) ein, die Geschichte des Hügels und die Entstehung seiner berühmten Wohnhöhlen mitsamt historisch-ethnografischer Ausstattung genauer kennenzulernen.

Schlendert man von den Hängen des Sacromonte bzw. des Albaicín durch die malerischen Gassen hinab ins Tal, stößt man in der Carrera del Darro 41 auf die *Casa Castril*. Heute beherbergt der frühere Adelspalast das **Museo Arqueológico y Etnológico** 5 (Tel. 958575408, Di 15–20, Mi–Sa 9–20.30, So/Fei 9–14.30 Uhr, vorüb. geschl.), das Exponate aus maurischer Zeit zeigt. Ein paar Häuser weiter liegt das **Bañuelo** 6 (Di–Sa 10–14 Uhr), eine gut erhaltene arabische Badeanlage aus dem 11. Jh.

Die Straße endet im Süden auf der Plaza Nueva. Hier steht die kleine Kirche **Santa Ana** 7 mit ihrem hübschen, gekachelten Kirchturm. Das repäsentative Gebäude zur Rechten war früher die **Real Cancillería** 8, die Königliche Kanzlei. Heute hat darin der Gerichtshof von Granada seinen Platz gefunden. Weite Teile der Altstadt sind übrigens für Privatautos gesperrt, was für Hotelgäste Anfahrt- und Parkprobleme mit sich bringt.

Wer noch nicht wieder in die Hektik der Unterstadt eintauchen möchte, erreicht über die Calle Elvira die **Calderería Nueva** 9, die Geschäftsgasse des unteren Albaicíns. Dort locken orientalisch eingerichtete Teestuben zu einem Besuch und Bäckereien bieten leckere arabische Süßigkeiten an.

Unterstadt

Ein Rundgang beginnt mit der Besichtigung der **Capilla Real** 10 (Tel. 958227848, www.capillarealgranada.com, sommers

Mo–Sa 10.15–13.30 und 16–19.30, So/Fei 11–13.30 und 16–19.30 Uhr, winters Mo–Sa 10.15–13.30 und 15.30–18.30, So/Fei 11–13.30 und 15.30–18.30 Uhr). Die Katholischen Könige ließen die Königliche Kapelle als ihre Grabstätte errichten. Mit der Bauleitung beauftragten sie 1504 den flämischen Architekten Enrique de Egas. Die Grablege wurde erst nach dem Tod des Königspaares fertig, ihre Leichname 1521 von dem Franziskanerkloster auf der *Alhambra* in die *Capilla Real* überführt.

Der Zugang zur Königlichen Kapelle führt heute durch die **ehem. Börse**. Der ursprüngliche Haupteingang, ein Paradebeispiel der spanische Spätgotik, liegt in der Kathedrale (s. u.), die unmittelbar an die *Capilla Real* angebaut wurde. Das Kirchenschiff wird durch ein kunstvoll gearbeitetes schmiedeeisernes Gitter des Meisters Bartolomé de Jaén (1520) von Altar- und Grabraum getrennt. Der italienische Künstler Domenico Fancelli schuf das kunstvolle **Marmorgrabmal** der Katholischen Könige (1517). Links daneben befindet sich die Sarkophage ihrer Tochter, Johanna der Wahnsinnigen, und deren Gemahls, Philipp des Schönen.

Der geschnitzte **Hochaltar** (16. Jh.) des Bildhauers Felipe de Bigarny zeigt im unteren Bereich die Einnahme von Granada und die Zwangsbekehrung der Mauren. In der **Sakristei** wird die erlesene Gemäldesammlung der Königin Isabella präsentiert. In einer Vitrine sind die Insignien der königlichen Macht zu sehen, darunter die erstaunlich schlichte Krone Isabellas und das Schwert ihres Gemahls.

Neben der *Capilla Real* befindet sich die **Catedral Santa María de la Encarnación** 11 (Gran Vía de Colón, Tel. 958 22 29 59, April–Okt. Mo–Sa 10.45–13.30 (Juli/Aug. ab 10 Uhr) und 16–20, So/Fei 16–20, Nov.–März Mo–Sa 10.45–13.30 und 16–19, So/Fei 16–19 Uhr). Sie wurde 1523 als Zeichen des Triumphes über die ›Ungläubigen‹ an der Stelle der ehem. Hauptmoschee errichtet. Fast 200 Jahre vergingen bis zur Vollendung der **größten Renaissancekathedrale** Spaniens. Zunächst wurde mit dem Bau nach den Plänen von Enrique de Egas im spätgotischen Stil begonnen. Sein Nachfolger Diego de Siloé setzte die Arbeiten im Renaissancestil fort, auf der Basis des gotischen Grundrisses eines fünfschiffigen Gotteshauses mit doppeltem Chorumgang.

Das Glanzstück der imposanten Kathedrale ist die halbrunde **Capilla Mayor** von Diego de Siloé, die von einer 45 m hohen Kuppel überwölbt wird. Der Blick auf den prachtvollen Hochaltar ist frei, da das Chorgestühl, in Spanien traditionsgemäß im Mittelschiff, 1929 entfernt wurde. Bemerkenswert ist zwischen den Säulen der *Gemäldezyklus* zum Marienleben von Alonso Cano. Der Künstler aus Granada war auch ein begnadeter Bildhauer. In der Sakristei ist eine seiner anmutigen, kleinen Marienstatuen ausgestellt. In den zahlreichen Seitenkapellen und der **Schatzkammer** finden sich Werke bedeutender spanischer Künstler wie z. B. José de Ribera, Martínez Montañés, José Risueño und El Greco. Schräg gegenüber der *Capilla Real*, an der Stelle des Alten

Ein italienischer Künstler erhielt den Auftrag für das Marmorgrabmal in der Capilla Real

Gen Himmel streben die Bündelpfeiler im Inneren der Catedral Santa María de la Encarnación

Rathauses, des **Ayuntamiento Viejo** 12 mit seiner barocken Fassade, befand sich die islamische Hochschule der Nasriden. Von dieser *Medrese* aus dem 14. Jh. ist nur noch der eindrucksvolle Gebetsraum erhalten geblieben, der vom Innenhof aus zu sehen ist.

In der Calle de los Oficios führt ein Tor zur **Alcaicería** 13 (www.alcaiceria.com). Einst war dieser ›maurische Basar‹ Zentrum des lokalen Seidenhandels. Nach einem Brand 1843 wurde der Basar originalgetreu wieder aufgebaut und lässt noch immer etwas von der Atmosphäre eines orientalischen Souk spüren.

Jenseits der Calle Reyes Católicos führt ein eindrucksvolles maurisches Portal in die einzige erhaltene **Karawanserei** Spaniens. Sie diente durchreisenden Händlern als Unterkunft und Warenlager. Später wurde das Gebäude den Holzkohlebrennern überlassen, daher der heutige Name **Corral de Carbón** 14 (Carbón = Kohle, Tel. 958 22 59 90, Mo–Sa 9–14 und 17–19 Uhr).

Dreh- und Angelpunkt der Unterstadt ist die nach einem ehem. maurischen Stadttor benannte **Plaza Bib-Rambla** 15 mit ihren Straßencafés und Blumenständen. Das Zentrum des belebten Platzes bildet ein schöner Neptun-Brunnen.

Universitätsviertel

Granada ist heute Spaniens drittgrößte Universitätsstadt. 1526 von Karl V. gegründet, zog die Hochschule im 18. Jh. in das Gebäude des früheren Jesuitenkollegs an der Plaza de la Universidad. In dieser Alten Universität, der **Universidad Vieja** ⑯, ist heute die juristische Fakultät untergebracht.

Das Rektorat fand nördlich der Plaza del Triunfo einen repräsentativen Sitz im

Andalusiens großer Poet

Federico García Lorca, geboren am 15. Juni 1899 in Fuentevaqueros bei Granada, schrieb sich durch Dichtungen, die seine Heimat und ihre Menschen besangen, ins **Herz der Andalusier**.

Nach 1931 stellte sich der Dichter, der **Patriot** und **Kosmopolit** gleichermaßen war, in den Dienst der Volksaufklärung und zog mit einer Wanderbühne durch die Dörfer. Aus dieser Zeit stammen auch seine bekannten Dramen, die überalterte Traditionen anprangern, wie ›Bluthochzeit‹, ›Bernarda Albas Haus‹ oder ›Yerma‹. Als General Franco in Granada einzog, begann auch die Verfolgung des Sozialisten Lorca. Am 19. August 1936 wurde er in Viznar bei Granada von Falangisten erschossen.

Im früheren Sommersitz der Familie Lorca erinnert heute die **Casa-Museo de Federico García Lorca** (c/ Virgen Blanca, s/n, Tel. 958 25 84 66, www.huertadesanvicente.com, Juli/Aug. Di–So 10–14.30, Okt.–März Di–So 10–12.30 und 16–18.30, April–Juni und Sept. 10–12.30 und 17–19.30 Uhr) anhand von originalen Einrichtungsgegenständen, Fotos und Manuskripten an den großen Schriftsteller.

Hospital Real ⑰. Ursprünglich wurde das Gebäude im 16. Jh. dank einer Stiftung der Katholischen Könige als Krankenhaus erbaut.

In der Nähe der Alten Universität liegt in der Calle Gran Capitán das 1492 gegründete Kloster **Monasterio de San Jerónimo** ⑱ (Tel. 958 27 93 37, Mo–So 10–13.30, 16–19.30, Winter Mo–Sa 10–13.30 und 15–18.30 Uhr). Das Kloster wird noch von einigen Nonnen bewohnt. Im Eingangsbereich bieten sie leckere selbst gemachte Marmelade und Plätzchen zum Verkauf an. Die prachtvolle **Klosterkirche** wurde vom Renaissancebaumeister Diego de Siloé entworfen. Sie ist die letzte Ruhestätte des großen Feldherrn der Katholischen Könige, Don Gonzalo Fernández de Córdoba, genannt *El Gran Capitán*.

Nicht weit davon entfernt befindet sich die barocke Klosterkirche **San Juan de Dios** ⑲ (Mo–So 7.30–11.30 und 18–21, Uhr), die dem in der Kirche beigesetzten Ordensgründer der Barmherzigen Brüder geweiht ist. Der Orden sah seine Hauptaufgabe in den Werken der Barmherzigkeit. Zu diesem Zweck wurde 1552 das benachbarte Hospital *San Juan de Dios* gegründet.

Das **Monasterio de la Cartuja** ⑳ (Tel. 958 16 19 32, Nov.–März Mo–So 10–13 und 15–18 Uhr, April–Okt. Mo–So 10–13 und 16–20 Uhr), das Kartäuserkloster von Granada, liegt am nördlichen Stadtrand. Der Bau des Klosters 1506 geht auf eine Stiftung des Feldherrn der Katholischen Könige, Don Gonzalo Fernández de Córdoba, zurück. Von der Anlage sind noch der *Kreuzgang* aus dem 16. Jh. sowie die *Klosterkirche* und die *Sakristei* erhalten. Sie gelten als Musterbeispiel für den Churrigueresken-Stil, den spanischen Spätbarock. Die einschiffige Kirche ist unterteilt in Bereiche für Mönche und für Laienbrüder. Der verschwenderische Stuckdekor der Kirche wird in der Sakristei noch um ein Vielfaches übertroffen. Die Anlehnung an die *Alhambra* ist deutlich zu spüren. Der Kontrast könnte jedoch nicht größer sein zwischen dem harmonischen, filigranen Stuckdekor der Alhambra und der unruhig wirkenden, opulenten Ausstattung des Kartäuserklosters.

Mit einem Kontrastprogramm zu altehrwürdigem Mauerwerk wartet der Süden der Stadt auf: In der Avda. del Mediterráneo erstreckt sich auf einer Fläche von 70 000 m^2 der **Parque de las Ciencias**

21 (Tel. 958 13 19 00, www.parqueciencias.com, Di–Sa 10–19, So 10–15 Uhr), ein interaktives Wissenschaftszentrum, in dem Naturgesetze wie Schall oder Schwerkraft interaktiv erfahrbar werden. Auch ein Schmetterlingshaus und eine Sternwarte laden hier zu Entdeckungen ein.

Praktische Hinweise

Information

Oficinas de Turismo de Granada, c/ Santa Ana, 2, Tel. 958 57 52 02 – Plaza Mariana Pineda, 10, Tel. 958 24 71 27 – 18009 Granada, www.turgranada.es

Die **Granada City Card** bietet sieben Tage lang vergünstigten Eintritt in zahlreiche Museen (u. a. Alhambra) und mehrere Bus-Freifahrten. Information zur **Bono Turístico Granada** bei der Caja Granada, Plaza Isabel Católica, 6, Tel. 902 10 00 95, www.caja-granada.es.

Flughafen

Aeropuerto Federico García Lorca Granada-Jaén (GRX), Ctra. de Málaga, 17 km westlich von Granada, Infotel. aller spanischen Flughäfen 902 40 47 04, www.aena.es

Flamenco

Die Flamencoshows auf Granadas Sacramonte-Hügel sind meist Touristenspektakel. Guten, hausgemachten Flamenco gibt es z. B. in der **Peña la Platería**, Placeta de Toqueros, 7, Tel. 958 21 06 50, www.laplateria.org.es

Hotels

*******AC-Palacio de Santa Paula**, Gran Vía de Colón, 31, Granada, Tel. 958 80 57 40, www.palaciodesantapaula.com. Hotel in ehem. Kloster. Der Kreuzgang ist eine Oase der Ruhe, die Einrichtung kombiniert Modernes und Antiqitäten.

TOP TIPP ****Parador San Francisco**, Real de la Alhambra, s/n, Granada, Tel. 958 22 14 40, www.parador.es. Einzigartige Lage im ehem. Franziskanerkloster der *Alhambra*, wunderschön ausgestattete Zimmer. Man sollte früh reservieren – beliebte Termine sind oft schon ein Jahr im Voraus ausgebucht. Die schöne Caféterrasse ist ideal für eine Pause beim *Alhambra*-Besuch.

****Tryp Albayzin**, Carrera del Genil, 46–48, Granada, Tel. 958 22 00 02, www.trypalbayzin.solmelia.com. Ansprechendes Hotel mit schönen Zimmern.

***Casa Morisca**, Cuesta de la Victoria, 9, Granada, Tel. 958 22 11 00, www.hotelcasamorisca.com. Stilvolles kleines Hotel in einem Anwesen des 15. Jh. mit hübschem Innenhof im Albaicín.

***Palacio de Santa Inés**, c/ Cuesta de Santa Inés, 9, Granada, Tel. 958 22 23 62, www.palaciosantaines.com. Kleines Hotel im Albaicín mit Traumblick auf die *Alhambra*. Keine direkte Autozufahrt.

Reina Mora, c/ Nueva de la Virgen, 40, Granada, Tel. 958 52 07 58, www.hotelreinamora.com. Kleines, preisgünstiges Hotel in zentraler Lage. Zimmer in den oberen Etagen verlangen.

*América**, Real de la Alhambra, 53, Granada, Tel. 958 22 74 71, www.hotelamericagranada.com. Kleines Hotel mit romantischem Patio auf dem *Alhambra*-Hügel. Kein Parkplatz! Sehr früh reservieren!

Restaurants

La Posada del Duende, c/ Duende, 3, Granada, Tel. 958 26 66 10. Uriges Lokal mit Bar im Stierkampfambiente, bodenständige granadinische Küche.

La Bodega de Antonio, c/ Jardines, 4, Tel. 958 25 22 75 Granada. Versteckte urige Bodega, nur wer früh kommt, hat Chancen auf einen Sitzplatz. Leckere, günstige Gerichte.

TOP TIPP **La Ermita en la Plaza de Toros**, Av. Doctor Olóriz, 25, Granada, Tel. 958 29 02 57, www.ermitaplazade

Unter funkelnden Kronleuchtern speist man im Restaurant des Parador San Francisco

toros.com. Das rustikal-elegante Restaurant in der Stierkampf-Arena bietet gepflegte granadinische Küche. Die Spezialität des Hauses ist der Bacalao, der Stockfisch. Reichhaltige Weinkarte.

Bar

TOP TIPP **Bodega Castañeda**, c/ Elvira, 5, Granada, Tel. 958 22 63 62. Eine der urigsten Kneipen von Granada. Von der Decke hängen die Schinken herab, der Wein fließt in Strömen und kommt direkt aus den Fässern.

18 Salobreña

Beliebter Ferienort der Granadiner.

Die gut ausgebaute Nationalstraße N 323 führt von Granada zur Mittelmeerküste, vorbei an der Anhöhe *Puerto del Suspiro del Moro* (›Seufzer des Mauren‹, 860 m ü. d. M.). Nach der Überlieferung blickte an dieser Stelle der letzte maurische König Boabdil noch einmal seufzend mit Tränen in den Augen zurück auf sein Königreich Granada. Daraufhin sprach seine Mutter Aischa die bitteren Worten: »Beweine nicht wie ein Weib, was du als Mann nicht verteidigen wolltest.«

Salobreña (11 000 Einw.) bezaubert durch seine traumhafte Lage auf einem Felsen, die es unmöglich machte, die kleine Stadt am Meer durch Hotelburgen zu verschandeln. Landwärts erstreckt sich eine fruchtbaren Ebene, auf der in erster Linie Zuckerrohr angebaut wird, das einst die Araber eingeführten.

Mit großen Sehenswürdigkeiten kann der Ort nicht aufwarten, dennoch lohnt es sich, ein bisschen zu verweilen. Am auffälligsten ist das **Castillo** hoch über der Stadt. Der Aufstieg ist zwar etwas mühsam, wird aber belohnt durch eine herrliche Aussicht auf das Meer. Bei klarer Sicht sind sogar die schneebedeckten Gipfel der *Sierra Nevada* auszumachen. Das Kastell zählte zu den letzten Bastionen des Nasridenreiches von Granada. Erst 1489 gelang es den Katholischen Königen, Salobreña einzunehmen.

Der Weg zur Küste führt durch gepflegte, blumengeschmückte Gassen, vorbei an der Hauptkirche **Nuestra Señora del Rosario** mit einem schönen Kachel verzierten Seitenportal zum Rathausplatz. Von hier aus geht eine Treppe hinab zum Markt. Bis zum **Kiesstrand** läuft man dann noch gut zehn Minuten. Salobreña wird bislang hauptsächlich von Granadinern als *Badeort* frequentiert.

i Praktische Hinweise

Information

Oficina de Turismo, Plaza de Goya, s/n, 18680 Salobreña, Tel. 958 61 03 14, www.ayto-salobrena.org/turismo

Hotels

***__Salobreña__, Ctra. N 340, km 323, Salobreña, Tel. 958 61 02 61, www.bestwesternhotelsalobrena.com. Größtes Hotel oberhalb der Bucht von Salobreña, Pool mit Liegewiese.

***Hostal Mary Tere**, Ctra. de la Playa, 7, Salobreña, Tel. 958 61 01 26, www.hostalmarytere.com. Angenehme Pension.

Restaurant

TOP TIPP **El Peñón**, Calle del Paseo del Marítimo, Salobreña, Tel. 958 61 05 38. Gute Fisch- und Meeresfrüchtegerichte auf einem meerumgebenen Felsvorsprung. Köstlich ist auch der Tropische Salat (Mo geschl.).

19 Almuñécar

Besuchermagnet und westlichster Küstenort der Provinz Granada.

Almuñécar (27000 Einw.) ist der **Hauptbadeort** der granadinischen Küste. Neben dem Tourismus stellt der Anbau von tropischen Früchten wie Avocados, Kakis, Bananen und Chirimoyas eine wichtige Erwerbsquelle dar. Vom Flair des einstigen Fischerortes ist nicht viel übrig geblieben, es fallen zunächst die modernen Hotel- und Ferienwohnanlagen ins Auge. Glücklicherweise konnte sich der Ort eine nette kleine Altstadt mit verwinkelten Gassen und schönen Plätzen bewahren.

Almuñécar wurde von den Phöniziern als Handelsniederlassung gegründet. Neben drei phönizischen Nekropolen ist aus römischer Zeit noch ein **Aquädukt** erhalten, das einst den Ort mit frischem Wasser aus dem gebirgigen Hinterland versorgte.

Schicksalhaft für die maurische Geschichte Spaniens war die Ankunft von Abd ar Rahman I. in Almuñécar im Jahr 755. Als letzter Überlebender der Omaijaden-Dynastie aus Syrien war es ihm gelungen, den Abbasiden zu entkommen, die der Herrschaft seiner Sippe ein gewaltsames Ende bereitet hatten. Abd ar Rahman scharte in Almuñécar seine Gefolgsleute um sich. In Córdoba errichtete er daraufhin ein unabhängiges Emirat und schuf damit die Grundlage für das spätere Kalifat von Córdoba.

Auf die Zeit der Mauren geht noch die Festung **Castillo de San Miguel** (Di–Sa 10.30–13.30 und 17–19.30, So 10.30–13.30 Uhr) zurück. Die Anlage wurde allerdings unter Karl V. sehr stark umgestaltet und beherbergt heute eine kleine archäologische Ausstellung mit Exponaten zur Geschichte Almuñécars.

i Praktische Hinweise

Information

Oficina de Turismo, Avda. de Europa/Palacete de la Najarra, 18690 Almuñécar, Tel. 958 63 11 25, www.almunecar.info

Friedlich dümpelnde Boote im Hafen Marina del Este von Almuñécar

Inmitten ihrer terrassierten Felder liegen die abgeschiedenen Dörfer der Alpujarras

Hotel

**Casablanca, Plaza San Cristóbal, 4, Almuñécar, Tel. 958 63 55 75, www.hotelcasablancaalmunecar.com. Kleines Strandhotel, familiär geführt. Restaurant mit bodenständiger Küche.

Restaurant

Mar de Plata, Paseo San Cristóbal, s/n, Almuñécar, Tel. 958 63 30 79, www.restaurantemardeplata.com (Mai, Di geschl.). Familiengeführtes Restaurant mit guten Fischgerichten und moderaten Preisen.

20 Las Alpujarras

TOP TIPP

Raue, wild romantische Berglandschaft und einst letztes Rückzugsgebiet der Mauren.

Die *Alpujarras*, das südliche Vorgebirge der *Sierra Nevada* [Nr. 21], werden von tiefen Schluchten und glasklaren Gebirgsbächen durchzogen. In diese abgeschiedene, unwirtliche Gegend zogen sich die Mauren nach dem Fall von Granada [Nr. 17] 1492 zurück. Sie machten das Land urbar, indem sie das steile Gelände terrassierten und ein ausgetüfteltes **Bewässerungssystem** einrichteten. Aber entgegen den Kapitulationsvereinbarungen wurden die Morisken, die zwangsbekehrten Mauren, immer mehr in der Ausübung der ihnen zugesicherten Rechte beschränkt. Dies führte wiederholt zu Unruhen. Um die Aufstände endgültig niederzuringen, entsandte Philipp II. 1572 Truppen unter der Führung von Don Juan de Austria in die *Alpujarras*.

Mit dem **Ausweisungsedikt** von 1609 besiegelte Philipp III. das Schicksal der Morisken endgültig. Schätzungsweise 80 000 Menschen waren gezwungen, das Land zu verlassen. Den entvölkerten Landstrich besiedelten Christen aus den nördlichen Gebieten Spaniens. Sie waren jedoch nicht mit den ausgeklügelten Anbaumethoden der Mauren vertraut. So brach die einst blühende **Seidenindustrie** des Königreiches Granada vollständig zusammen. Stattdessen wurden weite Waldflächen gerodet, um Getreide anzubauen – wirtschaftlich und ökologisch ein gravierender Fehler.

An die maurische Präsenz erinnern noch heute die weißen kubischen Häuser der Dörfer in den *Alpujarras*, die mit ihren Flachdächern Siedlungen in Nordafrika ähneln. Auf den **Terrassen** werden heute Mandel-, Obst- und Olivenbäume, Gemüse und Weinreben angepflanzt. Allerdings liegen etliche Felder brach, denn viele der jungen *Alpujarreños* zogen auf der Suche nach einer anderen Arbeit fort. Allerdings ist für die *Alpujarras* seit einiger Zeit der aufblühende, ländliche Tourismus ein Hoffnungsschimmer, um weitere Abwanderungen zu verhindern.

Lanjarón

Von Granada aus erreicht man die *Alpujarras*, indem man zunächst rund 40 km der gut ausgebauten N 323 nach Süden folgt und dann nach links abzweigt auf die C 332 Richtung Orgiva. Lanjarón (4000 Einw.) ist der erste größere Ort der *Alpujarras*. Das kleine Städtchen ist einer der bekanntesten **Kurorte** Südspaniens. Seine Attraktivität verdankt es Heilquellen und guter Luft. In ganz Spanien wird das schmackhafte **Mineralwasser** aus Lanjarón geschätzt. Ferner stammt der wunderschöne rötliche Marmor, der viele Kirchen der Provinz ziert, aus dieser Region.

Orgiva

Zwei blau gekachelte Kirchtürme kündigen den Ort Orgiva an. Er ist für die Bewohner der westlichen *Alpujarras* das **Verwaltungszentrum** und wird auch häufig aufgesucht, wenn größere Einkäufe zu tätigen sind.

Barranco de Poqueira

Nach einer kurvenreichen Fahrt erreicht man ein bei Ausflüglern beliebtes Ziel, den Barranco de Poqueira, eine eindrucksvolle **Schlucht**. Mit ihren drei malerisch übereinander gelegenen Ortschaften bietet sie einen erhabenen Anblick.

Pampaneira, der untere Ort, hat sich mit seinen zahlreichen kleinen Restaurants und **Kunstgewerbegeschäften** gut auf die Besucher eingestellt. Bekannt wurde er auch durch Osel Hita Torres, ein 1985 geborenes Kind buddhistischer Eltern, das Gläubige als Reinkarnation des tibetanischen Lama Tuben Yeshe verehren. In der Nähe von Pampaneira befindet sich daher auch ein vom Dalai Lama eingeweihtes **buddhistisches Studienzentrum**.

In *Bubión*, der mittleren der drei Ortschaften mit den pittoresken steilen Gassen, ist die **Pfarrkirche** aus dem 16. Jh. mit einer wunderschönen Decke im Mudéjar-Stil sehenswert.

Von dem am höchsten gelegenen Ort *Capileira* (1436 m) bietet eine **Aussichtsterrasse** einen fantastischen Panoramablick über das tief eingeschnittene Tal und zum zweithöchsten Gipfel der Sierra Nevada, den Veleta (3398 m).

Trevélez

Zurück auf der Hauptroute vorbei an den Ortschaften Pitres und Pórtugos führt der Weg nach Trevélez, das mit 1476 m der höchst gelegene Ort Spaniens ist. Berühmt ist Trevélez für seinen ausgezeichneten luftgetrockneten **Schinken**, eine wahre Delikatesse. Jedes Jahr im August ist der Ort Ausgangspunkt für die **Wallfahrt** zur ›Muttergottes des Schnees‹ auf den höchsten Berg der *Sierra Nevada*, den *Mulhacén* (3482 m).

i Praktische Hinweise

Information

Oficina de Turismo, Avda. de la Madrid, s/n, 18420 Lanjarón, Tel. 958 77 04 62, www.lanjaron.es

Hotels

Der Kurort Lanjarón ist mit Hotels gut ausgestattet. In den übrigen Orten der *Alpujarras* gibt es vor allem kleinere Hotels, Pensionen und Apartments (Infos im Internet: www.turismoalpujarra.com).

***__Alcadima__, c/ Francisco Tarrega, 3, Lanjarón, Tel. 958 77 08 09, www.alcadima.com. Charmantes, ruhiges Hotel mit ausgezeichnetem Restaurant, das traditionelle andalusische Gerichte serviert.

In den Bars von Trevélez hängt der Himmel voller Schinken

**Hotel de Mecina Fondales, c/ La Fuente s/n, 18416 Mecina Fondales, Tel. 958 76 62 54, www.hoteldemecina.com. Charmantes Landhotel mit Pool.

Restaurant

Teide, Carretera, s/n, Bubión, Tel. 958 76 30 37. Volkstümliches Lokal. Schöne Aussicht auf das Poqueira-Tal.

21 Parque Nacional Sierra Nevada

Südlichstes Schneeparadies Europas.

Windungsreich schlängelt sich die Gebirgsstraße von Granada aus über Pradollano in die Sierra Nevada – bis beim Schlagbaum in 2500 m Höhe Schluss ist. Der weitere Schotterweg in die *Alpujarras* nach Capileira wurde für den Verkehr gesperrt, als 1999 der Hauptkamm der Sierra Nevada zum Nationalpark erklärt wurde. Doch schon unterwegs auf der Strecke bieten sich herrliche Ausblicke auf die Gipfelkönige *Mulhacén* (3482 m) und *Veleta* (3398 m).

Das in ca. 1700 m Höhe gelegene Skidorf **Pradollano** (Gemeinde Monachil) wurde in den 1970er-Jahren aus dem Boden gestampft und anlässlich der Skiweltmeisterschaften 1996 noch einmal beachtlich erweitert. Auf den Pisten kommen Skifans von November bis Ende Mai voll auf ihre Kosten.

i Praktische Hinweise

Information

Ski-Station Sierra Nevada, Plaza de Andalucía, 4 Edif. Cetursa, 18196 Monachil, Tel. 902 70 80 90, www.sierranevada.es

Hotel

****Meliá Sierra Nevada, Plaza de Pradollano, s/n, Monachil, Tel. 958 48 04 00, www.melia-sierra-nevada.com. Komfortables Hotel mit Pool, 100 m von den Skiliften.

22 Guadix

Die Stadt weckt mit ihren Höhlenwohnungen die Neugier der Fremden.

Nur 60 km entfernt von Granada [Nr. 17] lässt sich Guadix bequem über die gut ausgebaute N 432 in Richtung Murcia erreichen. Unterwegs verführen die Töpferwaren des Ortes Purullena zu einem Zwischenstopp.

Die Burgfeste von La Calahorra vor dem Gebirgskamm der Sierra Nevada

In Guadix weisen Schilder den Weg in das **Höhlenviertel**. Der Besucher hat die Möglichkeit, sich gegen ein kleines Entgelt eine der Höhlenwohnungen anzuschauen. Im Inneren erstaunt der Komfort der in den Tuffstein geschlagenen Wohnungen. Die moderne Zivilisation mit fließendem Wasser und Strom hat hier längst Einzug gehalten. Der Vorteil dieser mietfreien Wohnungen ist außerdem, dass sie sich bei Familienzuwachs ohne Weiteres vergrößern lassen. Rund 6000 der gut 20 000 Einwohner von Guadix leben in Höhlenwohnungen.

Sehenswert sind auch die **Catedral** (Tel. 958 66 50 89, Mo–Sa 11–13 und 16–18/ im Sommer 17–19 Uhr) mit ihrer elegant geschwungenen barocken Fassade, das in maurischer Zeit errichtete **Castillo** sowie die majestätische **Plaza Mayor** aus der Zeit von Philipp II.

La Calahorra

Fährt man weiter durch die Hochebene von Guadix in Richtung Almería [Nr. 23], erblickt man schon von weitem das über dem gleichnamigen Ort thronende **Castillo de La Calahorra**. Heute ist die Burg aus dem 16. Jh. im Privatbesitz. Die Hochebene ist auch der Standort von Andasol 1–3, dem weltgrößten **Solarkraftwerk**.

i Praktische Hinweise

Unterkunft

****Cuevas Pedro Antonio de Alarcón**, Camino de San Torcuato, s/n, Guadix, Tel. 958 66 49 86, www.cuevaspedroantonio.es. Originelle Höhlenapartments.

Ein Wohngebiet der ganz besonderen Art ist das Höhlenviertel von Guadix

Almería und der Südosten – ein Stück Afrika in Europa

Die Stadt Almería und die gleichnamige Provinz werden oft etwas stiefmütterlich behandelt. Vielleicht, weil die südöstlichste Provinz Andalusiens nicht mit bekannten Sehenswürdigkeiten aufwarten kann. Dafür kann man hier teilweise noch fast unberührte Landstriche genießen. Um das felsige **Cabo de Gata** gibt es traumhaft ruhige Strandbuchten und verschlafene Fischerorte. Das wüstenartige Hinterland gleicht einer bizarren Mondszenerie, die eine ganz eigene Anziehungskraft ausübt. Eingebettet in diese Landschaft liegen das *Mini Hollywood* der **Sierra de Alhamilla** und ein großes *Forschungszentrum für Sonnenenergie*. Im Kontrast dazu steht die westliche Küste Almerías. Der Volksmund taufte sie *Costa del Plástico*, denn unter schier endlosen Plastikplanen wird in Treibhäusern ganzjährig Obst und Gemüse herangezogen. Hier sind auch die in den 1960er-Jahren entstandenen Touristenhochburgen wie Aguadulce oder Roquetas del Mar angesiedelt. Östlich davon erfreuen sich einstmals kleine **Fischerorte** wie Mojácar der Gunst der badefreudigen Besucher.

23 Almería

›Spiegel des Meeres‹ und Günstling der Sonne.

Die Provinzhauptstadt Almería (188 000 Einw.) liegt geschützt in der Bucht des Golfs von Almería, umgeben von den Gebirgszügen der *Sierra de Gador*, der *Sierra de Alhamilla* und der *Sierra de Cabo de Gata*. Die von der Sonne verwöhnte Stadt – 320 Tage strahlt sie über Almería – nutzt diese als Energiequelle. Nirgendwo sonst finden sich auf spanischen Dächern so viele **Sonnenkollektoren**. Dreh- und Angelpunkt der Wirtschaft ist für Almería immer schon der **Hafen** gewesen. Bereits die Römer erhoben ihn zum ›Portus Magnus‹, zum ›großen Hafen‹. Von hier wird Obst und Gemüse aus den umliegenden Treibhauskulturen in andere europäische Länder verschifft.

Geschichte Die Gegend um Almería war schon zu Urzeiten besiedelt, davon zeugt der wenige Kilometer von der Küste entfernte Ort **Los Millares**. Er entstand um 2500 v. Chr. und entwickelte sich zu einem bedeutenden Zentrum der Glockenbecherkultur. Später ließen sich in der Bucht von Almería nacheinander Phönizier, Griechen und phönizische Karthager nieder. Unter den Römern entwickelte sich der Ort zu einer bedeutenden Hafenstadt.

Seine eigentliche Blütezeit erlebte Almería unter dem Kalifat von Córdoba und später als unabhängiges *Taifa*-Reich (Teilkönigreich). Von dieser glanzvollen Zeit zeugt heute noch die hoch über Almería wachende **Alcazaba**. Auch der Name der Stadt leitet sich aus dem Arabischen ab und bedeutet soviel wie **›Spiegel des Meeres‹** (*Al-Miriya*). Im 13. Jh. wurde Almería dem Nasridenreich von Granada angeschlossen. 1489 musste El Zagal, ein Onkel des letzten Königs von Granada, den Katholischen Königen das Feld räumen. Schwer geprüft wurde die Stadt durch ein Erdbeben im Jahr 1522, das verheerende Schäden anrichtete.

Besichtigung Ein günstiger Ausgangspunkt für die Besichtigung ist die zentrale **Plaza de la Constitución** mit dem Rathaus. Der stimmungsvolle Platz wird von Arkadengängen gesäumt. Ein Torbogen öffnet sich zur Calle Almanzor, von der der Weg bergauf zum Kastell führt.

Alcazaba

Auf einer Höhe von rund 90 m thront die imposante *Alcazaba* (c/ Almanzar, s/n, Tel. 950 17 55 00, April–Sept. Di–Sa 9–20.30, So 9–15, Okt.–März Di–Sa 9–18.30, So 9–15 Uhr) über der Stadt, zweifellos eine der gewaltigsten Burganlagen Südspaniens. Die Festung konnte bis zu 20 000 Menschen Zuflucht bieten. Begonnen wurde mit der Errichtung des Kastells zur Zeit des Kalifats von Abd ar Rahman III. im 10. Jh. Almansur führte die Bauarbeiten fort, und *Taifa*-König Al Jairán schloss sie ab. Von der maurischen **Palastanlage** sind nur noch die Fundamente zu erkennen. Ursprünglich war die Burg umgeben von zwei zinnenbewehrten Mauerringen. Nach der Einnahme der Stadt 1489 fügten die Katholischen Könige einen inneren Mauerring hinzu, innerhalb dessen sie eine neue Festung erbauen ließen. Dieser Teil der Anlage fiel jedoch weitgehend dem Erdbeben von 1522 zum Opfer. Lange Zeit war das Kastell dem Verfall preisgegeben. In den 1950er-Jahren bekam die Alcazaba ihr heutiges Aussehen.

Auf dem benachbarten Hügel steht das **Castillo de San Cristóbal**, eine Tempelritterburg, die durch die Stadtmauer mit der Alcazaba verbunden ist.

La Chanca

Unterhalb des Burgberges breitet sich das ärmliche Viertel der Zigeuner, *La Chanca*, aus. Viele der *Gitanos* leben in **Höhlenwohnungen**. Bekannt wurden das Viertel und seine Bewohner über die Grenzen von Almería hinaus durch den Roman des Schriftstellers Juan Goytisolo ›La Chanca‹ aus den 1960er-Jahren.

In der Pfarrkirche **San Juan** wurden 1970 die Reste der Moschee entdeckt, die ehemals an dieser Stelle stand.

Altstadt

Zurück in der Altstadt kann man sich zunächst der Einkaufsstraße **Calle de las Tiendas** zuwenden. Von dem Platz *Puerta de Purchena* gelangt man anschließend über die Rambla del Obispo Orberá zur palmengeschmückten **Rambla de Belén**, die schnurgerade zum Meer führt. Von der Puerta de Purchena zweigt ebenfalls in Richtung Hafen die belebte Geschäftsstraße **Paseo de Almería** ab.

Westlich des Paseo schließlich erhebt sich die **Catedral** (Mo–Fr 10–17, Sa 10–13 Uhr) von Almería. Wehrhaft wirkt das Gotteshaus mit seinen vier trutzigen Türmen, dem Zinnenkranz und den mächtigen Stützpfeilern. Mit der Catedral sollte tatsächlich eine *Wehrkirche* zum Schutz vor maurischen und türkischen Piratenüberfällen geschaffen werden. Der Kathedralbaumeister von Granada, Diego de Siloé, entwickelte 1524 die Pläne für das neue Gotteshaus. Im dreischiffigen Kirchenraum besticht vor allem das aus

Almerías Hafen und die farbenfrohen Häuser der Stadt, überragt von der trutzigen Alcazaba

Schwungvolle Sandsteinformationen im Naturpark Cabo de Gata

Nussbaumholz geschnitzte Chorgestühl von Juan de Orea (1558).

Nur wenige Schritte von der Catredral entfernt liegt der **Hafen**. Die Flaniermeile am Parque de Nicolás Salmerón und in ihrer Fortsetzung der Paseo Marítimo führen zu den mitten in der Stadt gelegenen Stränden Almerías.

Nordöstlich des Meeres kommen Freunde Moderner Kunst auf ihre Kosten im **Centro de Arte** (Plaza de Barcelona, s/n, Tel. 950 26 61 12, Mo 18–21, Di–Sa 11–14 und 18– 21, So 11–14 Uhr) mit seinen monatlich wechselnden Ausstellungen zeitgenössischer Kunst. Wenige Schritte weiter findet sich in der Carretera de Ronda 91 das **Museo de Alméria** (Tel. 950 17 55 10, Di 14.30–20.30, Mi–Sa 9–20.30, So 9–14.30 Uhr), das anhand zahlreicher archäologischer Funde die Geschichte von Stadt und Umland gewissermaßen wieder lebendig werden lässt.

i Praktische Hinweise

Information

Oficina de Turismo, Parque Nicolás Salmerón/Martínez Campos, s/n, 04011 Almería, Tel. 950 17 52 20, www.almeria-turismo.org, www.andalucia.org

Hotels

******NH Ciudad de Almería**, Jardin de Medina, s/n, Almería, Tel. 950 18 25 00, www.nh-hoteles.es. Gepflegtes, modernes Hotel, eine der ersten Adressen der Stadt.

*****Costasol**, Paseo de Almería, 58, Almería, Tel. 950 23 40 11, www.hotelcostasol.com. Gutes Hotel in zentraler Lage.

****La Perla**, Plaza del Carmen, 7, Almería, Tel. 950 23 88 77, www.githoteles.com. Zentrales Haus mit Restaurant.

Restaurants

Real, c/ Real, 15 (1. Stock), Almería, Tel. 950 28 02 43. Gute Küche im Ambiente eines Herrenhauses aus dem 19. Jh. (Mi geschl.).

El Rincón de Juan Pedro, c/ Federica de Castro,2, Almería, Tel. 950 23 58 19. Gute Meeresfrüchte- und Fischgerichte (So/Mo abends geschl.).

La Gruta, Ctra. 340, km 436 (4 km westl. von Almería), Tel. 950 23 93 35, www.asadorlagruta.com. Restaurant in einer Grotte. Bodenständige Küche (Mo–Sa 20–1.30 Uhr).

24 Parque Natural Cabo de Gata

Schroffe Berge, einsame Strände und verschlafene Dörfer.

Wenige Kilometer östlich von Almería liegt die zerklüftete, archaisch anmutende **Berglandschaft** der *Sierra de Gata* mit dem eindrucksvollen gleichnamigen Felsenkap *Cabo de Gata*. Gemeinsam mit der Region um Níjar im Landesinneren wurde das Gebiet 1980 zum **Naturpark** erklärt, um die typische Flora und Fauna zu erhalten. Dazu zählt auch eine **Flamingo-Kolonie**, die in den Salinen der Küstenebene ihre Nester baut.

Wer Ruhe und unberührte Natur sucht, wird sich hier wohl fühlen. Am TOP TIPP **Cabo de Gata**, bei San José, gibt es noch traumhafte **Sandstrände**, beispielsweise die Playas von Mónsul, Los Genoveses oder Los Escullos, und Schnorchler und Taucher dürfen sich auf eine faszinierende Unterwasserwelt freuen. Ebenfalls auf ihre Art bezaubernd sind die abgeschiedenen kleinen Fischerorte La Isleta und Las Negras, in denen allerdings nur einfache Unterkünfte zur Verfügung stehen. Dazwischen liegt die fast verlassene **Goldgräberstadt** Rodalquivir.

i Praktische Hinweise

Information

Oficina de Turismo, Avenida de San José, 27, 04118 San José-Níjar, Tel. 950 38 02 99, www.cabodegata-nijar.com. Park-Informationen, gute Karten.

25 Mojácar

Der am besten erschlossene Badeort der Ostküste Almerías.

Etwas weiter nördlich an der Ostküste liegt der Ort Mojácar. Das alte Zentrum, 2 km vom Meer entfernt, schmiegt sich malerisch an einen Hang. Mojácar ist bemüht für seine typisch **andalusische Atmosphäre**, trotz der mittlerweile zahlreichen Restaurants und Souvenirgeschäfte. Bis in die 1960er-Jahre galt Mojácar noch als Geheimtipp. Heute ist es die Stadt an der Ostküste von Almería, die am besten für den Tourismus erschlossen wurde. Am **Sandstrand** sind große Hotelkomplexe und Restaurants entstanden. Im Vergleich zur *Costa del Sol* hält sich der Trubel hier aber noch in Grenzen.

i Praktische Hinweise

Information

Oficina de Turismo, c/ Glorieta, 1, 04638 Mojácar, Tel. 950 61 50 25, www.mojacar.es

Hotel

******Parador de Mojácar**, Paseo del Mediterráneo, 339, Mojácar, Tel. 950 47 82 50, www.parador.es. Moderner *Parador* mit gutem Restaurant direkt am Strand.

26 Sierra de Alhamilla

Mini Hollywood in der Wüste von Almería – Europas Wilder Westen.

Nördlich von Almería breitet sich Europas einzige **Wüste** aus – zerklüftete, fast kahle Gebirgszüge bilden das Panorama einer unwirklichen Mondlandschaft. Die Region um die *Sierra de Alhamilla* ist die regenärmste Gegend Europas. Unerbittlich scheint die Sonne herab, 3000 Stunden im Jahr, d. h. rund 8 Stunden täglich. Die Sierra ist ein idealer Standort für das 1981 von der IEA eingerichtete Forschungszentrum für Sonnenenergie **Plataforma Solar de Almería** (an der N 340 kurz vor Mini Hollywood, Tel. 950 38 79 90, www.psa.es, Führungen mit Anmeldung). Hunderte von Spiegeln bündeln das einfallende Licht auf einen 80 m hohen Empfänger, der die wärmenden Strahlen in Energie umwandelt.

Filmstädte in der Sierra

An der Abzweigung nach Granada (C 3326) liegt rechterhand **Oasys Mini Hollywood** (Tel. 950 36 29 31, www.minihollywood.es, tgl. 10–19 Uhr). Die Filmstadt wurde in den 1960er-Jahren aus der Taufe gehoben. Über 500 Filme, meist Western, wurden hier gedreht, z. B. ›Lawrence von Arabien‹ oder ›Spiel mir das Lied vom Tod‹. In der Umgebung locken weitere Filmstädte wie **Fort Bravo** (Tabernas, Tel. 950 06 60 14, www.fort-bravo.com, tgl. 9–21 Uhr) zum Besuch. Hier wurden u. a. Szenen aus Bully Herbigs ›Der Schuh des Manitu‹ gedreht.

Bezaubernder Panoramablick über Mojácar zur Costa de Alméria

Jaén und der Nordosten – durch das Land der Oliven

Herbe Schönheit zeichnet die Provinz Jaén aus. Schier endlos erstrecken sich **Olivenhaine** über die sanft gewellten Hügel. Das Land gehört nach wie vor wenigen Großgrundbesitzer. Im Norden markiert die **Sierra Morena** die Grenze zur kastilischen Hochebene. Die Region Jaén war als Tor zu Andalusien Schauplatz erbitterter Kämpfe zur Zeit der *Reconquista*. 1212 bildete die Schlacht von Las Navas de Tolosa den Auftakt für die christlichen Eroberungszüge in Andalusien. Im Zentrum der Provinz liegen **Úbeda** und **Baeza**, die zu den schönsten Renaissancestädten Spaniens zählen. Im Hintergrund erhebt sich das Gebirge von Cazorla und Segura, ein **Naturpark** mit einer für Andalusien einzigartigen Flora und Fauna.

27 Jaén

Wirtschaftliches Zentrum des weltweit größten Olivenanbaugebiets.

Die 116 000 Einwohner zählende Provinzhauptstadt Jaén breitet sich unterhalb der *Sierra de Jabalcuz* aus. Den besten Blick auf die Stadt inmitten der Olivenbäume genießt man vom **Castillo de Santa Catalina** aus. Ernüchternd ist dagegen die Fahrt ins Zentrum: Die Straßen sind mit Autos verstopft, beidseits wurden gesichtslose Häuserblocks hochgezogen. Fast etwas unvermittelt steht man vor dem gewaltigen Renaissancebau der **Catedral**. Deren Besuch und ein Bummel durch das dörflich anmutende Altstadtviertel **Magdalena** mit den Arabischen Bädern lassen weniger angenehme Eindrücke der Stadt schnell vergessen.

Die Spuren von Jaén reichen bis in die iberische Zeit zurück. Von den Römern erhielt die Ansiedlung den Namen *Auringis*, der von den **Silberminen** herrührt. Nachdem die Mauren den Westgoten die Stadt abgerungen hatten, befestigten sie diese und gaben ihr den Namen **Geen**, was soviel bedeutet wie ›Weg der Karawanen‹. Ihre Lage an der Schnittstelle zwischen Andalusien und Kastilien machte sie zu einer wichtigen **Handelsstation**. 1246 gelang es Ferdinand III., die Stadt für die Christen einzunehmen. Der geschlagene Herrscher Ibn al Ahmar zog sich mit

Der mächtige Baukörper der Kathedrale von Jaén erstrahlt abends im Lichterglanz

seinem Gefolge nach Granada zurück und ging dort als Begründer der Nasridendynastie in die Geschichte ein.

Catedral

Ein Rundgang durch Jaén sollte bei der **Catedral de la Asunción de la Virgen** (Plaza Santa María, s/n, Tel. 953 23 42 33, www.catedraldejaen.org, meist Mo–Sa 10–14 und 16–19 Uhr, So/Fei 10–12 und 16–18 Uhr, Juli/Sept. nur vormittags) beginnen. Die Bauarbeiten wurden Mitte des 16. Jh. eingeleitet und nahmen etwa 200 Jahre in Anspruch. Die Kathedrale erhebt sich an der Stelle, wo sich früher die Hauptmoschee der Stadt befand. Federführender Architekt war der Spanier Andrés de Vandelvira (1509–75), an dessen Pläne sich auch die nachfolgenden Baumeister weitgehend hielten.

Die imposante, raumgreifende *Hauptfassade* mit ihrem strengen Aufbau wird etwas aufgelockert durch den barocken **Skulpturenschmuck** des Meisters Pedro Roldán (1624–um 1700), der auch für die Caridad in Sevilla tätig war. Den zentralen Platz im oberen Bereich der Fassade nimmt eine Figur des Eroberers von Jaén, König Ferdinand III., ein. Er ist in barocker Manier dargestellt, das Schwert hebt er stolz und triumphierend himmelwärts.

Im *Inneren* der Kathedrale ist der Besucher zunächst überwältigt von der erhabenen Größe des Raumes und den mächtigen *Bündelpfeilern*, die das Gotteshaus in drei Schiffe unterteilen. Im Mittelschiff befindet sich nach spanischer Tradition der Chor mit einem vorzüglich geschnitzten *Chorgestühl* (16. Jh.).

Hinter dem Hauptaltar liegt die Kapelle des **Santo Rostro**. Hier wird der größte Schatz der Catedral aufbewahrt, das **Schweißtuch der hl. Veronika**. Es wird nur freitags nach der Messe gezeigt. Feierlich ist die Zeremonie, in deren Verlauf der kostbare Reliquienschrein geöffnet und das Schweißtuch herausgenommen wird. Noch eindrucksvoller ist die Menschenmenge, die sich davor aufreiht, um das Tuch hinter Glas zu küssen, und so der wundertätigen Kraft teilhaftig zu werden, die es angeblich ausstrahlt.

Klatschmohnfelder und Olivenhaine prägen die Region Jaén

La Magdalena

Nordwestlich der Catedral führt die Calle Maestra oder die Calle Aguilar in das noch maurisch anmutende Viertel La Magdalena. An der Plaza Santa Luisa de Marillac erhebt sich der **Palacio de Villardompardo** (Mo–Fr 9–20, Sa/So 9.30–14.30 Uhr), den Don Fernando de Torres y Portugal, Graf von Villardompardo und Vizekönig von Peru, 1592 erbauen ließ. Der Palast birgt heute das ausgesprochen interessante volkskundliche *Museo de Artes y Costumbres Populares*, das Werkzeuge und Gebrauchsgegenstände aus der Provinz Jaén zeigt, darunter auch das Modell einer Olivenölmühle. Ferner sind die naiven Gemälde und Plastiken des 19./20. Jh. im *Museo Internacional de Arte Naïf* sehenswert. Ein weiters Highlight liegt im Kellerbereich: Die im 16. Jh. überbauten großzügigen **Baños Árabes**, Arabische Bäder aus dem 11. Jh., sind Zeugnis für die hoch entwickelte Badekultur in Al-Andalus. Der Badegast legte die Kleider in einem Vorraum ab und durchlief in drei Sälen die einzelnen Stationen des Bades (*Caldarium*, *Tepidarium* und *Frigidarium*).

Neben dem Palacio erhebt sich rechts die Kirche **San Andrés** mit einem vortrefflich gearbeiteten Gitter des Meisters Bartolomé de Jaén, links das Kloster **Santo Domingo**, früher Sitz der Inquisition. Etwas weiter östlich liegt die älteste Kirche von Jaén, **La Magdalena** (15. Jh.), die dem Viertel den Namen gab. Von dem Vorgängerbau, einer Moschee aus dem Jahr 825, ist noch der Hof der Waschungen erhalten geblieben.

Von der Badekultur früherer Zeiten zeugen die Baños Árabes, hier der Blick ins Caldarium

Castillo de Santa Catalina

TOP TIPP

Über die Umgehungsstraße (Carretera de Circunvalación, später Carretera al Castillo), die im Norden oberhalb der Altstadt entlang führt, erreicht man nach 5 km das *Castillo de Santa Catalina* aus dem 13. Jh. In der ehem. arabischen Festung ist heute ein stimmungsvoller *Parador* (s. u.) mit einem vorzüglichen Restaurant untergebracht. Herrlich ist der **Panoramablick** über die Stadt und das weite Land der Olivenbäume.

Neustadt

In der Neustadt fällt das monumentale Denkmal auf der **Plaza de las Batallas** im Westen des *Parque de la Victoria* auf. Es erinnert an zwei große Gefechte bei Jaén: die Schlacht von Navas de Tolosa 1212 [s. S. 13] und die Schlacht von Bailén 1808 gegen napoleonische Truppen.

Am nordwestlichen Ende des Platzes befindet sich am Paseo de la Estación das kleine **Museo Provincial** (Tel. 953 31 33 39, Di 14.30–20.30, Mi–Sa 9–20.30, So 9–14.30 Uhr). Es zeigt hauptsächlich archäologische Fundstücke, darunter die erstaunliche iberische Skulptur des ›Stiers von Porcuna‹.

Praktische Hinweise

Information

Oficina de Turismo, c/ Ramón y Cajal, 1, 23002 Jaén, Tel. 953 19 04 55, 953 31 32 81, www.turjaen.org, www.andalucia.org

Hotels

******Parador de Jaén**, Castillo de Santa Catalina, Jaén, Tel. 953 23 00 00, www.parador.es. Stimmungsvolles Ambiente in arabischer Festung aus dem 13. Jh., gutes Restaurant, traumhafte Ausblicke.

*****Xauen**, Plaza Deán Mazas, 3, Jaén, Tel. 953 24 07 89, www. hotelxauenjaen.com. Zentral gelegenes komfortables Hotel.

Restaurants

Casa Vicente, c/ Francisco Martín Mora, 1, Tel. 953 23 22 22. Vor allem regionale Spezialitäten werden hier serviert (So abends und Mi geschl.).

La Gamba de Oro, c/ Nueva, 1, Jaén, Tel. 953 24 17 46. *Tapas*-Bar mit reichem Angebot an Meeresfrüchten und frittiertem Fisch (Mi geschl.).

Weitere *Tapas*-Lokale befinden sich in der c/ Nueva und c/ Arco de Consuelo.

Das flüssige Gold von Jaén

Riesige Olivenplantagen überziehen die hügelige Landschaft der Provinz Jaén mit einem gleichmäßigen Raster der kleinen knorrigen Bäume mit ihren silbergrau schimmernden Blättern. Über 38 Mio. Olivenbäume gedeihen hier. Das entspricht einer Ernte von ca. 560 Mio. kg Früchten pro Jahr. Damit ist die Provinz Jaén die führende **Olivenanbauregion** der Welt.

Olivenbäume können über 1000 Jahre alt werden, das Durchschnittsalter liegt jedoch bei **300 Jahren**. Im Alter zwischen 20 und 100 Jahren trägt der Baum am besten, danach werden die Früchte weniger. Der Ölbaum ist sehr genügsam, was Qualität des Bodens und Wasserversorgung anbelangt. Empfindlich reagiert die Pflanze auf Kälte, schon bei –3° C verderben die Früchte. Olivenbäume blühen von Mai bis Juni in kleinen, weißen, traubenförmigen Blütenständen. Die Früchte werden von November bis März geerntet, und zwar immer noch von Hand. Dazu werden in der Provinz rund 170 000 **Tagelöhner** beschäftigt. Für viele ist es die einzige Verdienstmöglichkeit in der strukturschwachen Region.

Heute wird der überwiegende Teil der Oliven in großen Fabriken mit modernen Verfahrensweisen zu Öl weiterverarbeitet. Das hochwertigste kalt gepresste **Olivenöl** nennt sich **Puro Virgen**. Auf diesen Zusatz ist beim Kauf zu achten, denn auch noch das bis zu 40° C erwärmte Öl darf als kalt gepresst bezeichnet werden.

Eingelegte Oliven sind bei den Spaniern als kleine Vorspeise beliebt. Übrigens, ob die Oliven grün oder dunkelrot bis schwarz sind, hängt mit dem jeweiligen Reifegrad der Früchte zusammen. Wird im November geerntet, sind die Oliven noch grün, d. h. nicht voll ausgereift.

28 Baeza

Stolze Renaissancepaläste und stimmungsvolle Plätze schaffen Atmosphäre.

Zusammen mit dem nur 9 km entfernten Úbeda [Nr. 29] war das heute 15 000 Einwohner zählende Baeza die erste Region, die Ferdinand III. 1227 in Andalusien im Zuge der *Reconquista* einnahm. Beide Städte wurden zu Ausgangspunkten für die weiteren Vorstöße der Christen. Die wirtschaftliche und kulturelle Blütezeit erlebte Baeza im 16. Jh. als wichtige **Handels-** und **Grenzstadt** zwischen Andalusien und Kastilien. Ab 1542 war Baeza für drei Jahrhunderte Sitz einer Universität. Wohlhabende Großgrundbesitzer ließen eindrucksvolle Paläste errichten, die zusammen mit den schönen Plätzen dem Ort noch heute ein ansprechendes Erscheinungsbild verleihen. Gemeinsam mit Úbeda wurde Baeza 2003 zum **Weltkulturerbe** der UNESCO erhoben, wovon sich beide Städte wichtige Impulse für den Tourismus erhoffen.

Plaza del Mercado Viejo

Die lang gestreckte, von Arkaden gesäumte Plaza del Mercado Viejo bildet das Zentrum von Baeza. Auf der Westseite liegt das **Ratsgebäude** (17. Jh.), von dessen Galerie aus die Honoratioren der Stadt den Festlichkeiten auf der Plaza beiwohnten. Gegenüber befindet sich die ehem. **Alhóndiga**, die Getreidemarkthalle, die mit dem dahinterliegenden Kornspeicher (16. Jh.) verbunden war.

Am unteren Ende des Platzes schließt sich die stimmungsvolle kleine **Plaza del Pópulo** an. In der Mitte ist ein Brunnen zu sehen. Es wird vermutet, dass die Löwenskulpturen aus der nahe gelegenen Römerstätte *Cástulo* stammen und die schöne Frauenskulptur iberisch-römischer Herkunft Imilce darstelle, die Frau Hannibals.

Das prachtvolle Haus auf der linken Seite des Platzes ist mit dem Wappen Kaiser Karls V. versehen. Dass es sich dabei um die alte Fleischerei handelt, bezeugt den Reichtum der Stadt im 16. Jh. Heute beherbergt das Gebäude das Stadtarchiv **Archivo Histórico**.

Die Stirnseite des Platzes nimmt die **Casa del Pópulo** (1559) ein. Das zweigeschossige Gebäude ist mit einer herrlichen plateresken Fassade versehen. Im unteren Stockwerk hatten die Kanzleischreiber ihre Amtsstuben, darüber tagte das Zivilgericht. Heute ist hier die Touristinformation (s. u.) untergebracht.

Rechts davon stehen das Stadttor **Puerta de Jaén** und das Tor **Arco de Villalar**. Letzteres erinnert an den Triumph Kaiser Karls V. in der Schlacht von Villalar 1521 gegen die rebellierenden Städte (*Comunero*-Aufstand).

Antigua Universidad

Neben der *Casa del Pópulo* führt eine Treppe über die Straße Conde de Ramanones zur ehem. Universität, der Antigua Universidad (Mo–So 10–14 und 16–19 Uhr). Ihre feierliche Eröffnung fand im Jahr 1542 statt. 300 Jahre lang wurde hier unterrichtet und geforscht. Seit 1875 fungiert das Gebäude als Oberschule. Im Innenhof steht ein **Denkmal** zu Ehren des großen spanischen Lyrikers Antonio Machado, der hier 1912–19 unterrichtete.

An der *Plaza Santa Cruz* liegt die gleichnamige spätromanische **Kirche**, in der bei Restaurierungsarbeiten ein westgotischer Hufeisenbogen und Wandfresken aus dem 15. Jh. freigelegt wurden.

Plaza Santa María

Gegenüber der alten Universität liegt an der Westseite der Plaza Santa María der **Palacio de Jabalquinto**, für viele der prachtvollste der zahlreichen Paläste von Baeza. Auf der prunkvoll geschmückten Fassade bildet das verspielte gotische

Verschlafen und im besten Sinne des Wortes wie von gestern wirkt die größtenteils original erhaltene Plaza del Pópulo von Baeza mit dem Löwenbrunnen

Breit gelagert ist die Fassade der Kirche Santa María de los Reales Alcázares in Úbeda

Dekor einen interessanten Kontrast zu der eher strengen Spitzquaderornamentik der Renaissance.

Etwas weiter bergauf erblickt man im Osten der Plaza die **Catedral Santa María** (Mo–Fr 10.30–14 und 16–19, Sa 10.30–19, So 10.30–18 Uhr). Sie wurde im 13. Jh. auf den Fundamenten der Hauptmoschee erbaut und unter Leitung von Andrés de Vandelvira im 16. Jh. grundlegend erneuert. Prachtvoll ist innen der mit Blattgold verzierte barocke **Hochaltar**, ebenso die Monstranz von Gaspar Nuño de Castro (1714). Gegen Einwurf einer Münze öffnen sich die Eisentüren, hinter denen sich die Monstranz verbirgt.

i Praktische Hinweise

Information

Oficina de Turismo, Plaza del Pópulo, s/n, 23440 Baeza, Tel. 953 77 99 82, www.baeza.net, www.baezaturismo.es

Hotel

*****Hotel-Palacete Santa Ana**, c/ Santa Ana Vieja, 9, Tel. 953 74 16 57, www.palacetesantana.com. Stilvolles Hotel im Zentrum von Baeza in einem historischen Haus aus dem 16. Jh. (z.Zt. geschl.)

Restaurants

Juanito, Puche Pardo, 57, Baeza, Tel. 953 74 00 40, www.juanitobaeza.com. Restaurant mit gutem Preis-Leistungs-Verhältnis, das zu den besten der Provinz Jaén zählt (Mo geschl.). Gepflegte ***-Gästezimmer im Haus.

Vandelvira, c/ San Francisco, 14, Baeza, Tel. 953 74 81 72, www.vandelvira.es. Stilvolles Restaurant in ehem. Kloster. Feinste andalusische Küchenkreationen.

29 Úbeda

TOP TIPP

Renaissancejuwel im Nordosten Andalusiens mit stattlichen Palästen und prachtvoller Kirche.

Der alte Kern der 34 000-Seelen-Stadt strahlt mit seinen Renaissancebauwerken ein durch und durch **aristokratisches Flair** aus. Die Geschicke der Stadt wurden im 16. Jh. weitgehend durch zwei reiche Adelsfamilien, die *Molinas* und die *Cobos*, bestimmt. Ihre Macht beruhte auf engen Verbindungen zur Krone. Sie förderten den Architekten Andrés de Vandelvira, der das Stadtbild von Úbeda entscheidend prägte.

In Úbeda werden noch zwei traditionelle **Handwerkszweige** gepflegt, das Flechten von *Esparto*-Gras zu Matten und Körben und die Herstellung von dunkelgrün glasierter Keramik.

Plaza de Vázquez de Molina

Um die *Plaza de Vázquez de Molina*, das Herz der Altstadt, liegen die bedeutendsten Sehenswürdigkeiten. In dem stattlichen **Palacio de las Cadenas** im Westen, ehemals Sitz der einflussreichen Familie

Vázquez de Molina, ist heute das Rathaus untergebracht. Auf der Seite gegenüber steht die Kirche **Santa María de los Reales Alcázares** (spätes 15. Jh.). Der Beiname erinnert daran, dass die Kirche an der Stelle erbaut wurde, wo früher die maurische Burg (*Alcázar*) stand.

Die Kirche **San Salvador** an der Stirnseite des Platzes gilt als ein Juwel der spanischen Renaissance-Architektur. Die Baupläne von 1536 gehen auf den gefragten Baumeister Diego de Siloé zurück, die Ausführung des Bauwerks oblag Meister Andrés de Vandelvira. Zwei pagodenartige Türmchen flankieren die elegante Fassade. Das zentrale Thema, die Verklärung Christi, wird im Relief über dem Portal dargestellt und im Inneren nochmals aufgenommen im *Retablo* von Alonso de Berruguete; das Werk wurde allerdings im Spanischen Bürgerkrieg stark beschädigt.

Schräg gegenüber der Kirche ist das staatliche Luxushotel **Parador de Úbeda** (s. u.) in einem ehrwürdigen Palast aus dem 16. Jh. untergebracht.

Plaza Primero de Mayo

Links von der Kirche San Salvador führt die Straße Horno Contador zur *Plaza Primero de Mayo*. Unterwegs liegt links der Renaissancepalast **Casa de los Salvajes**. Der Name rührt von den beiden ›Wilden‹, die das Wappen der Familie Vago tragen.

Leuchtend rote Paprikabündel an weiß getünchtem Haus in Cazorla

Auf dem Platz steht ein **Denkmal** zu Ehren des in Úbeda verstorbenen spanischen Mystikers und Lyrikers Juan de la Cruz (1542–1591), der an der Seite der hl. Teresa von Avila für die Reform des Karmeliterordens eingetreten war.

Die Kirche **San Pablo** im Norden des Platzes wurde im spätgotischen Stil erbaut. Das Hauptportal geht noch auf die Romanik zurück, und auch im gotischen Inneren finden sich noch einige Kapitelle mit romanischer Bildsprache. Schräg gegenüber liegt das alte Rathaus **Ayuntamiento Viejo** mit Renaissance-Loggia.

Etwas außerhalb des Altstadtkerns, an der Calle Obispo Cobos, liegt der imposante Krankenhausbau **Hospital de Santiago**, ein weiteres Werk von Andrés de Vandelvira, und unterwegs weitere noble Paläste und interessante Sakralbauten.

i Praktische Hinweise

Information

Oficina de Turismo, c/ Baja del Marqués, 4 (Palacio Marqués de Contadero), 23400 Úbeda, Tel. 953 77 92 04, www.ubedainteresa.com, www.ubeda.es

Hotels

TOP TIPP ****Parador de Úbeda**, Plaza de Vázquez Molina, 1, Úbeda, Tel. 953 75 03 45, www.parador.es. Stimmungsvoller *Parador* in einem Palais des 16. Jh. Küche vom Feinsten, *Tapas*-Café.

***Maria de Molina**, Plaza del Ayuntamiento (Ecke c/ Andalucía), Úbeda, Tel. 953 79 53 56, www.hotel-maria-de-molina.com. Zentral gelegen, geschmackvoll eingerichtete Zimmer.

***Husa Rosaleda de Don Pedro**, c/ Obispo Toral, 2, Úbeda, Tel. 953 79 61 11, www.hotelrosaledaubeda.es. Charmantes Hotel mit Pool in der Altstadt.

Restaurant

Taberna Tulípa, c/ Muñoz Garnica, 5, Úbeda. Rustikale, gekachelte Tapaskneipe; probieren Sie die hausgemachten Kroketten.

30 Cazorla

Nettes Bergstädtchen, beliebter Ausgangspunkt für Tagesexkursionen.

Cazorla (9 000 Einwohner) liegt malerisch in 886 m Höhe am Fuße der Peña de los Halcones. Zwei Burgen befestigten im

Blick auf die Altstadt von Cazorla mit den Festungsanlagen aus dem 15. Jh.

15. Jh. den Ort, von denen jedoch lediglich das **Castillo de la Yedra** gut erhalten ist. Es beherbergt heute das kleine volkskundliche **Museo de Artes y Costumbres Populares del Alto Guadalquivir** (Tel. 953711638, Di 14.30–20.30, Mi–Sa 9–20.30, So/Fei 9–14.30 Uhr) und wird von einem trutzigen Bergfried überragt. Im Ort selbst liegen an der *Plaza de Santa María* die **Ruinas de Santa María**. Es sind die Reste einer Renaissancekirche, die zur Zeit der Napoleonischen Kriege stark in Mitleidenschaft gezogen wurde.

i Praktische Hinweise

Information

Oficina de Turismo, Paseo del Cristo, 17, 23470 Cazorla, Tel. 953710102, www.turismoencazorla.com, www.cazorla.es

Hotel

**Guadalquivir, c/ Nueva, 6, Cazorla, Tel. 953720268, www.hguadalquivir.com. Das familiäre Haus bietet ordentliche, günstige Zimmer und einen Gemeinschaftsraum.

Restaurant

Mesón Asador La Cueva de Juan Pedro, Plaza Santa María, 10, Cazorla, Tel. 953721225. Liebenswerte Bodega in der Altstadt, leckere Hausmannskost.

31 Parque Natural de Cazorla y Segura

TOP TIPP *Eine grüne Oase inmitten der trockenen Olivenanbauregion, ideal für Wanderungen.*

Die Gebirgszüge der *Sierra de Cazorla y Segura*, Ausläufer der Betischen Kordillere, erreichen Höhen von knapp über 2000 m und fungieren als Wetterscheide. Regenmangel ist somit hier im Naturschutzgebiet kein Thema. Neben zahlreichen Orchideen- und Narzissenarten findet sich auch das nur hier vorkommende Cazorla-Veilchen. Ausgedehnte **Wälder** aus Eichen, Eschen, Lärchen, Schwarz- und Strandkiefern lassen den einstigen Waldreichtum Andalusiens erahnen.

Dem steht die **Tierwelt** in nichts nach. Mit etwas Glück kann man Steinböcke, Wildschweine, Reh- und Damwild, Mufflons und eine Vielzahl von Greifvögeln beobachten. In der Region liegt auch der Ursprung der andalusischen Lebensader, des großen Flusses **Guadalquivir**, der die Städte Córdoba [Nr. 32] und Sevilla [Nr. 34] durchfließt und nach rund 650 km in den Atlantik mündet.

Im Naturpark ist das Informationszentrum **Torre del Vinagre** (s. u.) eingerichtet, in dem ein kleines *Naturkundliches Museum* sowie ein ca. 20-minütiger Film Aufschluss über Entstehung, Flora und Fauna des Parks geben. Auch Kartenmaterial ist hier erhältlich. Gegenüber liegt ein kleiner *Botanischer Garten*, der einen Überblick über die reichhaltige Flora verschafft.

Etwas weiter, kurz vor dem Stausee **El Tranco**, liegt ein Wildgehege, der **Parque Cinegético**. Ein gut begehbarer Wanderweg führt auf einen Hügel mit einer schönen Aussicht auf die malerische Gebirgslandschaft und den tiefblauen See.

Das Cazorla-Veilchen ›Viola cazorlensis‹ ist nur im Naturpark Cazorla y Segura zu finden

i Praktische Hinweise

Information

Centro de Interpretación, Torre del Vinagre, Ctra. del Tranco, km 48,8, 23290 Santiago de la Espada, Tel. 953 71 30 40. Informationszentrum und naturkundliches *Museo de Caza* (beide Mo geschl.).

Oficina del Parque Natural, c/ Martinez Falero, 11, 23470 Cazorla, Tel. 953 72 01 25, www.cazorla.es. Auskunft über Unterkünfte, Wanderwege, geführte Touren mit Jeeps oder Pferden.

Hotels

******Coto del Valle**, Crta. del Tranco (A 319), km 34, Cazorla, Tel. 953 12 40 67, www.hotelcotodelvalle.com. In der herrlichen Landschaft inmitten des Naturparks liegt dieses große rustikale Komforthotel. Pool im Garten.

*****Parador de Cazorla**, Ctra. de la Sierra, km 27, Cazorla, Tel. 953 72 70 75, www.parador.es. Moderner *Parador* in wundervoller Umgebung.

Wasserfall des Río Borosa, ein Zufluss des Guadalquivir, im Naturpark Cazorla y Segura

Córdoba – Metropole der Kalifen

Einst war Córdoba die viel gerühmte **Stadt der Kalifen** von Al-Andalus. Von hier aus regierten sie ihr mächtiges Reich, das sich zeitweise bis zu den Pyrenäen erstreckte. Mit dem Glanz von Córdoba konnten sich zur damaligen Zeit nur Konstantinopel und Bagdad messen. Die Stadt am Guadalquivir zählte in jenen Tagen fast 1 Mio. Einwohner. Die *Mezquita* ist die kostbarste Hinterlassenschaft der Omaijaden. Nahe bei Córdoba liegen die Ruinen von **Medina Azahara**. Die einstige Märchenstadt am Fuße der *Sierra Morena* vermittelt einen Eindruck von der prachtvollen Hofhaltung der Kalifen.

32 Córdoba

Einstige Perle des Kalifats.

Im Gegensatz zu dem quirligen Sevilla [Nr. 34] und dem studentischen Granada [Nr. 17] macht Córdoba (325 000 Einw.) eher einen geruhsamen, verträumten Eindruck. Nach wie vor werden in der Stadt traditionelle **Kunsthandwerkserzeugnisse** wie die berühmten cordobesischen Leder- und die filigranen Silberschmiedearbeiten produziert. Hauptabnehmer sind die vielen Besucher, die kommen, um die Stadt und die **Mezquita**, die Moschee, kennenzulernen.

Geschichte Die Geschichte von Córdoba lässt sich bis in die iberische Zeit zurückverfolgen. Mit der Etablierung der Römer auf der Iberischen Halbinsel gewann Córdoba an Bedeutung. In der Kaiserzeit war es sogar zeitweise **Hauptstadt** der Provinz Baetica, die ungefähr dem heutigen Andalusien entsprach. In Córdoba erblickten Geistesgrößen wie die beiden Senecas und der Dichter Lucanus das Licht der Welt.

Mit dem Sieg der Mauren über die Westgoten bahnte sich die größte **Blütezeit** an. Der aus Damaskus vertriebene Omaijadenherrscher Abd ar Rahman I. erhob Córdoba im Jahr 756 zum Emirat (Fürstentum). In der Mitte des 10. Jh. wur-

Unter der Puente Romano fließt der Guadalquivir hindurch, vorbei an der Mezquita

de Córdoba unter Abd ar Rahman III. zum strahlenden Mittelpunkt des unabhängigen **Kalifat des Westens**, Al-Andalus. Die Omaijadenherrschaft zeichnete sich vor allem durch eine gewisse Toleranz gegenüber Andersgläubigen aus. Juden und Christen konnten, sofern sie sich der arabischen Herrschaft unterordneten, ihren Besitz behalten und ihre Religion frei ausüben. In jenen Tagen entwickelte sich Córdoba nicht nur zu einer blühenden Handels- und Kulturmetropole, sondern auch zu einem der *Pilgerzentren* der islamischen Welt. In der Stadt, so heißt es, gab es neben der prachtvollen **Hauptmoschee** weitere 300 islamische Gebetsstätten. Straßenbeleuchtung, Kanalisation, öffentliche Badeanstalten, unentgeltliche Schulen und Krankenhäuser deuten auf den hohen Entwicklungsstand dieser Zeit hin. An der Universität mit ihrer reich bestückten Bibliothek führte die Zusammenarbeit von Gelehrten unterschiedlicher Kulturkreise und Religionen zu einem wissenschaftlichen Erkenntnisschub.

Das Ende dieser glanzvollen Zeit wurde durch innere Streitigkeiten um die Regierungsmacht herbeigeführt, die in einem **Bürgerkrieg** gipfelten. Fanatische berberische Söldner zerstörten 1010 die prächtige, vor den Toren Córdobas gelegene Kalifenstadt Medina Azahara [Nr. 33]. Im Jahr 1031 zerfiel das Kalifat endgültig. Córdoba verlor seine Vorrangstellung an Sevilla. 1236 eroberte Ferdinand III. der Heilige Córdoba für die Christen zurück. Die Stadt fungierte fortan als Operationsbasis für die weiteren Eroberungszüge der Christen.

Wunderbar blumengeschmückte Patios sind beim alljährlichen Festival zu entdecken

Falls es sich einrichten lässt, sollte man Córdoba in der ersten Maihälfte besuchen, wenn beim **Festival de los Patios Cordobeses** die schönsten Innenhöfe prämiert werden. Nur dann sind all die herausgeputzen Kleinode für die Öffentlichkeit zugänglich.

Mezquita 1

Die Mezquita (c/ Cardenal Herrero, 1, Tel. 958 22 52 26, www.mezquitadecordoba.org, sommers Mo–Sa 10–19, So 8.30–10 und 14–19 Uhr, winters 8.30–18, So 8.30–10 und 14–18 Uhr) zählt zu den großartigsten Werken islamischer Baukunst. Als solche gehört sie wie die umliegende Altstadt seit 1984 zum UNESCO-Weltkulturerbe. Heute sprechen die Cordobesen von ihr als **Moschee-Kathedrale**, denn Kaiser Karl V. ließ im 16. Jh. die Catedral de Córdoba mitten in die omaijadische Moschee hineinbauen. Der erbitterte Widerstand des damaligen Stadtrates und der Bevölkerung war zwecklos gewesen. Als Karl V. später das Werk begutachtete, soll er reumütig geäußert haben: »Hier hat man etwas erbaut, was man überall hätte bauen können, aber etwas zerstört, was einmalig gewesen ist.«

Den Grundstein für die Moschee legte der Emir Abd ar Rahman I. im Jahr 785. Es entstand eine prächtige, fast quadratische Hofmoschee mit **elf Schiffen**. Im Laufe der Omaijadenherrschaft wurde

Wie in einem künstlichen Palmenhain wandelt man im Säulenwald der Mezquita

die Moschee drei Mal vergrößert. Unter Abd ar Rahman II. wurde die erste Erweiterung vorgenommen, die zweite von Al Hakem II. Die letzte und größte Baumaßnahme veranlasste der despotische Großwesir Almansur. Damit erreichte die Moschee, den Vorhof mit eingerechnet, die gewaltigen Ausmaße von 22 400 m². Die Gründe für die Erweiterungen der Moschee sind einerseits in der stetig wachsenden Bevölkerung, andererseits auch in dem zunehmenden **Repräsentationsbedürfnis** der Omaijaden zu sehen. Als Kalife des Westens standen sie in unmittelbarer Konkurrenz zum östlichen Kalifat von Bagdad. Dort regierten die verhassten Abbasiden, die die Omaijadendynastie in Syrien gestürzt hatten.

Die Moschee betritt man durch den **Vorhof**, der von den Muslimen für rituelle Waschungen, aber auch für Koranunterricht und Rechtsprechung genutzt wurde. Um das Minarett errichtete man später den **Glockenturm** der Catedral.

Im **Inneren** der Moschee müssen sich die Augen zunächst an das mystische Halbdunkel gewöhnen. Ursprünglich war es von Licht durchflutet, das durch die zum Hof hin geöffneten Arkaden einströmte. Nach der *Reconquista* ließ die Krone **Familienkapellen** einbauen, um die Adelsfamilien für ihre Hilfe bei den Kriegszügen zu belohnen.

Einzigartig und ergreifend ist der Raumeindruck, der durch die über **800 Säulen** entsteht, die sich zu einem schier endlosen **Säulenwald** verdichten. Für die gläubigen Muslime steht dieses immer wiederkehrende Motiv für die Unendlichkeit und Allgegenwart Allahs. Es empfiehlt sich, den Rundgang im Nordwesten zu beginnen. In diesem ältesten Teil der Moschee findet man die schönsten Säulen. Zum Teil werden sie auf ein Alter von über 2000 Jahre geschätzt. Sie stammen aus verschiedenen Stätten des Altertums. Entsprechend variieren auch Materialien und Größe der Säulen. Um

eine gleichmäßige Höhe zu erzielen, wurden längere Säulen in den Boden eingelassen und kürzere auf ein Podest gestellt. Wahrscheinlich inspiriert von römischen Aquädukten, verbanden die arabischen Baumeister die Säulen miteinander durch eine doppelte Reihe von **Hufeisenbögen**. Damit verliehen sie dem Raum die notwendige Höhe. Die Bögen setzen sich zusammen aus roten Ziegel- und weißen Kalksteinen, das schöne Muster ruft eine fantastische Lichtwirkung und Rhythmisierung des Raums hervor.

Etwas weiter südlich kündigen prachtvolle Bögen die Wand an, in der sich nach der Erweiterung durch Abd ar Rahman II. die Gebetsnische, der Mihrab, befand. Glanzvoll ist die Konstruktion der Lichtkuppel in dieser **Capilla de Villaviciosa**. Sie wird von Kreuzrippen durchzogen, die ein wundervolles Muster bilden. Mit der zweiten Erweiterung verlegte Al Hakem II. den *Mihrab* und die *Kibla* – die die Richtung nach Mekka anzeigen – ein letztes Mal, und dies ist der Ort der höchsten **Prachtentfaltung** in der Moschee. Das Innere dieses **Mihrab** wird überwölbt von einer muschelförmigen Marmorkuppel, die akustisch die Stimme des Imams verstärkte. Die Ausgestaltung des Hufeisenbogens des *Mihrab* und der prachtvollen vorgelagerten Kuppel mit Glasmosaiken übernahmen eigens aus Byzanz herbeigerufene Handwerker. Effektvoll erhöhte ein von der Kuppel herabhängenden **Moscheeleuchter**, der mit zahlreichen kleinen Öllämpchen bestückt war, die Wirkung der unzähligen funkelnden Mosaiksteinchen.

Die **Catedral** mitten in der Moschee reißt den Besucher unvermittelt aus dieser Welt von Tausendundeiner Nacht heraus. Ihretwegen wurden 63 Säulen entfernt und somit die durch den Säulenwald erzeugte Perspektive zerstört. An anderer Stelle würde man die Kirche entsprechend zu würdigen wissen, hier aber empfindet man sie eher als störenden Fremdkörper. Das barocke **Chorgestühl** aus Mahagoniholz, das der Bildhauer Duque de Cornejo 1760 mit 40 seiner besten Schüler schuf, ist das Glanz-

Oben: *Ein Meisterwerk islamischer Baukunst ist die Kuppel im Vorraum des Mihrab*
Unten: *Der reichen maurischen Formensprache verdankt die Mezquita ihren Quarakter*

stück der Catedral. Sehenswert ist auch die wunderbare **Silbermonstranz** des Künstlers Enrique de Arfe, die sich in der Schatzkammer befindet.

La Judería

Hinter der *Mezquita* erstreckt sich die Judería, das alte Judenviertel. Das Labyrinth der weiß getünchten Gassen und die liebevoll geschmückten Innenhöfe haben ihren **orientalischen Zauber** noch nicht verloren – obwohl mitunter die vielen Besucher Schwierigkeiten haben, aneinander vorbeizukommen, und sich die Judería teilweise wie ein einziger Basar ausnimmt. Das beliebteste Fotomotiv ist die **Calleja de las Flores** 2, die Blumengasse, die in einen hübschen Platz mündet, von dem sich ein herrlicher Blick auf den Glockenturm der Kathedrale bietet.

An der Plaza Maimonides (Plaza de las Bulas) ist in einem Stadtpalast aus dem 16. Jh. das Stierkampfmuseum, **Museo Municipal de Arte Taurino** 3 (bis auf Weiteres wg. Restaurierung geschl., Tel. 957 20 10 56), untergebracht. Hier wird das Andenken an die legendären Helden der Arena aus Córdoba wie Lagartijo, Manolete und El Cordobés hochgehalten.

Linker Hand der Calle Judíos liegt die kleine **Plaza de Tiberiades** 4, auf der ein Bronzedenkmal an den Universalgelehrten aus Córdoba, Rabbi Mose Ben Maimon (1135–1204), genannt *Maimonides*, erinnert. Mit seinen religionsphilosophischen Werken beeinflusste er auch die christlichen Scholastiker, vor allem Albertus Magnus und Thomas von Aquin.

Hier lustwandelten einst Könige – Gärten des Alcázar de los Reyes Cristianos

Schräg gegenüber führt eine schmale Gasse in einen stimmungsvollen Innenhof, den **Zoco Municipal** 5, in dem typisch cordobesisches Kunsthandwerk hergestellt und verkauft wird.

In der Calle Judíos verbirgt sich hinter einem unscheinbaren Tor Córdobas einzige erhalten gebliebene **Sinagoga** 6 (Di–So 9.30–14 Uhr und 15.30–17.30 Uhr). Die Synagoge wurde 1315 erbaut, als die Stadt bereits wieder unter christlicher Herrschaft stand. 1492 wurde sie geschlossen und in eine christliche Kapelle umgewandelt. Seit 1885 ist das Gebäude **Nationaldenkmal**. Der kleine quadratische Innenraum wurde im *Mudéjar*-Stil ausgestattet und ist original erhalten. Die Nische an der Ostwand diente zur Aufbewahrung der Thorarollen. Wenige Schritte weiter beleuchtet das kleine Museum Casa Seferad (c/Judíos Ecke c/ Averroes, Tel. 957 42 14 04, Mo-Sa 11-19, So 11-14, Fei 10-18 Uhr) das Leben der sephardischen Juden in Córdoba. Der Patio wird auch häufig für Konzerte genutzt.

Am Ende der Calle Judíos liegt das Stadttor, die **Puerta de Almodóvar** 7, die einst den Zugang zum Jüdischen Viertel bewachte. Hier ließ die Stadt für den in Córdoba geborenen Philosophen Lucius Annaeus Seneca (4 v. Chr.–65 n. Chr.) ein Denkmal aufstellen. Entlang der gut erhaltenen arabischen Stadtmauer führt der Weg vorbei an der Statue von *Averroes* (1126– 1198). Der große arabische Philosoph ist einer der bedeutendsten Interpreten der Lehren von Aristoteles.

Westlich der Mezquita

Am Campo Santo de los Mártires kann man noch die Überreste Arabischer Bäder, der **Baños Califales** 8 (Di–Fr 8.30–

19.30, Sa 9.30–16.30 Uhr, So/Fei 9.30–14.30 Uhr) erkennen.

Der **Alcázar de los Reyes Cristianos** 9 (Tel. 957420151, Di–Sa 10–14 und 16.30–18.30, Sommer 10–19.30, So/Fei 9.30–14.30 Uhr) am Südende des Platzes wurde nach der Rückeroberung Córdobas von König Alfonso XI. 1328 erbaut. Das Standbild des Königs ist im Eingangsbereich zu sehen. Die Katholischen Könige wählten den *Alcázar* zu ihrer Residenz. Von hier aus planten sie auch die Eroberung des letzten Bollwerks der Mauren, des Königreichs Granada. Im 16. Jh. wurde der *Alcázar* als Kerker der Inquisition genutzt. Heute werden hier **archäologische**

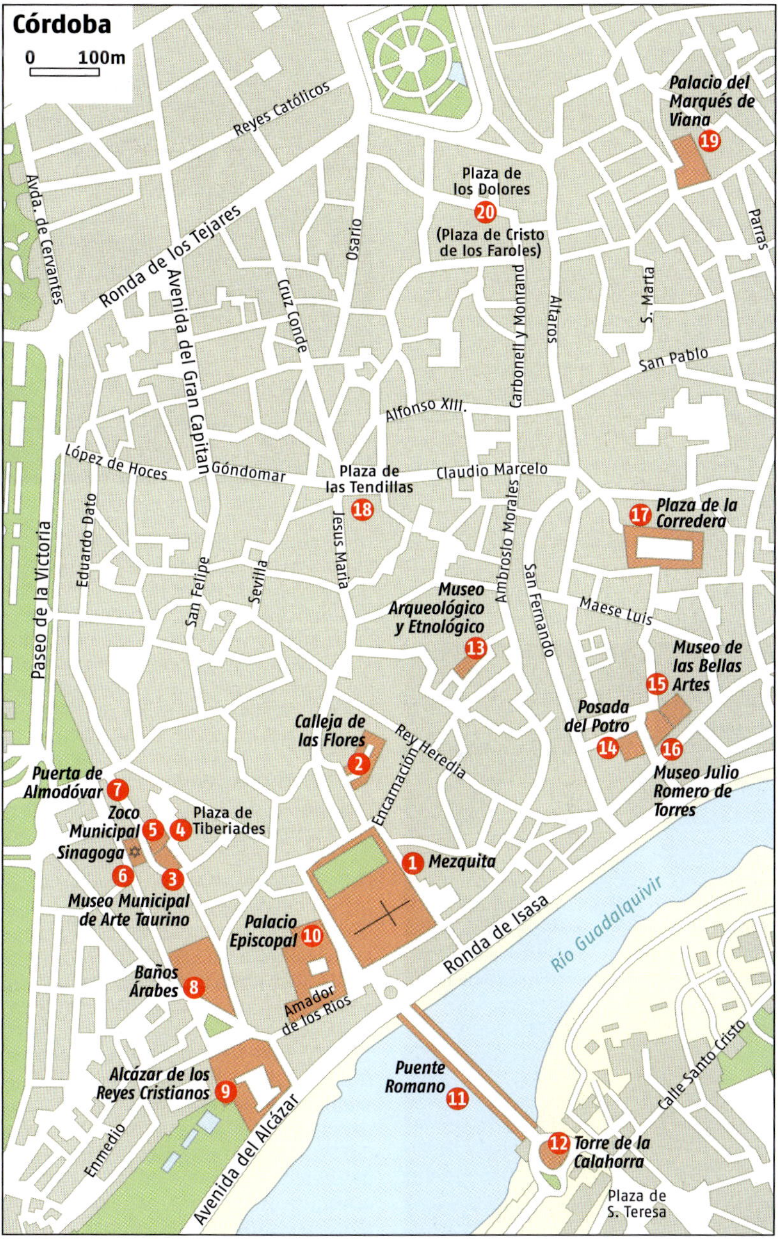

Die Cafés auf der Plaza de la Corredera sind ein allseits beliebter Treffpunkt

Funde aus Córdoba präsentiert, darunter einige schöne Mosaiken mit mythologischen Themen sowie ein gut erhaltener Marmorsarkophag aus dem 3. Jh. Bezaubernd sind die Gärten mit ihren Wasserfontänen und duftenden Pflanzen.

Über die Calle Amador de los Ríos führt der Weg zurück zur *Mezquita*. Ihr gegenüber liegt neben dem Kongress- und Ausstellungszentrum der Bischofspalast, **Palacio Episcopal** ⑩, wo sich einst die Residenz der Omaijaden befand. Heute zeigt hier das **Museo Diocesano de Bellas Artes** (Tel. 957 47 93 75, vorübergehend geschlossen) Kunstwerke aus Córdobas Kirchen. Nahebei blickt von einer Säule Erzengel Raphael, Schutzpatron der Stadt, herab. Die wuchtige *Puerta del Puente* entstand als Triumphbogen unter Philipp II.

Den Fluss überspannt die 16-bogige **Puente Romano** ⑪, deren Ursprünge auf die römische Zeit zurückgehen. Am anderen Ende der Brücke steht der Festungsturm **Torre de la Calahorra** ⑫ aus dem 14. Jh. In ihm präsentiert das **Museo Vivo de Al-Andalus** (Tel. 957 29 39 29, www.torrecalahorra.com, Mai–Sept. tgl. 10–14 und 16.30–20.30, Okt.–April tgl. 10–18 Uhr) lebendig eine Sammlung, die die Errungenschaften der muslimischen, jüdischen und christlichen Kulturen in Andalusien thematisiert. Von der Dachterrasse aus hat man einen schönen Blick auf die *Mezquita*, die römische Brücke, die im Fluss verbliebenen Überreste arabischer Mühlen sowie auf die Rekonstruktion eines maurischen Wasserrades.

Torres' Gemälde ›La Chiquita Piconera‹ ist im Museo Julio Romero de Torres zu finden

Östlich der Mezquita

Das **Museo Arqueológico y Etnológico** ⑬ (Tel. 957 35 55 17, Di 14.30–20.30, Mi–Sa 9–20.30, So/Fei 9–14.30 Uhr) liegt an der Plaza Jerónimo Páez in einem großzügigen Renaissancepalast. In der Sammlung finden sich Stücke aus prähistorischer, iberischer, römischer, westgotischer und arabischer Zeit. Prunkstück ist ein reich mit pflanzlichen Motiven ornamentierter *Bronzehirsch* aus dem 10. Jh.

Etwas östlich befindet sich die schöne *Plaza del Potro*, die nach der Brunnenskulptur eines niedlichen Fohlens benannt wurde. Begrenzt wird der Platz von der **Posada del Potro** ⑭, einer Herberge, die bereits Cervantes im ›Don Quijote‹ erwähnte. Heute wird das Gebäude für Wechselausstellungen genutzt.

Gegenüber der Posada liegt in einem ehem. Hospital aus dem 16. Jh. das Museum der Schönen Künste, das **Museo de las Bellas Artes** 15 (Tel. 957355550, Di 14.30–20.30, Mi–Sa 9–20, So/Fei 9–14.30 Uhr). Namhafte Künstler, darunter Esteban Murillo, Francisco de Zurbarán und José de Ribera, sind vertreten. Eingehend dokumentiert ist die *Schule von Córdoba* mit den Künstlern Alejo Fernández, Bartolomé Bermejo und Antonio de Castillo.

In einem Nebengebäude befindet sich das **Museo Julio Romero de Torres** 16 (Tel. 957491909, vorübergehend geschlossen). Es ist das Geburtshaus des Malers Julio Romero de Torres (1880–1930) und allein seinen Werken gewidmet. Seine Beliebtheit verdankt der Künstler vor allem seinen romantisch und verführerisch dargestellten Frauenporträts.

Nicht weit ist es von der *Plaza del Potro* nach Norden zur **Plaza de la Corredera** 17. Die von Arkadengängen gesäumte Platzanlage erinnert an die herrschaftlichen Plätze Kastiliens. Die historische Architekturkulisse, vor der allmorgendlich Markt abgehalten wird, hat einen ganz besonderen urbanen Charme.

Oberstadt

Zum Zentrum der Oberstadt, zu der geschäftigen **Plaza de las Tendillas** 18, gelangt man über die Calle Claudio Marcelo. Diese Einkaufsstraße führt am *Rathaus* (17. Jh.) und an einem restaurierten *römischen Tempel* (1. Jh. n. Chr.) vorbei. Im Mittelpunkt der Plaza erhebt sich ein **Reiterstandbild**. Es zeigt Don Gonzalo Fernández de Córdoba, den Feldherrn der Katholischen Könige.

Noch ein ganzes Stück weiter nordöstlich an der *Plaza de Don Gome* liegt der **Palacio del Marqués de Viana** 19 (Tel. 957496741, www.fundacioncajasur.org, Di–Fr 10–19, Sa/So/Fei 10–15 Uhr, Juli/Aug. Di–So 9–15 Uhr), ein prachtvoller Adelspalast mit 13 wunderschönen *Patios*. Das seit 1980 für die Öffentlichkeit zugängliche Patrizierhaus ist im Originalzustand erhalten. Aus den zahlreichen *Kunstschätzen*, die die Familie im Laufe der Generationen zusammentrug, ragen die Kollektion der cordobesischen Lederwaren sowie die umfangreiche Keramik- und Gemäldesammlung hervor.

TOP TIPP

Nicht weit ist es von hier zur beliebten **Plaza de los Dolores** 20, auf der eine steinerne Skulptur des gekreuzigten Christus verehrt wird. Allabendlich wird die Christusfigur von dem Licht aus acht schmiedeeisernen Laternen (span. *Faroles*) sanft angestrahlt. Deshalb ist der Platz im Volksmund bekannter unter dem Namen *Plaza de Cristo de los Faroles*.

i Praktische Hinweise

Information

Oficina de Turismo, Plaza de las Tendillas, s/n, 14002 Córdoba, Tel. 957 20 17 74, www.turismodecordoba.org

Hotels

******El Conquistador**, Magistral Gonzáles Francés, 15–17, Córdoba, Tel. 957 48 11 02, www.hotelconquistadorcordoba.com. Gepflegtes Hotel mit lauschigem Patio direkt bei der *Mezquita*.

******Hesperia Córdoba**, Avda. Fray Albino, 1, Córdoba, Tel. 957 42 10 42, www.hesperia-cordoba.com. Lage und Ausstattung machen es zu einem der besten Vier-Sterne-Hotel vor Ort, der Service nicht immer.

******NH Amistad Córdoba**, Plaza Maimonides, 3, Córdoba, Tel. 957 42 03 35, www.nh-hotels.de. Stilvolles Hotel in einem Palast des 18. Jh. im Herzen der *Judería* gegenüber dem Stierkampfmuseum.

*****Casa de los Azulejos**, c/ Fernando Colón, 5, Córdoba, Tel. 957 47 00 00, www.casadelosazulejos.com. Das charmante Hotel kombiniert andalusischen und kolonialen Baustil.

****Lola**, c/ Romero, 3, Córdoba, Tel. 957 20 03 05, www.hotelconencantolola.com. Kleines Altstadthotel mit acht charmanten Zimmern.

***Maestre**, c/ Romero Barros, 4, Córdoba, Tel. 957 47 24 10, www.hotelmaestre.com. Gepflegtes kleines Hotel mit freundlichem Personal, nahe der Plaza del Potro.

Restaurants

Almudaina, Campo Santo de los Mártires, 1, Córdoba, Tel. 957 47 43 42, www.restaurantealmudaina.com. Vorzüglich speisen im Ambiente eines Palasts des 16. Jh. (So abend geschl.).

Churrasco, c/ Romero, 16, Córdoba, Tel. 957 29 08 19, www.elchurrasco.com. Exquisites Restaurant in einem *Patio*. Spezialität: gegrilltes Fleisch.

Casa Pepe, c/ Romero,1, Córdoba, Tel. 957 20 07 44, www.casapepejuderia.com. Kombination aus Tapasbar und Restaurant. Idyllischer Patio und Dachterrasse.

Bar

TOP TIPP **Bodegas Campos**, c/ Los Lineros, 32, Córdoba, Tel. 957 49 75 00, www.bodegascampos.com. Schöne Bodega für den Sherrygenuss am Abend. Der Innenhof ist herrlich, in den Salons speist man exquisit (So abends geschl.).

33 Medina Azahara

Vergangene Pracht in der Palaststadt der Kalifen.

8 km westlich von Córdoba [Nr. 32] liegt an der Ctra. de Palma del Río das ausgedehnte **Ruinenfeld** von Medina Azahara (auch: Madinat al-Zahra, Tel. 957 35 28 60, www.museosdeandalucia.es, Mai–15. Sept. Di–Sa 10–20.30 Uhr, 16. Sept.–April Di–Sa 10–18.30, ganzjährig So/Fei 10–14 Uhr), der einst so viel gerühmten Palaststadt der Omaijaden. Lohnend ist ein Besuch des Museums, das effektvoll die originalen Funde in Szene setzt. Hier erhalten die Besucher das Ticket für die Anlage und ein Shuttle-Bus fährt vom Museumsparkplatz zur ehemaligen Palaststadt.

Geschichte Die Palaststadt Medina Azahara wurde zur Blütezeit des Kalifats von Córdoba 936 von dem Herrscher Abd ar Rahman III. in Auftrag gegeben und schon 960 unter seinem Sohn Al Hakem II. vollendet. Mit der Namensgebung bezeugte der Kalif die Liebe zu seiner Lieblingsfrau **Azahara** (al-Zahra), deren Name ›die Blume‹ bedeutet.

Die repräsentative **Sommerresidenz** diente der Hofhaltung und Verwaltung. In der Glanzzeit sollen über 30 000 Menschen in Medina Azahara gelebt haben, zum größten Teil gehörten sie zum Dienstpersonal des Kalifen. Sicherlich spielte auch das angenehme Klima am Rande der *Sierra Morena* eine Rolle bei der Entscheidung, die Residenz außerhalb der im Sommer unerträglichen heißen Stadt Córdoba zu errichten. Zudem trachtete Abd ar Rahman III. danach, das Kalifat der Abbasiden von Bagdad an Macht und Glanz zu überbieten.

Die Blütezeit der Stadt war jedoch nur von kurzer Dauer, bereits im Jahre 1010 wurde Medina Azahara fast vollständig zerstört. Berbertruppen überfielen die Königsstadt. Der Luxus und die Pracht, mit denen sich die Omaijaden umgaben, empfanden die Eindringlinge als gotteslästerlich und machten die Stadt dem

Beeindruckende Ruinenstadt – das Gebäude der Streitkräfte mit dem Saal Dar al Yund

Erdboden gleich. Mit der Zerstörung kündigte sich der Untergang der glanzvollen Omaijaden-Herrschaft an. Im Laufe der Jahrhunderte verfiel die Anlage und wurde als Steinbruch für das nahe gelegene Kloster *San Jerónimo* genutzt. Zu Beginn des 20. Jh. erwachte das Interesse an der Palaststadt erneut, 1923 wurde Medina Azahara ein Nationaldenkmal.

Besichtigung Gleich zu Beginn bietet sich ein fantastischer Blick auf die in drei Ebenen angelegte **Palaststadt** mit nahezu rechteckigem Grundriss und das weite Tal des Guadalquivir. Entlang der nördlichen Ummauerung gelangt man auf verwinkelten Wegen ins Innere der Stadt. Im obersten Bereich liegen die Wohn- und Repräsentationsräume des Kalifen, die z. T. noch rekonstruiert werden.

Beim Gebäude der Streitkräfte beeindruckt der Saal **Dar al Yund** durch seine Weite. Er wurde für militärische Zeremonien genutzt. Über ein System von Rampen gelangt man zum **Waffenplatz**, auf dem das Militär exerzierte. Der große Platz wird flankiert von einem repräsentativen Tor. Es bestand einst aus 15 Hufeisenbögen, von denen einige rekonstruiert wurden.

Etwas weiter unterhalb liegen Reste der **Moschee**. Sie ist leicht auszumachen, da sie aufgrund ihrer Ausrichtung nach Mekka aus der Gesamtkonzeption der Anlage herausfällt. Es sind nur noch die Fundamente erhalten. An ihnen lässt sich aber noch gut ablesen, dass hier einst eine fünfschiffige Säulenmoschee stand.

Vorzüglich wurde der **Salón de Abd ar Rahman III.** rekonstruiert, wegen seiner reichen Wanddekoration auch *Salón Rico* genannt (momentan nicht begehbar). Er diente als Empfangssaal für ausländische Gesandte sowie für Ratssitzungen. Umgeben war das Gebäude von **üppigen Gärten** mit Wasserspielen und einer Menagerie mit exotischen Tieren. Der dreischiffige Raum wird von edlen Marmorsäulen gegliedert, die durch rot-weiß gestreifte Hufeisenbögen verbunden sind. Die Wände sind über und über mit floralen und geometrischen Stuckornamenten verkleidet. Mit etwas Fantasie kann man sich noch die prachtvollen Empfänge der Kalifen vorstellen.

Sevilla und Umgebung – Stolz und Schönheit am Guadalquivir

Die Primadonna unter den andalusischen Städten ist **Sevilla** – schön, stolz und manchmal vielleicht ein wenig zickig. Die Hauptstadt der gleichnamigen Provinz und der autonomen Region Andalusien zehrt noch immer ein bisschen vom Ruhm vergangener Zeiten, als der Guadalquivir, die **Lebensader** Andalusiens und schiffbar bis Sevilla, die Stadt reich machte. Das Umland war und ist tiefe Provinz. **Weizen-** und **Sonnenblumenfelder** prägen die im Sommer ausgedörrte Ebene. Unter den kleinen Provinzstädten sind vor allem das stolz über der Ebene thronende **Carmona** und die Barockperle **Ecija** bemerkenswert.

34 Sevilla

Wer Sevilla nicht gesehen hat,
hat noch kein Wunder gesehen.

Sevilla, mit rund 715 000 Einwohnern größte Stadt Andalusiens, ist Sitz der Landesregierung und des Parlaments. Die **größte gotische Kirche der Welt** wurde hier errichtet mit einem Glockenturm, der eigentlich ein maurisches *Minarett* ist, und gleich nebenan vereinigen sich im **Alcázar** christliche und islamische Baukunst zu einem Höhepunkt andalusischen Bauschaffens.

In Sevilla laufen die Fäden der Verwaltung zusammen, hier finden die großen kulturellen Veranstaltungen statt. Zur Expo '92 wurden die Spuren des Verfalls übertüncht, und Hoffnung auf einen wirtschaftlichen Aufschwung kam auf.

Dem Touristen präsentiert sich Sevilla als die *kapriziöse Schöne*, die immer dann zu Hochform aufläuft, wenn Feste zu feiern sind. Pathos durchzieht die Karwoche, und kurze Zeit später entladen sich die aufgestauten Emotionen im Rahmen der **Feria de Abril**.

Kaum eine Stadt hat so oft wie Sevilla als **Opernkulisse** fungiert. Figaro war hier zu Hause, der Barbier von Sevilla, natürlich Don Juan, Erfinder des Machismo, und die glutäugige Carmen, die weibliche Sinnlichkeit und Arroganz gleichermaßen verkörpert. Die Sevillanos agieren wie perfekte Opernstatisten, die es lieben, sich zu zeigen und das Flanieren zur Kunst zu erheben.

Im Lichterglanz erstrahlen Sevillas Catedral und Giralda, vorne die Plaza de Toros

34 Sevilla

Geschichte ›Herkules erbaute mich, Cäsar umgab mich mit Wällen und Türmen, König Heilig nahm mich ein.‹ Diese Kurzfassung der Stadtgeschichte liest man über einem der alten Stadttore.

Die Anfänge der Stadt liegen im Bereich der Legenden und Vermutungen. Gesichert ist, dass Cäsar 45 v. Chr. das damalige **Hispalis** zur *Colonia Iulia Romula* erhob und zur Hauptstadt der Provinz *Baetica* machte. Das fünfte nachchristliche Jahrhundert stand im Zeichen der germanischen Stämme, unter denen sich 461 die Westgoten durchsetzten.

712 wurde die Stadt maurisch, und aus dem arabischen Stadtnamen **Ischbiliya** (›die ausgedehnte Stadt‹) entwickelte sich der heutige Name. Sevilla stand zur Zeit der Omaijadenherrschaft im Schatten Córdobas. Erst nach dem Fall des Kalifats entwickelte es sich zur führenden Stadt in Andalusien. Ab 1091 waren die Almoraviden die herrschende Dynastie, sie wurden jedoch bereits 1147 von den Almohaden abgelöst.

1248 eroberte Ferdinand III. der Heilige Sevilla für die Christen zurück, und die Stadt wurde zu einer bevorzugten Residenz der christlichen Könige. Pedro der Grausame ließ im 14. Jh. den Alcázar erneuern und schuf damit ein Meisterwerk des *Mudéjar*-Stils.

Blütezeit der Stadt aber war das **Zeitalter der Entdeckungen**. Mit der Eroberung Amerikas wurde Sevilla Zentrum des Handels mit der Neuen Welt. Über das Monopol wachte die 1503 errichtete *Casa de la Contratación*. Gold und Silber überfluteten Sevilla, das im 16./17. Jh. zu den reichsten Städten der Welt zählte. Doch Mitte des 17. Jh. setzte der Niedergang ein, eingeleitet durch eine Pestepidemie und maßgeblich verursacht durch die Versandung des Hafens. Trotz wirtschaftlicher Probleme erlebte die Stadt eine **kulturelle Blüte**. Auch das spanische Nationalepos ›Don Quijote‹ verfasste Cervantes fernab der *Mancha* in Sevilla, wenn auch unter wenig ruhmreichen Umständen im Gefängnis.

Das Handelsmonopol für den Amerikahandel ging 1717 endgültig an Cádiz über. Von diesem Rückschlag erholte sich Sevilla nur sehr langsam. 1929 machte

man mit der Ibero-Amerikanischen Ausstellung von sich reden. 1992 stand Sevilla als Austragungsort der **Expo** im Mittelpunkt des Weltinteresses.

Rundgang 1

Catedral – Alcázar – Santa Cruz

An der *Plaza Virgen de los Reyes* erhebt sich stolz die 95 m hohe **Giralda** 1, einst Minarett der Hauptmoschee der Almohaden, heute Glockenturm der Catedral und **Wahrzeichen Sevillas**. Der quadratische Ziegelstein-Turm, erbaut 1184–96, erinnert mit seinen rautenförmigen *Sebka*-Mustern, den eleganten Zwillingsfenstern und zierlichen Balkonen an marokkanische Minarette. Erst 1568 beauftragte man Hernán Ruiz mit dem Bau des Glockenturmaufsatzes, der bekrönt wird von einer 4 m hohen **weiblichen Figur**, die den Glauben verkörpert. Sie dreht sich wie eine Wetterfahne, und diese Eigen-

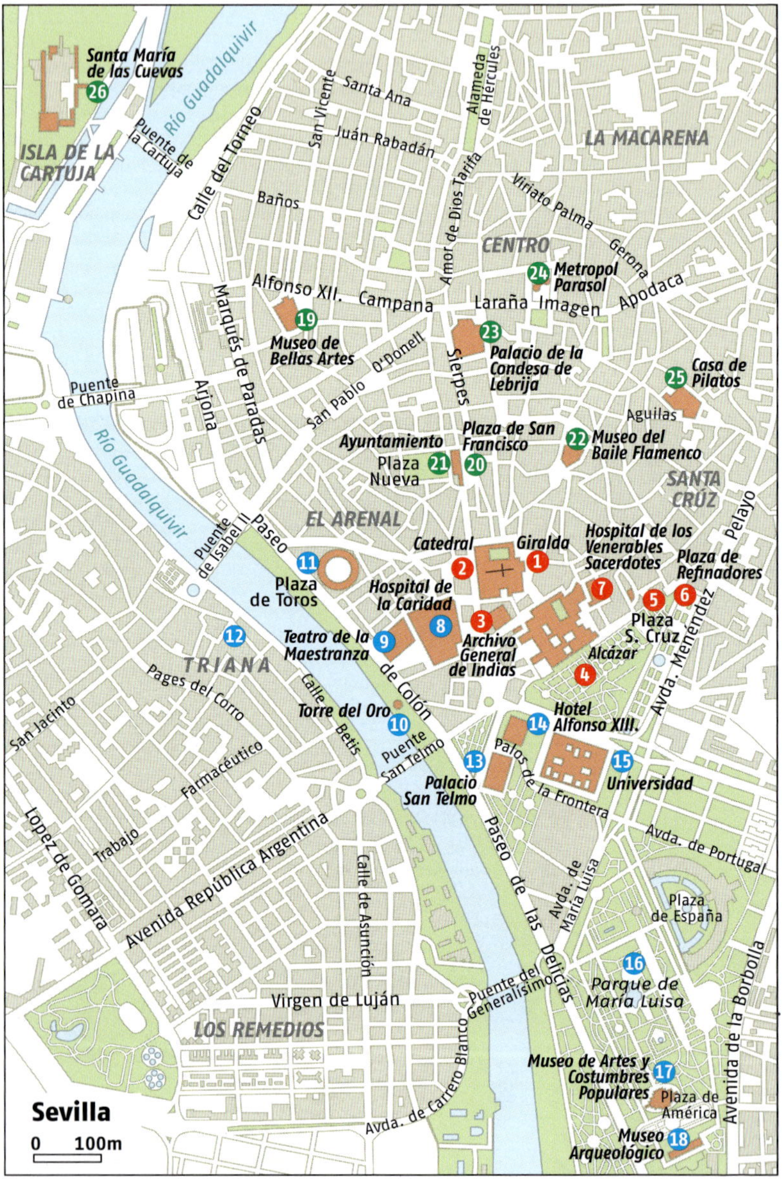

Ausdrucksstark und kunstvoll ist der Bilderreigen des Hochaltars der Capilla Mayor

schaft (*girar* = drehen) zeichnet verantwortlich für den Namen ›Giralda‹.

TOP TIPP In 76 m Höhe befindet sich die **Galerie der Giralda** (Öffnungszeiten wie Catedral), zu der eine breite Rampe emporführt. Bei guter Sicht bietet sich ein traumhafter Blick über weite Teile der Stadt.

TOP TIPP Neben der Giralda ist der Haupteingang der **Catedral** 2 (www.catedraldesevilla.es, Sept.–Juni Mo–Sa 11–17.30, So/Fei 14.30–18.30, Juli/Aug. Mo–Sa 9.30–16.30, So/Fei 14.30–18.30 Uhr, der Ticketschalter schließt jew. 30 Min. eher), der zunächst in den Orangenhof, den **Patio de los Naranjos [A]** führt. Dieser ist ebenfalls ein Relikt der 1172 errichteten Almohadenmoschee und diente als Platz für die im Koran vorgeschriebenen rituellen Waschungen. Rechts neben dem Eingang, im Osten des Orangenhofes, liegt die **Biblioteca Colombina [B]**. Auf der gegenüberliegenden Seite befindet sich die **Capilla del Sagrario [C]**. Die prächtig verzierte **Puerta del Perdón [D]** durchbricht die Arkaden im Norden.

Die **Puerta del Lagarto [E]** führt in den Kirchenraum. Nach der Reconquista hatte man zunächst die Moschee für den Gottesdienst umgestaltet. Nach massiven Zerstörungen durch ein Erdbeben entschloss man sich 1402 zum Bau der monumentalen Catedral, die laut Aussage des Domkapitels so groß sein sollte, »dass sie uns für verrückt erklären«. Bis 1506 war das Werk nahezu vollendet, und die hohen Erwartungen wurden erfüllt. Entstanden war die größte gotische Kirche der Welt, deren rechteckiger Grundriss noch immer die Moschee erkennen lässt.

Der düstere fünfschiffige **Innenraum** ist gewaltig dimensioniert (116 m lang, 75 m breit) und ausgeschmückt mit unzähligen Kunstwerken.

Wie in fast allen spanischen Kathedralen liegen **Chor [F]** und Hauptaltar einander gegenüber im Zentrum der Kirche. In der **Capilla Mayor [G]** schmückt den Hauptaltar das zwischen 1482 und 1564 entstandene größte *Retabel* der Welt, das nach Entwürfen des Flamen Pieter Dancart von verschiedenen Meis-

Catedral

A Patio de los Naranjos
B Biblioteca Colombina
C Capilla del Sagrario
D Puerta del Perdón
E Puerta del Lagarto
F Chor
G Capilla Mayor
H Capilla Real
I Sala Capitular
K Sacristía Mayor
L Sacristía de los Cálices
M Puerta de la Lonja

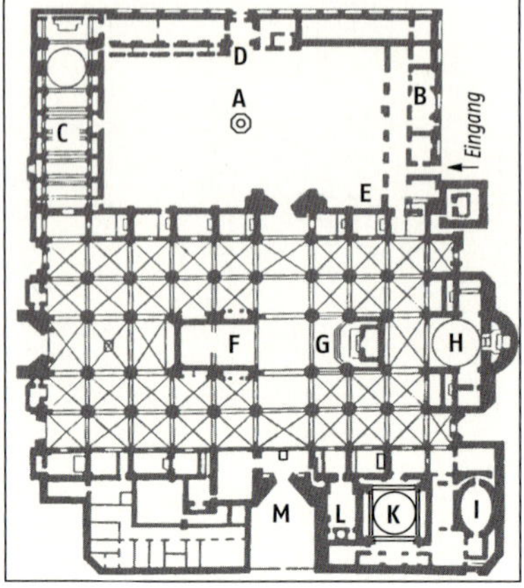

tern ausgeführt wurde. Das Zentrum bildet die versilberte Figur *Virgen de la Sede*, die von 45 holzgeschnitzten Darstellungen aus dem Leben Christi und Mariens umgeben ist.

Hinter der *Capilla Mayor* liegt die **Capilla Real [H]**, ein prächtiger Renaissancebau, der Mitte des 16. Jh. angefügt wurde. Er steht im Zeichen Ferdinands III. des Heiligen, der Sevilla 1248 den Mauren entriss. Vor dem *Retablo* erscheint die Schutzheilige Sevillas, die *Virgen de los Reyes* (13. Jh.). Davor steht der Reliquienschrein mit dem angeblich nicht verwesten Leichnam Ferdinands. Rechts und links von ihm ruhen seine Gattin Beatrix von Schwaben und beider Sohn Alfons X. der Weise. In der **Krypta** ruht Pedro I. der Grausame, Erbauer des *Alcázar*.

Beim weiteren Umschreiten des Innenraums gelangt man zu den Räumen der Südseite, die ebenfalls im 16. Jh. angebaut wurden. Darunter befinden sich die **Sala Capitular [I]** auf ovalem Grundriss und die prunkvolle **Sacristía Mayor [K]** mit der 3 m hohen Silbermonstranz von Juan de Arfe (16. Jh.) und einigen ausgezeichneten Werken von Murillo und Zurbarán. Die angrenzenden Räume bergen den *Kirchenschatz*.

In der **Sacristía de los Cálices [L]** beeindrucken Goyas Version der Stadtheiligen ›Hl. Justa und hl. Rufina‹ und das großartige Kruzifix von Martínez Montañés, eines der Hauptwerke der spanischen Barockschnitzkunst.

Das monumentalste Grabmal der Kathedrale ist nicht einem König, sondern einem Seefahrer geweiht. Vor der an der Südfront eingelassenen **Puerta de la Lonja [M]** tragen vier steinerne Herren, die die Königreiche Kastilien, León, Navarra und Aragón repräsentieren, das 1902 fertiggestellte **Grabmal des Cristóbal Colón**.

In der Kathedrale von Sevilla fand der Seefahrer Kolumbus seine letzte Ruhestätte

Ein eigentümlicher Anblick – Nazarenos bei der Prozession zur Semana Santa

Semana Santa – im Zeichen des Madonnenkultes

Ganz Andalusien steht in der Karwoche von Palmsonntag bis Ostersonntag Kopf. Nirgendwo wird jedoch so ausgiebig und intensiv gefeiert wie in Sevilla. In den Gassen herrscht während der ›Heiligen Woche‹ ein unbeschreibliches Gedränge. Die Prozessionszüge werden von religiösen Bruderschaften, den **Cofradías**, organisiert. In Sevilla gibt es davon 80, die im Schnitt um die 500 Mitglieder haben. Das ganze Jahr über arbeitet und lebt man auf das große Ereignis, die **Semana Santa**, hin.

Ganz oben auf der Beliebtheitsskala steht bei den Sevillanern der Prozessionszug der **Schutzpatronin Macarena**. Er beginnt am Gründonnerstag um 2 Uhr nachts. Zunächst wird die Christusstatue umgeben von ›römischen Soldaten‹ aus der Kirche getragen. Der höchste Grad der Anspannung löst sich jedoch erst, wenn die **Madonna** auf ihrem tonnenschweren Tragegestell, **Paso**, unversehrt aus der Kirche heraustritt. Es herrscht eine unbeschreibliche Stille in der Menge, die schlagartig von einer **Saeta**, einem gesungenen Gebet abgelöst wird, das das Leid der Gottesmutter beklagt. Die Madonna wird mit Komplimenten überschüttet, darunter auch unpassende wie: »Neben dir sind alle anderen Madonnen Sevillas nur Huren«. Allmählich setzt sich der Prozessionszug in Bewegung. Im Gefolge sind die Büßer, die **Nazarenos**, die in ihrer Gewandung Mitgliedern des Ku-Klux-Klan ähneln. Als Zeichen ihrer Buße gehen sie barfuß und tragen Kreuze auf dem Rücken. Begleitet wird das Ganze von festlicher Marschmusik.

Es handelt sich jedoch keinesfalls nur um ein ernstes, getragenes Fest. Die Andalusier verstehen es auf ihre ganz eigene Weise, ihre ›volkstümliche Frömmigkeit‹ mit **fröhlichem Feiern** zu verbinden.

Kolumbus, der ›Entdecker Amerikas‹, war 1506 in Valladolid gestorben. Seine Gebeine wurden in das Kartäuserkloster von Sevilla überführt, dann jedoch weiter über San Salvador nach Havanna gebracht. Erst 1898, nach der Unabhängigkeit Kubas, kamen sie zurück ins Mutterland. Ein nationaler Schrein erster Güte entstand in der Kathedrale von Sevilla. Gentests bestätigten die Echtheit der sterblichen Überreste im Grabmal. Da aber nur 150 g davon vorgefunden wurden, ist es möglich, dass sich auch noch Spuren von Kolumbus in Santo Domingo (Dominikanische Republik) nachweisen lassen.

Nach dem Verlassen der Catedral wendet man sich nach rechts zur *Plaza del Triunfo*. Hier fällt das Auge auf den strengen Renaissancebau der *Casa Lonja*, der ehem. Börse. Nachdem sie 1717 nach Cádiz verlegt worden war, brachte man hier das **Archivo General de Indias** 3 (Indien-Archiv, Avda. Constitución, sn, Tel. 954 50 05 28, www.mcu.es/archivos, Mo–Fr 8–15 Uhr) unter. Es enthält Tausende Dokumente zur *Conquista* sowie zur Entdeckung und Kolonialisierung der Neuen Welt.

Im Süden des Platzes liegt der Eingang zu den *Reales Alcázares*, dem **Alcázar** 4 (Tel. 954 50 23 24, www.patronato-alcazar sevilla.es, April–Sept. tgl. 9.30–19, Okt.–März tgl. 9.30–17 Uhr). Auf älteren Bauten entstand die Palastburg der Almohaden, die nach der *Reconquista* Residenz der christlichen Könige wurde. Der Ausbau des Palastes wurde vor allem unter der Herrschaft Pedros I. des Grausamen im 14. Jh. vorangetrieben, der einen Liebeshort für sich und seine Geliebte Maria de Padilla bauen wollte. Zur Zeit der Renaissance wurde der Palast erweitert und im 19. Jh. – nicht immer historisch ganz korrekt – restauriert.

Gleich dem Himmelsgewölbe überspannt die hölzerne Kuppel die Sala de Embajadores

Den Eingang zum Palastkomplex markiert die *Puerta de la León*. Vom dahinter liegenden **Patio de la Montería** gelangt man links über die aus der Zeit Alfonso X. stammende *Sala de la Justicia* zum **Patio del Yeso** (Gipshof), der aus der Almohadenzeit übrig blieb, allerdings selten zugänglich ist. Vom **Patio del León** blickt man auf die zweistöckige Fassade des 1364 unter Pedro begonnenen Palastes. Der König beschäftigte maurische Handwerker aus Toledo und Granada, die sich am Vorbild der Alhambra orientierten, den orientalischen Traum eines christlichen Herrschers verwirklichten und ein Meisterwerk des *Mudéjar*-Stils schufen.

Bevor man den eigentlichen Palast betritt, sollte man einen Blick in die rechter Hand gelegene **Sala de los Almirantes** werfen, wo Isabella 1503 die *Casa de la Contratación*, zuständig für die Verwaltung der Handelsverbindungen mit der neuen Welt, begründet hatte.

An den Saal wurde eine Kapelle angebaut. Den Hochaltar schmückt die **Virgen de los Navegantes**, die Patronin der Seefahrer. Sie wurde 1531–36 von Alejo Fernández als eine liebliche Jungfrau geschaffen, die ihren Schutzmantel über Karl V. sowie über Kolumbus und andere Seefahrer ausbreitet.

Zwei Höfe markieren die verschiedenen Palastbereiche. Um den **Patio de las Doncellas** konzentriert sich der offizielle Bereich, der **Patio de las Muñecas** dagegen war Zentrum der Privatgemächer. Der Doncellas-Hof mit seinen Zackenbögen über den eleganten Zwillingssäulen aus Marmor, den fantasievollen Stuckarbeiten und farbenprächtigen *Azulejos* stammt aus maurischer Zeit. Das obere Stockwerk, das die Architekturharmonie erheblich beeinträchtigt, wurde im 16. Jh. aufgepfropft. Der Hof führt rechts direkt in den prächtigsten Raum des Palastes, die **Sala de Embajadores**, ein Juwel mudéjarer Baukunst. Kunstvolle Fliesenteppiche, polychromierte und vergoldete Stuckarbeiten, arabische Ornamentik und Kalligrafie schmücken die Wände aus Lärchenholz bis zum Kuppelgewölbe. Christliche Symbole wie die Jakobsmuschel ergänzen jene der islamischen Welt. Kein Wunder, dass Karl V. allein diesen Raum für seine Vermählung mit Isabella von Portugal als würdig empfand.

Durch Hufeisenbögen gelangt man in die Nebenräume, darunter den **Salón del**

Rund um den Patio de las Doncellas gruppierten sich die offiziellen Räume des Alcázar

Techo de Felipe II., benannt nach seiner kunstvollen Artesonado-Decke aus der Zeit Philipps II.

Deutlich intimer wirken die Privatgemächer. Ihr Zentrum ist der *Patio de las Muñecas*, der Puppenhof, dessen Name sich auf winzige Puppengesichter in den Arkadenzwickeln bezieht. Säulen und Kapitelle stammen zum Teil aus Medina Azahara [Nr. 33].

Das obere Stockwerk des Palastes, wo sich die verschiedenen Repräsentationsräume der spanischen Königsfamilie befinden, ist nur in deren Abwesenheit und mit eingeschränkten Öffnungszeiten zugänglich.

Einladende Ruhe und Beschaulichkeit vermitteln die herrlichen Gärten des Alcázar

Vom südlich angrenzenden *Patio de la Montería* aus kann man anschließend den **Palacio Carlos V.** mit seinen nüchternen Renaissance-Räumen besuchen, in denen das Wappen des Kaisers, die Säulen des Herkules, verbunden durch das Schriftband mit dem Wahlspruch ›*Plus ultra*‹, allgegenwärtig ist. Sehenswert sind vor allem die zwölf Wandteppiche (historische Kopien), die im 18. Jh. im Auftrag von Philipp V. gewebt wurden und an den Tunesien-Feldzug Kaiser Karls erinnern.

Die Kunstwerke des Palastes finden eine großartige Ergänzung in den **Gärten**, die eine Verschmelzung der Gartenbaukunst aus maurischer Zeit, aus Renaissance und Moderne verkörpern. Plätscherndes Wasser, höchstes Gut jedes andalusischen Gartens, der schwere Duft von Orangenbäumen, Zedern, Zypressen, Magnolien und anderen exotischen Gewächsen, beleben die Sinne.

Östlich vom Alcázar beginnt die *Judería*, das alte Judenviertel, heute bekannt als **Barrio de Santa Cruz**. Vom *Patio de las Banderas* im Osten des *Alcázar* aus führt ein schmaler Eingang in das Gewirr der engen Gassen.

Nach der Rückeroberung durch Ferdinand III. wurde das ehemals maurische Viertel den von Ferdinand hoch geschätzten Juden überlassen. Sie lebten hier, bis 1391 der Antisemitismus die Stadt erreichte und der Pöbel, aufgehetzt durch die Predigten eines fanatischen christlichen Geistlichen, das Viertel stürmte, plünderte und viele Bewohner tötete. 100 Jahre vor ihrer endgültigen Vertreibung aus Spanien war das Ende der Juden in Sevilla gekommen. Die Synagogen wurden in christliche Kirchen verwandelt. Der Charakter des Viertels veränderte sich im Laufe der folgenden Jahrhunderte. Restaurierungen auch im 20. Jh. machten Santa Cruz zu dem **Schmuckstück**, das es heute ist, ein Flanierviertel mit hübschen Bars, Restaurants und kunstgewerblichen Läden, das jedoch wenig mit dem historischen Judenviertel gemeinsam hat.

An der **Plaza Santa Cruz** 5 stand früher eine gleichnamige Kirche, in der Murillo 1682 seine letzte Ruhestätte fand. Nach ihrem Abriss bestattete man den Künstler unter dem Platz.

Ein kurzer Abstecher führt zur **Plaza de Refinadores** 6, wo man *Don Juan* ein Denkmal gesetzt hat, dem Sevillaner Playboy, der im Drama von Tirso de Molina Weltruhm erlangte.

Das **Hospital de los Venerables Sacerdotes** 7 (Tel. 954562696, tgl. 10–13.30 und 16–19.30 Uhr) an der gleichnamigen Plaza wurde 1675 als Altenheim für Priester gegründet. Heute liefert das barocke Gebäude einen stimmungsvollen Rahmen für wechselnde *Ausstellungen*. Rings um die nahe Plaza Doña Elvira laden mehrere *Tapas*-Bars zu einer kulinarischen Siesta ein.

Rundgang 2

La Caridad – Torre del Oro – Parque de María Luisa

Westlich der Avenida de la Constitución erstreckt sich bis zum Guadalquivir das Stadtviertel El Arenal. Hier baute die Bruderschaft der Barmherzigkeit im 17. Jh., einer Zeit wirtschaftlicher Rezession und religiöser Rückbesinnung, das **Hospital**

Azulejodarstellungen aller 50 spanischen Provinzen schmücken die Plaza de España

de la Caridad 8 (Tel. 954 22 32 32, Mo–Sa 9–13.30 und 16–19.30, So 9–13 Uhr). Einem wohlhabenden Mitglied des Ordens war es zu verdanken, dass mit Murillo und Valdés Leal zwei der berühmtesten Maler ihrer Zeit für die Ausgestaltung (1667–72) verpflichtet wurden. So kommt es, dass die *Caridad* heute nach dem *Museo de las Bellas Artes* [s.S. 97] die bedeutendste **Gemäldesammlung** der Stadt beherbergt. Das Programm der Gemälde beginnt mit dem Bilderzyklus von Valdés Leal, Allegorien zum Thema ›Vergänglichkeit des menschlichen Daseins‹. Sein krasser Realismus brachte ihm den Ruf eines ›Verwesungsmalers‹ ein. Es folgen eine Serie von Werken Murillos zum Thema Barmherzigkeit und ein anrührendes Retablo von Pedro Roldán.

Vorbei am **Teatro de la Maestranza** 9, (www.teatrodelamaestranza.es) fertiggestellt zur Expo '92, gelangt man zum Guadalquivir. Eines der ältesten Monumente am Flussufer der **Torre del Oro** 10, dessen Name wohl auf das einst mit Gold-*Azulejos* gedeckte Dach zurückgeht. 1220 unter den Almohaden als Wachturm erbaut, diente er später als Schatzhaus und Gefängnis. Heute beherbergt er das **Museo Naval** (Di–Fr 10–13.30, Sa/So 11–14 Uhr), das an das Zeitalter der Entdeckungen erinnert, als die Lastensegler mit Gold, Silber, Edelhölzern und Gewürzen beladen unweit des Turmes anlegten.

Vom ›Goldturm‹ kann man nordwärts ein Stück auf der Uferpromenade des *Paseo de Colón* mit seinen schönen Cafés entlangbummeln und einen Abstecher zur Stierkampfarena machen, der **Plaza de Toros** 11 – ebenfalls *La Maestranza* genannt. Die Arena von Sevilla mit dem angefügten **Museo Taurino** (www.real

Das Museo de Artes y Costumbres Populares zeigt u.a. traditionelle andalusische Volkskunst

maestranza.com, tgl. 9.30–19/20 Uhr) ist eine der schönsten und ältesten Spaniens.

Auf der anderen Seite des Flusses liegt der Stadtteil **Triana** ⑫. Das frühere Viertel der Seeleute und Töpfer ist heute ein ausgesprochen bürgerliches Wohnquartier. Abends allerdings verwandelt sich die *Calle Betis* in eine **Flaniermeile** mit guten Restaurants und Bars und vor allem einem unvergleichlichen Blick auf die beleuchtete Stadt.

Wieder zurück in *El Arenal* kann man den *Paseo de Colón* südwärts schlendern. Man kommt vorbei am **Palacio San Telmo** ⑬, einem schönen Barockpalast, der als Seefahrerschule gegründet wurde, und heute Amtssitz des Präsidenten von Andalusien ist. Weiter geht es zu dem 1929 zur Ibero-Amerikanischen Ausstellung erbauten, noblen **Hotel Alfonso XIII.** ⑭ (s.u.). Östlich davon gelangt man zur legendären *Tabakfabrik*, einem der größten Profangebäude Spaniens, in dem heute die **Universidad** ⑮ untergebracht ist. Verewigt wurde der Fabrikpalast durch Prosper Merimée und Georges Bizet als Schauplatz ihrer Oper ›Carmen‹.

Über die Avenida del Cid erreicht man den **Parque de María Luisa** ⑯, eine Oase inmitten der Großstadt. Er wurde benannt nach der Schwester von Königin Isabella II., die die Anlage der Öffentlichkeit zugänglich machte. Besonders an den Wochenenden, wenn sevillanische Familien unterwegs sind, ist die Parkanlage wunderbar zum **Flanieren** geeignet.

Das Gelände wurde anlässlich der Ibero-Amerikanischen Ausstellung 1929 umgestaltet und verfügt heute mit der **Plaza de España** und der **Plaza de América** über zwei markante Plätze. Der Spanische Platz mit dem *Palacio de España* mischt neomaurische Elemente mit anderen historischen Baustilen. *Azulejo*-Darstellungen aller 50 spanischen Provinzen fügen sich harmonisch ein.

An der Plaza de América Nr.3 präsentiert das **Museo de Artes y Costumbres Populares** ⑰ (Tel. 954712391, www.museosdeandalucia.es, Di–Sa 9–20.30, So/Fei 9–14.30 Uhr) Trachten, Möbel und Gerätschaften der Region (1. Stock z.Zt. geschl.). Gegenüber im **Museo Arqueológico** ⑱ (Tel. 954786474, www.museosdeadalucia.es, Di–Sa 9–20.30, So/Fei 9–14.30 Uhr) liegt der Schwerpunkt auf Exponaten aus der nahen Römerstadt Itálica [Nr. 35]. Prunkstück aber sind die **Goldschätze** von Carambolo und Sanlúcar de Barrameda [Nr. 46] aus dem 8. Jh. v. Chr.

Rundgang 3

Museo de Bellas Artes – Casa de Pilatos – Calle Sierpes

Die wichtigste **Gemäldesammlung** Spaniens nach dem Madrider Prado ist das **Museo de Bellas Artes** 19 (Plaza del Museo, 9, Tel. 954786500, www.museosdeandalucia.es, Di–Sa 9–20.30, So 9–14.30 Uhr), Museum der Schönen Künste. Das im 13. Jh. gegründete, im 17. Jh. umgestaltete Konvent der *Merced Calzada* mit seinen schönen Räumen und stimmungsvollen *Patios* bildet einen idealen Rahmen für die hochkarätigen Kunstwerke. Der deutliche Akzent der Sammlung liegt auf der Sevillaner Schule des 17. Jh., dem **Siglo de Oro**, Goldenen Zeitalter, der andalusischen Malerei. Juan de Mesa und Martínez Montañés als bekannteste Vertreter der Sevillaner **Bildhauerkunst** dürfen in der Sammlung ebenfalls nicht fehlen.

TOP TIPP

Man passiert nun die attraktive Haupteinkaufsstraße **Calle Sierpes**, die ›gute Stube‹ Sevillas, die im Sommer durch ausgespannte Sonnensegel geradezu Bazarcharakter erhält. Die *Sierpes* endet an der **Plaza de San Francisco** 20. Auf dem Platz brannten während der Inquisition überführte Ketzer auf Scheiterhaufen, heute ziehen in der Karwoche die Semana-Santa-Prozessionen darüber. Zur Plaza hin zeigt das **Ayuntamiento** 21, das Renaissance-Rathaus aus dem 16. Jh., eine prächtige Fassade mit plateresken Schmuck. Wenige Schritte östlich, in der Calle Manuel Rojas Marcos, 3, lädt das **Museo del Baile Flamenco** 22 (Tel. 954340311, www.flamencomuseum.com, tgl. 9–19 Uhr) zu einer mitreißenden multimedialen Zeitreise von den Ursprüngen bis zur heutigen Interpretation des Flamencos ein. Unter der Schirmherrschaft der Tänzerin und Choreografin Cristina Hoyos wird das Museum außerdem regelmäßig zum Schauplatz hochkarätiger Flamenco-Darbietungen.

Ein Abstecher führt zum **Palacio de la Condesa de Lebrija** 23 (Tel. 954227802, www.palaciodelebrija.com, Mo–Fr 10.30–19.30, Sa 10–14 u. 16–18, So 10–14, Juli/Aug. Mo–Fr 9–15, Sa 10–14 Uhr) aus dem 16. Jh. in der Calle Cuna, berühmt für seine antiken Mosaiken aus Itálica [Nr. 35].

Wer Sevilla aus der Vogelperspektive betrachten möchte, besteigt die spektakuläre Aussichtsplattform **Metropol Parasol** 24 (Plaza de la Encarnación, tgl. 10–14.30 und 17-22 Uhr). Der Berliner Architekt Jürgen Mayer schuf auf 150 m Länge und 75 m Breite die futuristische Kombination aus Furnierholzplatten und Polyurethan.

Über die Plaza Alfalfa gelangt man schließlich zur **Casa de Pilatos** 25 (Plaza de Pilatos, 1, Tel. 954225298, www.fundacionmedinaceli.org, tgl. 9–18/19 Uhr), dem wohl schönsten Stadtpalast nach

Supermoderne Waben in Sevilla – der Metropol Parasol

Das Museo de Bellas Artes bewahrt Zurbaráns ›Hl. Hugo im Refektorium‹ (um 1633)

Die Malerschule von Sevilla im Goldenen Zeitalter

Das 17. Jh. ist in Spanien als **Siglo de Oro**, Goldenes Zeitalter, in die Geschichte eingegangen. Das Land erlebte eine grandiose Blüte in Kunst und Literatur. Sevilla, reich geworden durch das Handelsmonopol für die überseeischen Kolonien, galt damals als eine der führenden Kunstmetropolen Spaniens.

Im Jahr 1623 berief Philip IV. den gebürtigen Sevillaner Diego Velázquez (1599–1660) zum Hofmaler. Als Künstler wurde er unsterblich durch seine minutiös ausgeführten, lebensnahen Porträts der Königsfamilie, die in Madrid im Prado zu sehen sind.

Sein Studienkollege, der vielseitige Granadiner **Alonso Cano** (1601–1667), war gleichermaßen als Maler, Architekt und Bildhauer tätig, wurde aber vor allem durch seine zierlichen Madonnenstatuen berühmt.

Der gebürtige Extremeño **Francisco de Zurbarán** (1598–1664) schuf im Auftrag der sevillanischen Klöster seine berühmten Mönchsserien. Gekonnt ist seine Lichtführung, brillant verstand er es, die unterschiedlichen Stoffe der Gewänder auf die Leinwand zu bringen.

Im Laufe der Jahre verlor Zurbarán an Ansehen gegenüber seinem jüngeren Malerkollegen **Bartolomé Esteban Murillo** (1617–1682). Ab Mitte des 17. Jh. war Murillo unumstritten der gefragteste Künstler Sevillas.

Im starken Kontrast dazu steht das Œuvre von **Juan de Nisa Valdés Leal** (1622–1690), der sich realitätsnah und eindringlich mit dem Thema der Vergänglichkeit auseinandersetzte.

dem *Alcázar*. Er befindet sich im Besitz der Familie Medinaceli. Ein **Rundgang** führt durch mehrere kleine Räume, die Hauskapelle und zwei Gärten. Das obere Stockwerk mit Mobiliar und Kunsthandwerk ist nur in Abwesenheit der Familie zu besichtigen. Der Oberstatthalter von Sevilla, Don Pedro Enríquez, begann 1483 mit den Bauarbeiten an dem Palast, sein Sohn ließ ihn vollenden. Bauformen der Spätgotik und der Renaissance harmonieren mit Mudéjar-Dekor und antiken Ausstellungsstücken. Zentrum des Palastes ist der *Patio*, sein Arkadengang mit *Azulejos* und Gipsarbeiten erinnern an den *Alcázar*. Einzigartig sind die **Skulpturen**: 24 Büsten von Kaisern und anderen historischen Persönlichkeiten aus römischer Zeit sind in die Nischen über dem *Azulejo*-Sockel eingelassen. Delfine tragen die Brunnenschale aus dem 16. Jh., die von einem Janus-Kopf bekrönt wird. Die Ecken schmücken prunkvolle Statuen, darunter zwei Minerva-Figuren, Kopien der berühmten Athena des Phidias. Ein Abstecher führt zum **Expo-Gelände** von 1992 auf der künstlichen Flussinsel Isla de la Cartuja. Zu besichtigen ist das Zentrum der Anlage, das Kartäuserkloster **Santa María de las Cuevas** 26, *La Cartuja* genannt. Kolumbus war häufiger Gast in dem 1399 gegründeten Kloster und bereitete hier seine zweite Reise in die Neue Welt vor. Nach der Säkularisierung 1836 dienten die Räumlichkeiten bis 1982 als Keramikfabrik, von der noch die Schornsteine zeugen. Zur Expo wurde das Kloster als ›historisches Monument‹ restauriert. Angeschlossen ist ein Zentrum für zeitgenössische Kunst, das **Centro Andaluz de Arte Contemporáneo** (Avda. Américo Vespucio, 2, Tel. 955037070, www.caac.es, Di–Sa 11–21, So 11–15 Uhr), das neben einer eigenen Sammlung spanischer und internationaler zeitgenössischer Kunst häufig auch interessante Sonderausstellungen zeigt.

Ebenfalls auf der Isla de la Cartuja angesiedelt ist der Vergnügungspark **Isla Mágica** (Tel. 902161716, www.islamagica.es, ab 11 Uhr, Juni/Juli Mo geschl., Aug.–Mitte Sept. tgl. geöffnet, sonst meist nur am Wochenende, Febr./März geschl.), der mit Achterbahn und Wildwasserfahrt getreulich dem Disney-Konzept folgt. Thematische Schwerpunkte der Attraktionen sind das Zeitalter der Entdeckungen, die Neue Welt und Sevilla im 16. Jh.

i Praktische Hinweise

Information

Oficinas de Turismo de Sevilla, c/ Arjona, 28 (Naves del Barranco), 41001 Sevilla, Tel. 902 19 48 97 – Plaza del Triunfo, 1, 41004 Sevilla, Tel. 954 21 00 05, www.visitsevilla.org. Hier ist auch die Tourismuskarte **SevillaCard** (www.sevillacard.es) erhältlich.

Hotels

*******Alfonso XIII.**, c/ San Fernando, 2, Tel. 954 91 70 00, www.starwoodhotels.com. Wahrhaft königlich – ein Stadtplast im andalusischen Stil mit Swimmigpool und Park.

TOP TIPP *******El Bulli Hacienda Benazuza**, c/ Virgen de las Nieves, s/n, Sanlúcar la Mayor (ca. 12 km westlich von Sevilla), Tel. 955 70 33 44, www.elbullihotel.com. Ein alter Gutshof wurde umgestaltet zu einem andalusischen Traum. In etwa 15 Min. über die Autobahn von Sevilla erreichbar.

******Las Casas de la Judería**, Plaza Santa María la Blanca, 5, Sevilla, Tel. 954 41 51 50, www.casasypalacios.com. Gemütliches Hotel mit Patio mitten im Stadtviertel Santa Cruz.

Flamenco- und Stierkampfplakate schmücken diese Bar im Viertel Santa Cruz

******Las Casas del Rey de Baeza**, Santiago/Plaza Jesus de la Redención, 2, Sevilla, Tel. 954 56 14 96, www.hospes.com. Oase der Ruhe; zwei kühle Patios in einem Haus des 18. Jh.

*****Amadeus Sevilla**, c/ Farnesio, 6, Sevilla, Tel. 954 50 14 43, www.hotelamadeussevilla.com. Klein, aber sehr fein. Schönes Ambiente und Sonnenterrasse mit Ausblick.

****Murillo**, c/ Lope de Rueda, 7–9, Sevilla, Tel. 954 21 60 95, www.hotelmurillo.com. Relativ günstiges Hotel im altspanischen Stil im Viertel Santa Cruz.

Wer in Sevilla luxuriös logieren möchte, ist im Hotel Alfonso XIII. genau richtig

Andalusische Seele

Flamenco hat nichts mit Folklore zu tun und wenig mit dem, was an Gefälligem auf den Bühnen der Touristenzentren präsentiert wird.

Der **Cante jondo**, der tiefe Gesang, die Seele des Flamenco, entstand aus dem Zusammentreffen verschiedener Kulturen im Süden der Iberischen Halbinsel: Arabische Trauergesänge mischten sich mit liturgischem Ritual aus Byzanz und altspanischem Liedgut, vor allem aber trugen die Zigeuner ihre musikalische Tradition bei. Bis ins 20. Jh. blieb der Flamenco im Wesentlichen eine Ausdrucksform der Zigeuner, und auch heute noch sind die meisten großen Flamenco-Künstler **Gitanos**.

Am Anfang stand der Gesang, der zunächst einmal für mitteleuropäische Ohren fremdartig klingt. Das sind keine heiteren, beschwingten Gesänge, Trauer und Verzweiflung werden mit kehliger Stimme herausgeschrien! Stolz und Wut verschmelzen im begleitenden Gestampfe der Absätze. Tanz und Gitarrenmusik untermalen den Gesang, verleihen ihm nicht zuletzt Bühnenwirksamkeit.

Bis heute sind es nicht allein ausgefeilte Technik, Eleganz oder gar Schönheit, die den Kenner zum Aufhorchen bringen. Der **Duende**, der Dämon, muss Besitz vom Künstler ergreifen, nur dann kann der Funke überspringen.

Die **Tablaos**, die Flamenco-Lokale, in Sevilla und Granada garantieren in der Mehrzahl gute Shows mit technisch ausgesprochen versierten Künstlern. Aber den wahren Flamenco kann man nicht buchen, man kann ihn nur finden. Vielleicht dort, wo eine Gruppe von Gleichgesinnten zusammentrifft, die spontan etwas entstehen lässt und die Trennung zwischen Künstler und Publikum aufhebt. In seinem Kern ist der Flamenco eine intime, verletzliche Kunst geblieben, die zu ihrer Entfaltung die **Inspiration des Moments** verlangt – und somit eigentlich ungeeignet ist für ein Massenpublikum.

Restaurants

Becerrita, c/ Recaredo, 9, Sevilla, Tel. 954 41 20 57, www.becerrita.com. Andalusische Küche mit Akzent auf Tapas und Fischgerichten.

TOP TIPP **El Burladero**, im Hotel Gran Melia Colón, c/ Canalejas, 1, Sevilla, Tel. 954 50 55 99, www.gran-melia-colon.com. Man speist, oft unter Stierkämpfern, ausgezeichnet und in noblem Ambiente.

Die Restaurants in der **Calle Betis** (Triana Viertel) sind meist auf Fischgerichte spezialisiert (gehobenes Preisniveau). Sehr günstig hingegen isst man in der **Calle General Polavieja**, nahe der Plaza Nueva.

Heladeria Artesana La Fiorentina, c/Zaragoza, 16, Sevilla, Tel. 954 22 15 50, Eiskreationen zum Dahinschmelzen wie z.B. Orangenblüteneis (helado de azahar).

Bars

TOP TIPP **Bodega Morales**, c/ García de Vinuesa, 11, Sevilla, Tel. 954 22 12 42. Urige traditionelle *Bodega* mit Sherry und Wein vom Fass im Herzen des Ausgehviertels *El Arenal* (So geschl.).

Casa Roman, Plaza de los Venerables, 1, Sevilla, Tel. 954 22 84 83. Eine echte Institution im Viertel Santa Cruz. Hier kehrt man gern ein zu Schinken und einem Gläschen Fino.

El Rinconcillo, c/ Gerona, 40, Sevilla, Tel. 954 22 31 83, www.elrinconcillo.es. Das 1670 gegründete Lokal gilt als älteste Tapasbar der Stadt. Mit gutem Restaurant über der Bar.

Flamenco

El Arenal, c/ Rodo, 7, Sevilla, Tel. 954 21 64 92, www.tablaoelarenal.com. Vorstellungen tgl. 20 und 22 Uhr (mit Restaurant).

Los Gallos, Plaza de Santa Cruz, 11, Sevilla, Tel. 954 21 69 81, www.tablaolosgallos.com. Vorstellungen tgl. 20 und 22.30 Uhr.

35 Itálica

Heute ein Ruinenfeld, doch einst Geburtsstadt von Kaisern.

Etwa 8 km nordwestlich von Sevilla [Nr. 34] liegen nahe Santiponce an der Avenida de Extremadura die Ruinen der **Römerstadt** Itálica (Tel. 955 62 22 66, www.museosdeandalucia.es, April–Sept. Di–Sa 8.30–21, So 9–15, Okt.–März Di–Sa 9–18.30, So 9–15 Uhr). Scipio Africanus d. Ä. gründete sie 205 v. Chr., im Zweiten Punischen Krieg, als *Veteranenstadt*. Unter Augustus war sie bereits zum ›municipium‹ gewachsen. Die **Blütezeit** der Stadt begann im 1. Jh. n. Chr., als hier mit Trajan und Hadrian zwei spätere römische Kaiser geboren wurden. Unter den Westgoten vernachlässigt, wurde Itálica in maurischer Zeit ganz verlassen und diente den Bewohnern ringsum fortan als **Steinbruch**. Seit dem frühen 20. Jh. werden im 18. Jh. begonnene Ausgrabungen systematisch betrieben.

Die Fundamente einiger Gebäude, die durchweg Einfamilienhäuser waren, sind gut erhalten. Berühmt sind vor allem die weitgehend intakten **Fußbodenmosaiken**, die allerdings zum Schutz größtenteils abgedeckt bzw. ins Archäologische Museum von Sevilla [s. S. 96] umgelagert wurden. Sehenswert ist auch das **Amphitheater**, das mit seinen gewaltigen Ausmaßen (160 m lang, 137 m breit) nur von den Arenen in Rom und Capua übertroffen wurde.

36 Carmona

Aristokratisches Flair und ›Römische Totenstadt‹.

Das hübsche Städtchen auf dem Hügel ist schon von Weitem sichtbar. Kurz vor dem Stadttor **Puerta de Sevilla**, das den Weg in die Oberstadt markiert, liegt die Kirche **San Pedro** mit einem barocken Kirchturm im Stil der Giralda von Sevilla.

Die Hauptstraße, eine einstige Römertrasse, führt direkt zu der kreisförmig angelegten **Plaza San Fernando**. Sie wird umrahmt von einem repräsentativen Häuserensemble mit dem Rathaus, das mit einem *römischen Mosaik*, ›Das Haupt der Medusa‹ darstellend, aufwartet.

Interessante Mosaikfußböden zeugen vom Wohnkomfort im antiken Itálica

Hübscher Blick auf Carmonas Altstadt mit dem Kirchturm von San Bartolomé

Etwas weiter oben liegt die Kirche **Santa María**, die im 15. Jh. an der Stelle einer almohadischen Moschee erbaut wurde. Nur der Orangenhof ist vom Vorgängerbau erhalten geblieben. Darin befindet sich eine Säule westgotischen Ursprungs, in die ein Heiligenkalender eingraviert wurde.

Der Weg zum auf der Hügelkuppe gelegenen *Parador*, dem ehem. *Alcázar*, ist gut ausgeschildert. Dort bietet die gepflegte Caféterrasse einen schönen Ausblick auf das Umland.

Necrópolis Romana

Westlich von Carmona liegt die *Necrópolis Romana* (Tel. 955 62 46 15, www.museosdeandalucia.es, Di–Fr 9–18, Sa/So 9–15.30 Uhr). Die römische Totenstadt wurde vom 1. bis 4. Jh. n. Chr. als Begräbnisstätte genutzt. Insgesamt haben Archäologen rund 1000 Gräber ausgemacht, von denen bisher ca. 250 freigelegt sind. Bei den Grabungsarbeiten wurden auch Verbrennungskammern entdeckt, Vorläufer der heutigen Krematorien.

Die meisten der Gräber wurden als Familienmausoleen angelegt, die zum Teil begehbar sind. Die Wände der Grabkammern haben Nischen für Hausgötterfiguren und Urnen. Das größte Grab ist die **Tumba de Servilia**. Die Reste eines eleganten Arkadenhofs und prachtvoller Wandmalereien deuten auf den hohen gesellschaftlichen Status dieser Familie hin. Interessant ist auch die großzügige **Tumba del Elefante** mit Grabbeigaben, der eine dort aufgefundene Elefantenskulptur den Namen gab.

Das übersichtlich gestaltete **Museum** im Eingangsbereich der Nekropole vermittelt einen guten Einblick in die römische Bestattungskultur.

i Praktische Hinweise

Information

Oficina de Turismo, Alcázar de la Puerta de Sevilla, s/n, 41410 Carmona, Tel. 954 19 09 55, www.turismo.carmona.org

Hotels

*******Casa de Carmona – Casa-Palacio S. XVI**, Plaza de Lasso, 1, Carmona, Tel. 954 19 10 00, www.casadecarmona.com. In einem Palast aus dem 16. Jh. kann man gediegen residieren und speisen, Luxus pur genießen.

******Parador de Carmona**, Alcázar, Carmona, Tel. 954 14 10 10, www.parador.es. Stilvoller *Parador* in einer maurischen Festung (Alcázar) des 14. Jh. mit hübschem Innenhof. Im Speisesaal, dem früheren Refektorium, kann man vorzüglich essen.

37 Écija

Gegen die hier sprichwörtliche ›Höllenhitze‹ helfen auch die Schatten der vielen Kirchtürme nicht.

Inmitten der fruchtbaren Ebene des Guadalquivir liegt das geruhsame Landstädtchen Écija. Seine Silhouette wird überragt von **zwölf Kirchtürmen**, auf die der wohlklingenden Beiname ›Stadt der Türme‹ zurückgeht. Bekannt ist Écjia aber auch für seine unerträglich heißen Temperaturen im Sommer. 45–50° C im Schatten sind hier keine Seltenheit. Und deshalb wird die Stadt auch unter der weit weniger poetischen Bezeichnung ›Bratpfanne Andalusiens‹ gehandelt.

Einen tiefen Einschnitt in der Geschichte von Écija verursachte das Erdbeben von 1755. Damals wurde ein großer Teil der Stadt zerstört. Der Wiederaufbau begann in der zweiten Hälfte des 18. Jh. Darum präsentiert sich der Ort in einem fast einheitlich barocken Kleid. Schmucke Kirchen und repräsentative Adelspaläste bestimmen das Bild. Dreh- und Angelpunkt von Écija ist die schön angelegte **Plaza de España**. An der Stirnseite des Platzes steht das Rathaus, in dem ein römisches Mosaik aus dem 2. Jh. v. Chr. zu sehen ist.

Unter den zahlreichen Palästen sticht der **Palacio de los Marquéses de Peñaflor** (18. Jh.) in der Calle Castellar hervor, an dessen Fassade sich der angeblich längste Balkon Spaniens schmiegt. Heute im Besitz der Stadt, dient der Palast als kulturelle Begegnungsstätte.

Der aus dem 18. Jh. stammende **Palacio de Benamejí** an der Plaza de la Constitución beherbergt das **Museo Histórico** (Tel. 954 83 04 31, Juni–Sept. Di–Fr 10–14.30, Sa 10–14 und 20–22, So 10–15 Uhr, Okt.–Mai Di–Fr 10–13.30 und 16.30–18.30, Sa 10–14, So 10–15 Uhr) mit Exponaten zur Vor- und Frühgeschichte der Region, besonders sehenswert sind die römischen Mosaiken.

Unter den Sakralbauten ist die Kirche **Santa Cruz** sehenswert. Wie ein Skelett wirken die Reste der Fassaden des gotischen Vorgängerbaus, der bei dem Erdbeben von 1755 einstürzte. Teile des alten Bauwerks wurden für den Neubau im 18. Jh. genutzt. Der kostbarste Schatz der Kirche ist ein *frühchristlicher Sarkophag*, der als Altar genutzt wird. Angeschlossen ist das **Museo de Arte Sacro** (Tel. 954 83 06 13, Okt.–Mai tgl. 10–13.30 und 16.30–20, Juni–Sept. 9.30–13 und 17–21 Uhr, tel. Anmeldung empfohlen). Das Sakralmuseum zeigt eine große Sammlung von Goldschmiedearbeiten des 18. Jh.

i Praktische Hinweise

Information

Oficina de Turismo, c/ Elvira, 1, (Palacio de Benamejí, 41400 Écija, Tel. 955 90 29 33, www.turismoecija.com

Restaurant

Bodegón del Gallego, c/ Arcipreste Aparicio, 3, Écija, Tel. 954 83 26 18. Stilvoll mit Fässern dekoriertes Lokal mit regionalen Spezialitäten.

Der wohl längste schmiedeeiserne Balkon Spaniens ziert Écijas Palacio de Peñaflor

Huelva und der Nordwesten – Region am Rande

Die westlichste Provinz Andalusiens führt im Tourismus ein Stiefmütterchendasein. Der Norden mit den Ausläufern der *Sierra Morena* ist gebirgig. Die Bergbauregionen um den Río Tinto, die neben den Raffinerien der Industriestadt **Huelva** für den relativen Reichtum der Provinz verantwortlich sind, animieren nicht zum Bleiben. Im Kontrast dazu stehen Naturschönheiten: die weiten Sandstrände der nördlichen **Costa de la Luz**, die sich bis zur portugiesischen Grenze hinziehen, und das Vogelparadies **Coto de Doñana** im Mündungsdelta des Guadalquivir. – Auf der **Kolumbinischen Route** werden Erinnerungen an die Zeit wach, als von hier die Entdeckungsfahrten des Christoph Kolumbus und seiner Nachfolger starteten.

38 Aracena

Eine Templerkirche und eine Wundergrotte sind die Attraktionen der Kleinstadt inmitten ausgedehnter Wälder.

Das kleine Bergstädtchen Aracena liegt im äußersten Nordwesten Andalusiens, 110 km nördlich von Huelva [Nr. 41]. Weithin sichtbar ist der Burgberg mit den Ruinen einer **Maurenfestung**, die nach der *Reconquista* vom Ritterorden der Templer in Besitz genommen wurde. Inmitten der Ruinen liegt die spätgotische Kirche **Nuestra Señora de los Dolores**.

Doch Hauptanziehungspunkt für Besucher ist die mehr als 1 km lange Tropfsteinhöhle **Gruta de las Maravillas** (c/ Pozo de la Nieve, s/n, Tel. 663 93 78 76, tgl. 10–13.30 und 15–18 Uhr)im Inneren des Burgbergs. Wie in einem unterirdischen Märchenschloss wandert man von Saal zu Saal, vorbei an einem 60 m breiten See, dessen Wasser die bunten Farben der Mineralien im Gestein reflektiert.

Im Burgberg von Aracena ist eine märchenhaft anmutende Tropfsteinhöhle zu entdecken

Interessant ist auch die Umgebung des Ortes mit den ausgedehnten **Kork- und Steineichenwäldern**. Hier ist das *schwarze iberische Schwein* zu Hause. Es wird gezüchtet, verbringt aber den größten Teil seines anderthalb Jahre währenden Lebens im Freien und ernährt sich vorzugsweise von den Eicheln der umliegenden Wälder. Diese ›Diät‹ verleiht später dem **Schinken** das köstliche Aroma. **Jabugo**, das berühmte ›Schinkendorf‹, liegt 18 km westlich von Aracena.

i Praktische Hinweise

Information

Oficina de Turismo (beim Grotteneingang), c/ Pozo de la Nieve, s/n, 21200 Aracena, Tel. 663 93 78 77, www.aracena.es

39 Niebla

Ein 2 km langer Mauerring umzieht die geschichtsträchtige kleine Stadt.

Die trutzigen Türme der vollständig erhaltenen **Stadtmauer** von Niebla, die im Wesentlichen aus maurischer Zeit stammt,

Über 40 Türme und fünf maurische Tore gehören zur Stadtmauer von Niebla

beeindrucken schon aus der Ferne. Einblicke in das Leben im Mittelalter bietet das **Castillo de Niebla** (tgl. 10–15 und 17–21 Uhr, Juli/Aug. nur vormittags), das Heinrich von Guzmán im 15. Jh. erbauen ließ, nachdem ein maurischer Palast zerstört wurde.

Ein Stadtbummel führt weiter zur frühmudéjaren Kirche **Santa María de la Granada** (nur Gruppenführungen, genaue Zeiten unter Tel. 959 36 22 70) aus dem 13. Jh. Hier sind die Spuren maurischer Architektur noch sichtbar, so der kleine vorgelagerte Orangenhof der früheren Moschee, der vormalige *Mihrab* sowie der Glockenturm, dessen Vergangenheit als Minarett überdeutlich ist. Den Schlüssel zur Kirche verwahren die Angestellten des Rathauses neben der Kirche.

i Praktische Hinweise

Information

Oficina de Turismo, Calle Campo del Castillo, s/n, 21840 Niebla, Tel. 959 36 22 70, www.niebladigital.com/castillo

40 Moguer

Heimatstadt des Literatur-Nobelpreisträgers Juan Jiménez.

Als ein Weizenbrot, innen weiß wie die Brotkrumen und drumherum golden wie die Kruste, beschrieb Juan Ramón Jiménez (1881–1958), Nobelpreisträger von 1956, liebevoll seine Heimatstadt. Er verewigte sie in dem Epos ›Platero y yo‹. Die Stadt dankte es dem großen Sohn durch ein kleines **Museum** (Tel. 959372148, www.fundacion-jrj.es, Führungen Di–Sa 10.15, 11.15, 12.15, 13, 17.15, 18.15, 19 Uhr, So nur vormittags) in seinem einstigen Wohnhaus.

Moguer ist der erste Halt auf **La Ruta Colombina**, der *Kolumbus-Route*, die Stationen aus der Geschichte der Entdeckungen verbindet. Kolumbus ließ nach seiner ersten Rückkehr aus Amerika im gotisch-mudéjaren **Convento de Santa Clara** (14. Jh., Tel. 959370107, Einlass/Führungen Di–Sa 11, 12, 13, 17, 18, 19 Uhr, So nur vormittags) in Moguer eine Messe lesen. Im Rahmen einer Führung kann das Kloster, eines der interessantesten Sakralmonumente der Provinz, besichtigt werden.

Praktische Hinweise

Information

Oficina de Turismo, c/ Castillo, s/n, 21800 Moguer, Tel. 959371898, www.moguer.es und aytomoguer.es

41 Huelva

Industriestadt an der Kolumbus-Route.

Aus der Ferne wirkt die Provinzhauptstadt Huelva (148 000 Einw.) wenig einladend, Rauch von Raffinerien und Chemiefabriken trübt die Luft. Besonders bei Nacht ist dies eine unwirkliche Szenerie.

Huelva liegt auf einer **Halbinsel**, die durch den Zusammenfluss von Río Tinto und Río Odiel gebildet wird. Vereinigt er-

Klösterliche Ruhe – Blick in den Patio des Convento de Santa Clara

In der Vorsaison findet man an den Stränden von Matalascañas noch ruhige Abschnitte

gießen sich die beiden Flüsse als Río Saltés in den Atlantik. Die Römer gründeten die Stadt unter dem Namen *Onuba*. 1257 wurde sie nach rund 500 Jahren maurischer Herrschaft wieder christlich. Im 15. Jh. gelangte Huelva in den Besitz der Herzöge von Medina Sidonia.

Das Erdbeben von Lissabon 1755 führte auch in Huelva zu schweren Zerstörungen. Zwei Kirchen überstanden die Naturkatastrophe wie durch ein Wunder bzw. wurden restauriert: **San Pedro** und **La Concepción** (beide 16. Jh.). Die 1953 geweihte **Catedral La Merced** ist Teil eines barocken Klosters.

Das **Museo Minero** (Tel. 959 59 00 25, www.parquemineroderiotinto.com, tgl. 10.30–15 und 16–19, Mitte Juli–Sept. bis 20 Uhr) an der Plaza Ernest Lluch bietet bei einem Rundgang durch seine 15 Räume einen interessanten Einblick in die verschiedenen Etappen des Bergbaus der Region.

Verlässt man die Stadt in Richtung Matalascañas, beeindruckt an der Brücke über den Río Tinto eine zwar nicht unbedingt schöne, aber mit 34 m Höhe durchaus imposante **Kolumbusstatue**. Das Werk der amerikanischen Bildhauerin Gertrude Whitney aus dem Jahr 1929 war ein Geschenk der USA an Huelva.

Westliche Strände

Hausstrand von Huelva ist **Punta Umbría**, eine reine Feriensiedlung. Im Sommer verkehren von Huelva aus auch Boote. Auf der Fahrt nach Westen passiert man die Badeorte El Rompido, La Antilla und Isla Cristina.

Ayamonte

Rund 60 km südwestlich von Huelva erreicht man Ayamonte. Der lebhafte kleine **Fischerort** liegt am Río Guadiana, dem Grenzfluss zwischen Spanien und Portugal. Über eine Brücke gelangt man zu einer Stippvisite ins Nachbarland.

Matalascañas

Kilometerlange **Sandstrände** und **Pinienwälder** machen den Küstenstreifen zwischen Huelva und Matalascañas aus. Ein hervorragender Standort zur Erkundung der Region ist der *Parador de Mazagón* (s. u.). Nahe der Abzweigung zum Nationalpark Coto de Doñana [Nr. 45] liegt die architektonisch missratene Retortensiedlung *Matalascañas*. Im Sommer ist sie überfüllt, doch im Frühjahr und Herbst verirren sich nur wenige Besucher hierher. Ökologisch ist der Ort wegen seiner Nähe zum Nationalpark umstritten.

Im Muelle de las Carabelas laden Nachbauten der Kolumbus-Schiffe zur Erkundung ein

i Praktische Hinweise

Information

Oficina de Turismo, Plaza Alcalde Coto Mora, 2, 21001 Huelva, Tel. 959 65 02 00, www.turismohuelva.org

Hotels

******NH Luz Huelva**, Alameda Sundheim, 26, Huelva, Tel. 959 25 00 11, www.nh-hotels.de. Bestes Haus am Platz, unweit des Bahnhofs.

******Parador de Ayamonte**, El Castillito, Avda. de la Constitución, Ayamonte, Tel. 959 32 07 00, www.parador.es. Ruhige Lage und entspannender Blick aufs Meer.

******Parador de Mazagón**, Ctra. Huelva–Matalascañas, Mazagón, Tel. 959 53 63 00, www.parador.es. Schöner kann man an diesem Teil der Küste nicht wohnen. Hübscher Garten über den Klippen, Außenpool, freundlicher Service.

42 La Rábida

Das Franziskanerkloster war wichtige Anlaufstelle und Rückzugsort für Kolumbus.

Die ältesten Teile des nur wenige Kilometer südlich von Huelva gelegenen Klosters stammen aus dem 14. Jh. Viel wurde jedoch 1755 beim sog. Erdbeben von Lissabon zerstört und später restauriert. Das **Monasterio de la Rábida** (Tel. 959 35 04 11, Di–So 10–13 und 16–18.15/19, Aug. Di–So 10–13 und 16.45–20 Uhr) – für die zahlreichen spanischen Schulklassen, die täglich durch die Räume geschleust werden, fast ein Schrein nationaler Verehrung – zieht vor allem historisch interessierte Besucher an.

Stolz erzählen die Mönche, die durch die Räumlichkeiten führen, die Geschichte des Cristóbal Colón (1451–1506). Für Kolumbus war La Rábida in den langen Jahren des Wartens, bis er die Unterstützung Isabellas und Ferdinands für seine Entdeckungsfahren gewann, immer wieder Zufluchtsort. Erinnerungsstücke und Gemälde werden gezeigt sowie in der **Sala de las Banderas** die Flaggen der eroberten Länder Lateinamerikas und jeweils ein Kästchen mit deren heimischer Erde. Die Klosterkirche birgt den größten Schatz des Monasterio, die Alabasterfigur der **Santa María de la Rábida**, die dem Flaggschiff der kleinen Kolumbus-Flotte den Namen ›Santa María‹ gab.

Das Dokumentationszentrum **Muelle de las Carabelas** (Tel. 959 53 04 72, Di–Fr 10–14 und 17–21, Sa/So/Fei 11–20 Uhr) informiert über die Geschichte der Seefahrt im 15. Jh. Hauptattraktion sind die Nachbauten der drei Kolumbus-Karavellen ›Santa María‹, ›Pinta‹ und ›Niña‹.

Geschichtsverklärung wird auch entlang der mit viel Grün und aufwendigen Gedenksteinen zur Uferpromenade umgestalteten **Avenida América** zwischen Palos und La Rábida betrieben.

43 Palos de la Frontera

Im Hafen von Palos begann das große Abenteuer des Kolumbus.

Der geschichtsträchtige Ort, 7 km von La Rábida, wirkt heute wie ausgestorben. Der **Hafen**, von dem aus die Schiffe des Kolumbus am 3. August 1492 zur Entdeckung der Neuen Welt aufbrachen, und in den sie am 15. März 1493 zurückkehrten, ist längst versandet. Der Blick auf die Kulisse spanischen Entdeckergeistes endet am Horizont bei den Industrieanlagen von Huelva. Einzig **La Fontanilla**, ein kleines Brunnenhaus, von dem aus die Schiffe früher mit Wasser versorgt wurden, und die Kirche **San Jorge** aus dem 15. Jh. zeugen von der großen Zeit. In diesem Gotteshaus beteten einst vor ihrer Abreise Kolumbus und die einheimischen Brüder Pinzón, die Befehlshaber der anderen beiden Karavellen. Ihr Geburtshaus, die **Casa Museo Martín Alonso Pinzón** (c/ Colón, 24, Tel. 959 35 01 99, Mo–Fr 10–14 Uhr) kann besichtigt werden.

Entdecker neuer Welten

Christoph Kolumbus oder **Cristóbal Colón** (1451–1506), wie er in Spanien genannt wird, war Genuese von Geburt. Er war besessen von der Idee, auf der **Westroute** Indien, die Heimat der Gewürze, zu erreichen. Vom portugiesischen König abgewiesen, zog er weiter nach Spanien und fand 1486 Unterstützung bei den Mönchen des Franziskanerklosters La Rábida. Sie empfahlen ihn bei **Königin Isabella**, die damals noch mit der Rückeroberung Granadas beschäftigt war.

Nach vollendeter Reconquista war Colóns Stunde endlich gekommen. Am **3. August 1492** verließen die drei Karavellen ›Santa María‹, ›Pinta‹ und ›Niña‹ den Hafen von Palos de la Frontera.

Am 12. Oktober war immerhin Land in Sicht – eine Insel in der Karibik, von den Einheimischen Guahani genannt, später **San Salvador** getauft.

Drei weitere Reisen sollten folgen. Die systematische Unterwerfung der einheimischen Bevölkerung und die Ausbeutung der Neuen Welt begann. Aus dem Entdecker wurde ein Eroberer. Bereits auf der zweiten Reise kam es zu Auseinandersetzungen mit den Einheimischen und zu Konflikten mit der Mannschaft. Von seiner dritten Reise kehrte Colón als Gefangener zurück, wurde jedoch rehabilitiert.

Er erstritt schließlich noch eine vierte Chance, doch die Konflikte spitzten sich zu, und die erhofften Goldschätze ließen auf sich warten. Sein Stern war gesunken. Einsam, krank und von Wahnvorstellungen geplagt starb Christoph Kolumbus 1506 in Valladolid.

Kolumbus-Fresko im Kloster La Rábida

44 El Rocío

Berühmtester Wallfahrtsort Andalusiens.

Der berühmteste Wallfahrtsort Andalusiens ist, abgesehen von Pfingsten [s. u.], ein verschlafenes, von Staubstraßen durchzogenes Dorf, das eine perfekte Kulisse für einen Westernfilm abgeben würde. Romantisch ist vor allem der Blick aus der Ferne: Pferde weiden an den Lagunen, die den Ort umgeben, und einen malerischen Kontrapunkt zur Schönheit der Natur setzt das blendende Weiß der **Pilgerkirche**. In ihrem schmucklosen Innenraum erweist täglich eine stattliche Anzahl von Besuchern der Marienstatue **Blanca Paloma** (Weiße Taube) oder **Virgen del Rocío** (Jungfrau vom Morgentau) die Ehre.

Praktische Hinweise

Hotels

****Hotel Toruño**, Plaza del Acebuchal, 22, El Rocío, Tel. 959 44 23 23, www.toruno.es. Schlichtes andalusisches Haus mit Blick auf die Lagune.

Cortijo de los Mimbrales, Ctra. A 483, km 30, Tel. 959 44 22 37, www.cortijomimbrales.com. Finca mit Orangenplantage. Angebote für Reiter und Biker.

Die weiße Taube – Andalusiens meistgeliebte Jungfrau

Alljährlich am Pfingstsamstag verwandelt sich das Dörfchen El Rocío (ca. 1000 Einw.) in eine Großstadt mit mehreren Hunderttausend Pilgern. Dann nämlich treffen zur **Romeria** die Bruderschaften aus ganz Andalusien zusammen, um für drei Tage die **Blanca Paloma**, die Weiße Taube genannte Marienfigur, zu feiern. Die Wallfahrer aus Sanlúcar erhalten sogar eine Sondererlaubnis, um durch den Nationalpark Coto de Doñana zu ziehen.

Im 13. Jh. schon ließ Alfons der Weise der wunderbarerweise in einem Baumstamm gefundenen Madonnenstatue eine Kapelle errichten. Heute hat die **Virgen del Rocío**, die ›Jungfrau vom Morgentau‹, Anhänger in allen Schichten der Bevölkerung. Unter den **Rocieros**, den Verehrern der Jungfrau, fallen die Klassenschranken. Sie sind in 78 Bruderschaften, **Hermandades**, organisiert. Jedes Jahr ziehen sie, z. T. traditionell mit Ochsengespannen, in Caballero-Tracht und im Flamenco-Kleid, zu dem dreitägigen Volksfest, dessen Höhepunkte am **Pfingstmontag** der Gottesdienst und die Prozession der Jungfrau unter dem Jubel der Massen sind.

Der Jungfrauenkult in Andalusien ist älter als das Christentum, und dass das ganze Spektakel meist mit Frömmigkeit nicht viel zu tun hat, ist ein offenes Geheimnis. Der alte Kult und die den Andalusiern eigene Begabung zum Feiern ergeben auf jeden Fall eine prächtige Wallfahrt und den willkommenen Anlass zu einer **Fiesta**.

Abendstimmung mit Flamingos auf Futtersuche im Nationalpark Coto de Doñana

45 Parque Nacional Coto de Doñana

TOP TIPP *Spaniens größter Nationalpark mit eindrucksvollem Vogelreichtum.*

Der Nationalpark Coto (›Jagdgrund‹) de Doñana umfasst im Wesentlichen das **Mündungsgebiet** des Guadalquivir. Die Kernzone des 1969 gegründeten Parks deckt heute etwa 54 000 ha ab. Er gehört seit 1994 zum UNESCO Weltnaturerbe.

In dem Schutzgebiet treffen Flora und Fauna zweier Kontinente, Europa und Afrika, zusammen. Vor allem ist der Doñana-Park aber ein **Vogelparadies**, in dem mehr als die Hälfte aller europäischen Vogelarten brütet und überwintert oder auf dem Flug in die afrikanischen Winterquartiere rastet.

Das Gebiet gliedert sich in drei verschiedene Ökosysteme. In Meeresnähe liegt der Gürtel der *Wanderdünen*, die bis zu 40 m hoch sind. Dahinter folgt der mediterrane *Niederwald*, flache Areale mit Buschvegetation, Pinienwäldern und Korkeichenhainen. Sie umschließen das Nassgebiet, die zeitweise überschwemmten *Marismas* (Marschland) mit Lagunen.

Ende des 16. Jh. hatte sich Doña Ana, Frau des Herzogs von Medina Sidonia, hier ein Refugium geschaffen. Seither trägt die Region ihren Namen. Der **Palast** wurde im 17. Jh. erweitert, diente als königliche Jagdresidenz und fungiert heute als Forschungsstation. Naturschützer machten früh auf die Einzigartigkeit der Region aufmerksam, und mit Geldern des World Wildlife Fund konnten bereits 1963 Teile des heutigen Parks gekauft werden. 1969 stimmte die spanische Regierung der Gründung des Nationalparks zu.

Die Existenz des **Ökosystems** ist jedoch durch verschiedene Einflüsse gefährdet: Umliegende Obstplantagen verbrauchen viel Wasser, und die verwendeten Düngemittel gelangen auch in die *Marismas*. Die Retortensiedlung Matalascañas [s. S. 107] am Rande des Nationalparks sorgte für einen sinkenden Grundwasserspiegel im Park; einige Lagunen trockneten aus. Um die großartige Natur des Gebiets zu retten, wird seit einigen Jahren im Umland ökologischer Landbau gefördert und die Beweidung durch Nutztiere eingeschränkt. Zudem wird der sparsame Umgang mit Trinkwasser propagiert. Der Parkbesuch ist streng reglementiert. Den besten Eindruck von den verschiedenen Vegetationsformen vermittelt eine halbtägige **Jeep-** oder **Unimogtour** (nur mit Anmeldung), die vom Besucherzentrum **El Acebuche** (Tel. 959 43 04 32, www.donanavisitas.es, tgl. 8.30–17, Mitte Sept.–April 8.30–15 Uhr) startet.

Alternativ kann man von den drei **Besucherzentren** *El Acebrón, La Rocina und José Antonio Valverde*, die unweit der Straße Matalascañas – El Rocío entstanden, auf eigene Faust Spaziergänge unternehmen. Mehrere Vogelbeobachtungshäuschen säumen die markierten Wege.

Cádiz und der Südwesten – wo Mittelmeer und Atlantik sich treffen

Die Küste des Lichtes, die **Costa de la Luz**, beginnt dort, wo Mittelmeer und Atlantik sich an der Straße von Gibraltar vereinigen. Es ist kein sanfter Übergang – ab **Tarifa** weht ein rauerer Wind. Die Fluten des Atlantiks sind aufbrausend und kühl, die sanfte Brise des Mittelmeers geht in salzige Winde über. Dieses raue Element verhinderte bislang die Entwicklung eines Massentourismus à la *Costa del Sol*. Nach und nach jedoch werden die natürlichen Reichtümer, feinsandige **Strände** mit ausgedehnten Pinienwäldern, malerische Fischerorte und ein interessantes Hinterland mit weißen Dörfern und grünen Stierweiden, touristisch vermarktet. Im Zuge dessen hat sich z. B. Tarifa zum Mekka des **Surf-Tourismus** entwickelt. Zu den Naturschönheiten gesellen sich die hübsche Provinzhauptstadt **Cádiz** und im äußersten Osten der Provinz drei Landstädtchen, die Genießern ein Begriff sind: **Jerez de la Frontera**, **Sanlúcar de Barrameda** und **El Puerto de Santa María** bilden das *Sherry-Dreieck*. Die Blütezeit der Region wurde mit dem Zeitalter der Entdeckungen eingeläutet. Die *Conquistadores* starteten ihre Fahrten von den Häfen dieser Küste aus. Cádiz hielt zeitweise das Monopol für den Handel mit den überseeischen Kolonien und war ein europäisches Zentrum, in dem nicht nur Wohlstand, sondern auch Weltoffenheit und progressives, liberales Ideengut zu Hause waren.

46 Sanlúcar de Barrameda

Traditionsreicher Hafen im Sherry-Dreieck mit Blick auf den Doñana-Nationalpark.

Sanlúcar an der Mündung des Guadalquivir ist ein zweigeteilter Ort: Die Altstadt liegt auf dem Hügel, der einen schönen Blick auf Guadalquivir und Nationalpark gewährt. An seiner höchsten Stelle thronen die Reste der baufälligen Maurenburg **Castillo de Santiago**. Nicht weit davon zeigt die Pfarrkirche **Nuestra Señora de la O** (14. Jh.) ein üppiges mudéjares Portal und ein prachtvoll ausgeschmücktes Kircheninneres. In unmittelbarer Nähe liegt der eher schlichte Palast (15. Jh.) der Familie Medina Sidonia, die einst die Stadt als Lehen bekam.

Zu Füßen des Hügels breitet sich die Neustadt *Bajo de Guía* aus. Historische Sehenswürdigkeiten gibt es zwar keine, aber einen **Sandstrand** und den Fischereihafen mit der von Fischlokalen gesäumten Promenade. Überall werden köstliche *Langostinos* serviert. Die ideale Ergänzung dazu ist ein kühler *Manzanilla*, wie der vor Ort erzeugte *Fino* genannt wird (Besichtigung der *Bodegas* nach Anfrage bei der Touristinformation, s. u.). Es ist ein wunderbar herber und dank der Atlantikwinde leicht salzig schmeckender Wein.

Beim Schlemmen mit Blick auf den Guadalquivir kann man sich zurückversetzen in die glanzvollen Tage, als Cristóbal Colón am 30. Mai 1498 von hier zu seiner dritten Amerikafahrt aufbrach und Magalhães 21 Jahre später zu seiner Weltumsegelung. Heute ist der Hafen Ausgangspunkt für Bootsausflüge in den Nationalpark Coto de Donaña [Nr. 45].

i Praktische Hinweise

Information

Oficina de Turismo, Avda. Calzada del Ejército, s/n, 11540 Sanlúcar de Barrameda, Tel. 956 36 61 10, www.aytosanlucar.org, www.turismosanlucar.com

47 Jerez de la Frontera

Die Hauptstadt des Sherry ist auch ein Zentrum der andalusischen Pferdezucht mit feudalem Ambiente.

Kaum eine Stadt in Andalusien verbreitet so viel andalusisches Flair wie Jerez. Und auch kaum eine Stadt hat so unterschiedliche Gesichter. Jerez ist die Stadt der Großgrundbesitzer, deren **prunkvolle Paläste** im Stadtbild auffallen. Ein zumeist eher düsteres Gesicht zeigen hingegen die Wohnviertel der Tagelöhner, die mit der Traubenernte ihren Lebensunterhalt verdienen.

Bekannt ist die Rivalität zwischen der Provinzhauptstadt Cádiz [Nr. 49] und der Sherry-Metropole Jerez im Landesinneren, die mit mehr als 200 000 Einwohnern die Hauptstadt im Hinblick auf die Bevölkerungsgröße längst überholt hat. Wo Cádiz, die Hafenstadt, weltoffen und liberal ist, ist Jerez feudal. Nur an Sevilla will man sich messen, wenn man im

TOP TIPP

Mai die **Feria del Caballo** feiert, zu der sich die Männer in stolze Caballeros und die Damen in Señoras in Flamencokleidern verwandeln und ihr Lebensgefühl zur Schau stellen. Die Sherry-Barone haben das Gesicht der Stadt geprägt und ihre Vorlieben unterstützt. Der Flamenco ist hier zu Hause. Kenner auf der Suche nach der Seele des **Cante jondo** durchstreifen die *Peñas* von Jerez. Die **Pferdezucht** ist nirgends in Andalusien so ausgeprägt. Die berühmte andalusische Kartäuser-Rasse wurde in der Kartause von Jerez gekreuzt. Die ›männlichste aller Sportarten‹, der **Stierkampf**, vervollständigt schließlich das Bild.

Wahrscheinlich ist Jerez wie so viele andalusische Orte phönizischen oder griechischen Ursprungs. Die Römer siedelten hier und bauten wohl schon Wein an. 711 wurde *Serez* oder *Xeret* maurisch. 1264 eroberten die Christen die Stadt zurück, die aber weiterhin heiß umkämpft war.

Pferde und Wein ziehen die Besucher an. Tatsächlich ist in Jerez die Besichtigung einer der **›Kathedralen des Weins‹** unverzichtbar. Die meisten der großen *Bodegas* [s. S. 116] liegen am Rand des Zentrums und können nach Anmeldung besichtigt werden.

Im Norden der Stadt liegt in der Avenida Duques de Abrantes das Gelände der Königlich-Andalusischen Schule der Reitkunst, der **Real Escuela Andaluza del Arte Ecuestre** (Av. Duque de Abrantes, s/n, Tel. 956 31 80 08, www.realescuela.org, *öffentl. Training* meist Mi und Fr 10–13.15 Uhr, *Dressurshow* März–Dez. Di, 12 Uhr, Aug. Di, Do, Fr, 12 Uhr, Voranmeldung empfohlen). Man kann u.a. die Stallungen besichtigen, die beiden Museen besuchen und das Training beobachten. Bei der Dressurshow zeigen die eleganten Vollblüter *»Cómo bailan los Caballos Andaluces«*, »Wie andalusische Pferde tanzen«. Vor den Toren von Jerez gibt es übrigens

Bei der Feria del Caballo sieht man edle Pferde mit ihren stolzen Reitern und Reiterinnen

Auf dem Fundament der einstigen Hauptmoschee wurde Jerez' Kathedrale im 17./18. Jh. erbaut

noch eine weitere Adresse für Pferdeliebhaber, die Yeguada de la Cartuja (Carretera Medina – El Portal, Km 6,5, Tel. 956162809, www.yeguadacartuja.com, Sa 11 Uhr Vorführung und Besuch des Areals). Auch hier kann man die Dressur der edlen Kartäuserpferde genießen.

Daneben hat Jerez auch eine sehenswerte Altstadt zu bieten. Durch die Calle Consistorio gelangt man zur stimmungsvollen *Plaza Asunción* mit der **Iglesia San Dionisio** (Tel. 956342940, wg. Renovierung geschl.). Die mudéjare Kirche aus dem 15. Jh. ist dem Stadtpatron geweiht.

Schräg gegenüber liegt der prunkvollste Renaissance-Palast der Stadt, die **Antigua Casa del Cabildo**, das ehem. Rathaus aus dem 16. Jh.

Faszinierend sind die Shows der Königlich-Andalusischen Schule der Reitkunst

Nächstes Ziel ist die *Plaza Domecq*, benannt nach dem berühmtesten der Sherry-Barone. Hier erhebt sich die **Catedral** (Besichtigung Mo–Fr 11–13, Messe Mo–Sa 19.30, So 21 Uhr), zu der eine imposante Freitreppe führt. Der Glockenturm ist ähnlich einem italienischen Campanile frei stehend. Die Strebebögen wirken fremd im Zusammenhang mit der barocken Architektur. Sie erinnern an den Vorgängerbau, der hier im 13. Jh. auf den Grundmauern der einstigen Hauptmoschee errichtet wurde. Die heutige Kathedrale stammt aus dem späten 17./18. Jh.

Hinter der Kathedrale führen die Stufen zum **Alcázar** (Tel. 956 14 99 55, Juli–Sept. Mo–Fr 10–20, Sa/So 10–15, Feb.–Juni tägl. 10–18, Nov.–Feb. tägl. 10–15 Uhr) hinauf. Seine ältesten Teile stammen aus dem 11. Jh. Auf die *Reconquista* 1264 folgten mehrere Umbauten. Vor einigen Jahren wurde die sehenswerte *Mezquita*, die in eine Kapelle umgewandelt worden war, möglichst originalgetreu restauriert.

Ein wenig weiter östlich wartet die Kirche **San Miguel** (15. Jh.; Mo–Fr 10.30–11.30 Uhr) mit einem hübschen, blaugekachelten Turm und der üppig geschmückten isabellinischen Südfassade auf.

Und der **Palacio del Tiemplo** (Calle Servantes, s/n, Tel. 956 18 21 00) hält über 300 prachtvolle Uhren bereit – zur vollen Stunde ein beeindruckendes Erlebnis!

La Cartuja

Etwa 5 km in Richtung Algeciras liegt das im 15. Jh. gegründete Kartäuserkloster *La Cartuja* (Tel. 956 15 64 65). Für die Klosterkirche schuf Francisco de Zurbarán seine berühmten Kartäuser-Bilder, die heute im *Museo de Cádiz* [s. S. 118] zu sehen sind. Von der spätgotischen Anlage blieben Kirche, Refektorium und zwei Kreuzgänge erhalten. Die schönen Gärten, der Innenhof und die Kapelle (Mo–Sa 9.30–11.30 und 12.45–18 Uhr) können besichtigt werden, die Kirche ist nur zum Gebet und Gottesdienst geöffnet.

Sherry – ein ganz besonderer Wein

Jerez [Nr. 47], Sanlúcar de Barrameda [Nr. 46] und El Puerto de Santa María [Nr. 48] bilden das Dreieck der Sherry produzierenden Städte. Vor etwa 3000 Jahren brachten die Phönizier die ersten Reben in diese südwestliche Ecke Andalusiens. Römer, Westgoten und Araber perfektionierten die Anbaumethoden und exportierten bereits andalusischen Wein.

Zum Lebensinhalt der Region wurde schließlich ein ganz besonderer Tropfen mit Namen **Jerez**. Englische Zungen machten daraus die für sie leichter auszusprechende Bezeichnung **Sherry**. Die Briten wurden **Hauptimporteure** und stiegen im 18. Jh. selbst in die Produktion vor Ort ein. Davon zeugen noch heute die Namen berühmter Kellereien wie ›Williams & Humbert‹, ›Harveys‹ oder ›Osborne‹.

Die ›Kathedralen des Weins‹ sind keine dunklen Keller, sondern riesige ebenerdige **Bodegas**, durch die der Atlantikwind streifen kann. Schwere Fässer aus amerikanischer Eiche, gefüllt mit Wein in unterschiedlichen Reifestadien, werden in mehreren Reihen übereinander gelagert. Sie verkörpern das besondere **Reifesystem** des Sherry – das **Solera-System**, eine geniale Verschnitt-Technik. In der unteren Reihe lagert der älteste Wein, von dem alljährlich ein Drittel auf Flaschen gezogen wird. Nachgefüllt wird mit dem Wein aus der nächsthöheren Reihe. In die obersten Fässer wird schließlich ganz junger Wein nachgefüllt, der nun mindestens 5 Jahre reifen muss, bis er die Qualitätskontrollen passiert. Auf diese Weise wird eine gleich bleibende Qualität garantiert. Beim Sherry gibt es keine Jahrgangsweine, aber man unterscheidet drei Hauptqualitäten: den hellen, trockenen **Fino**, den bernsteinfarbenen **Amontillado** mit nussiger Note und den dunklen **Oloroso**, der nicht zwangsläufig süß sein muss. Der dickflüssige, zuckrige Cream ist ein reines Exportprodukt.

Praktische Hinweise

Information

Oficina de Turismo, Alameda Christina, c/Larga, 39, 11403 Jerez de la Frontera, Tel. 956 33 88 74 und 956 34 17 11, www.turismojerez.com

Flamenco

Jerez ist eine Metropole des Flamenco. In den *Peñas* wird vor meist einheimischem Publikum gespielt. Die Show beginnt selten vor Mitternacht. Das aktuelle Programm erhält man beim Oficina de Turismo (s. o.). Eine Auswahl von Peñas:

El Lagá de Tio Parrila, Plaza Becerra, 5, Tel. 956 33 83 34

La Taberna Flamenca, c/ Angostillo de Santiago, 3, Tel. 956 32 36 93, www.latabernaflamenca.com

Tablao del Bereber, c/ Cabezas, 10, Tel. 956 34 00 16

Hotels

******Bellas Artes**, Plaza del Arroyo, 45, Jerez de la Frontera, Tel. 956 34 84 30, www.hotelbellasartes.com. Alter Palast im historischen Zentrum mit viel Charme und Stil.

*****Casa Grande**, Plaza de las Angustias, 3, Jerez de la Frontera, Tel. 956 34 50 70, www.casagrande.com. es. Nettes Mittelklassehaus mit Flair.

****El Ancla**, Plaza Mamelón, 15, Jerez de la Frontera, Tel. 956 32 12 97, www.hotelancla.es. Sympathisches Hotel mit gutem Komfort in zentraler Lage.

Cortijo de Frias, Carretera El Portal, km 4,5 (15 Min. südöstlich von Jerez), Tel. 629 36 09 22, www.cortijodefrias.com. Das kleine Landhotel bietet Idylle pur.

Restaurants

Juanito, c/ Pescadería Nueva, s/n, Jerez de la Frontera, Tel. 956 34 12 18. Viel besuchte *Tapas*-Bar (So geschl.).

La Carboná, c/ San Francisco de Paula, 2, Jerez de la Frontera, Tel. 956 34 74 75, www.lacarbona.com. Stimmungsvolles Restaurant in ehem. Bodega.

La Parra Vieja, c/ San Miguel, 9, Jerez de la Frontera, Tel. 956 33 53 90. Einfache Taverne von 1886 mit günstigen Menüs.

Bodegas

Alvaro Domecq, c/ Alamos, 23, Jerez de la Frontera, Tel. 956 33 96 34, www.alvarodomecq.com. In der Saison Mo–Fr 11–12.30 und 12.30–14 Uhr (mit Reservierung)

González Byass, c/ Manuel María González, 12, Jerez de la Frontera, Tel. 956 35 70 16, www.gonzalezbyass.com. Besichtigungstouren Mo–Sa 12.15, 14, 17.15, So 12.15, 14 Uhr

Sandeman, c/ Pizarro, 10, Jerez de la Frontera, Tel. 956 31 29 95, www.sandeman.eu. Mo–Fr 10–15 Uhr, Sa nur nach Voranmeldung

48 El Puerto de Santa María

Die alte Hafenstadt ist heute ein beliebter Ferienort.

El Puerto mit seinen heute ca. 70 000 Einwohnern ist eine römische Gründung. Aus maurischer Zeit stammt das imposante **Castillo de San Marcos** (13. Jh.). Im Inneren des gut erhaltenen Burgrings befindet sich u. a. eine Kapelle, die noch Spuren der ehedem an dieser Stelle erbauten Moschee erkennen lässt.

Im Zeitalter der Entdeckungen war El Puerto größer als Cádiz, Händlerpaläste prägten das Stadtbild. Das feudale Flair ist dem eines modernen **Ferienortes** mit zahlreichen Freizeitmöglichkeiten gewichen. Schöne Strände, Jachthafen, Wasserpark, Kasino sowie zahlreiche Restaurants und Bars ziehen Urlauber an und machen El Puerto im Sommer zum Tummelplatz der Reichen und Schönen.

Darüber hinaus ist El Puerto de Santa María ein Eckpunkt im Dreieck der **Sherry-Städte** und Ausfuhrhafen für die Weine der Region. Hier konzentriert man sich auf den stärkeren Bruder des Sherry, den **Brandy**. Die *Bodegas* können auf Anfrage besichtigt werden. Sehenswert sind außerdem die Kirche **Iglesia Mayor** und die Stierkampfarena **Plaza de Toros** aus dem Jahr 1880, eine der größten Spaniens.

Praktische Hinweise

Information

Oficina de Turismo, Plaza del Castillo, s/n, 11500 El Puerto de Santa María, Tel. 956 48 37 15, www.turismoelpuerto.com

Hotels

******Monasterio de San Miguel**, c/ Virgen de los Milagros, 27, El Puerto de Santa María, Tel. 956 54 04 40, www.hotelesjale.com. Stilvolles Klosterhotel im Zentrum.

*****Los Cantaros**, Ribera del Marisco, c/ Curva, 6, El Puerto de Santa María, Tel.

Ein wuchtiger, doch ungefährlicher Bronzestier vor der Plaza de Toros in El Puerto

956 54 02 40, www.hotelloscantaros.com. Preiswert und zentral gelegen.

Restaurant

TOP TIPP **Romerijo**, c/ José Antonio Romero Zarazaga, 1, El Puerto de Santa María, Tel. 956 54 22 90, www.romerijo.com. Beliebte Restaurantkette. Am Tresen kauft man die frischen Meerestiere und verzehrt sie direkt aus dem Packpapier bei Bier oder Wein auf der *Terraza*.

49 Cádiz

»Senorita del Mar; novia del aire« – »Fräulein des Meeres; Geliebte des Windes«.

Ob »Meerfräulein« oder »Sirene des Meeres«, wie Lord Byron dichtete, Cádiz ist eine viel besungene Stadt. Sie liegt am Ende einer 9 km langen Landzunge im Atlantik, eine frische, salzige **Atlantikbrise** durchweht die Straßen und sorgt für ein angenehmes Klima.

Die hübsche **Altstadt** hinter der Stadtmauer mit schönen Plätzen, engen Gassen und großartigen Ausblicken versöhnt den Besucher mit der Anfahrt durch Industrieanlagen und Betonschluchten der Neustadt. Dass die große Zeit längst vorbei ist, ist jedoch offensichtlich. Der überwiegende Teil der Altstadt stammt aus der letzten Blütezeit, dem 17./18. Jh. Mit pastellfarbigen Anstrichen versucht man vergeblich, die Baufälligkeit der Häuser zu verdecken. Cádiz ist jedoch alles andere als eine langweilige Stadt. Das zeigt sich besonders zur Zeit des Karnevals im Februar, wenn hier ausgelassen gefeiert wird wie kaum irgendwo sonst in Spanien.

Geschichte Die Legende erhebt Herkules, der in der Region weilte, um die Herden des Geryoneus zu stehlen, zum Stadtgründer. Sicher ist, dass Cádiz 1100 v. Chr. von den Phöniziern als *Gadir* gegründet wurde und damit die wohl älteste noch bestehende Stadt Europas ist. Von Cäsar erhielt *Gadir* als erste Stadt außerhalb Italiens das römische Bürgerrecht und nahm die lateinische Sprache an.

Unter den Mauren versank die Stadt in Bedeutungslosigkeit. 844 wurde sie von normannischen Piraten völlig zerstört. 1260 eroberte Alfonso X. der Weise sie für die Christen zurück. Aber an ihre einstige Bedeutung konnte die Stadt erst wieder nach der Entdeckung der Neuen Welt anknüpfen. Jedoch wurde sie 1596 durch die Truppen des englischen Grafen Essex erneut dem Erdboden gleich gemacht.

1717, nach der Versandung des Hafens von Sevilla, verlegte Philipp V. die **Börse** und das damit verbundene **Monopol** für den Handel mit den überseeischen Kolonien nach Cádiz. Die Hafenstadt wurde zu einem sprühenden, wohlhabenden und weltoffenen Zentrum.

Der **liberale Geist** blieb erhalten, auch als die große Zeit vorbei war. Während des Befreiungskriegs gegen Napoleon war Cádiz für zwei Jahre spanische Hauptstadt. 1812 trat hier das erste spanische Parlament, die *Cortes*, zusammen. Der Traum von einer liberalen Demokratie war allerdings zwei Jahre später schon wieder ausgeträumt. Nach und nach erkämpften die überseeischen Kolonien ihre Unabhängigkeit, und Cádiz versank erneut in einen Dornröschenschlaf. Erst in den 1930er-Jahren setzte die Industrialisierung mit der Begründung eines **Freihafens** ein. Heute gehören die Werften, aber auch Fischerei und Fischkonservenindustrie zu den Haupterwerbszweigen.

Weltoffenes Cádiz – das stolzeste Bauwerk der Stadt ist die doppeltürmige Catedral

Besichtigung Der Stadtbummel beginnt im Norden an der *Plaza de Mina*. Ein erster Besuch gilt dem großartigen

TOP TIPP

Museo de Cádiz ❶ (Plaza de Mina, Tel. 956 20 33 68, www.museosdeandalucia.es, Di 14.30–20.30, Mi–Sa 9–20.30, So/Fei 9–14.30 Uhr) mit seinen Abteilungen für Archäologie, Malerei und Volkskunde, untergebracht in einem ehem. Franziskanerkloster. Das *Erdgeschoss* ist archäologischen Funden aus Cádiz und Umgebung vorbehalten. Prunkstücke aus phönizischer Zeit sind zwei marmorne Sarkophage aus dem 5. Jh. v. Chr. Der *2. Stock* ist den Schönen Künsten gewidmet. Glanzstücke der Sammlung sind 18 Hauptwerke des ›Malers der Mönche‹, Zurbarán. Daneben beeindrucken einige Werke seines Zeitgenossen Murillo, die ursprünglich im heute zerstörten *Convento de Capuchinos* in Cádiz hingen.

In der Einkaufsstraße Calle Rosario 11 liegt der Eingang zum **Oratorio de Santa Cueva** ❷ (Tel. 956 22 22 22, 15. Juni–15. Sept. Di–Fr 10–13 und 17–20, Sa/So 10–13, sonst Di–Fr 10–13 und 16.30– 19.30, Sa/So 10–13 Uhr). Eine Treppe führt zu einem ellipsenförmigen Raum, geschmückt mit drei Goya-Gemälden, die zu den seltenen religiösen Darstellungen des Meisters gehören. Von der **Plaza de San Juan de Dios** ❸ mit dem *Rathaus* (19. Jh.) kann man einen Abstecher zum *Hafen* machen, von dem Schiffe zu den Kanaren ablegen.

Nun lässt man sich von den mächtigen Türmen zur **Catedral Nueva** ❹ (Di–Fr 10–13 und 16.30–19, Sa 10–13 Uhr) leiten,

dem imponierendsten Sakralgebäude der Stadt. Erbaut wurde die Neue Kathedrale ab 1720 nach dem Vorbild der großen andalusischen Renaissance-Kathedralen von Málaga [Nr. 3] und Granada [Nr. 17]. Imposant ist schon die äußere Erscheinung mit der von zwei Türmen flankierten Fassade und der hoch aufragenden Vierungskuppel. Der geschwungene dreischiffige Innenraum, der durch seine Größe beeindruckt, trägt deutlich Züge des Barock. Vollendet wurde der Bau erst 1838 im klassizistischen Stil. Finanzielle Schwierigkeiten führten dazu, dass edle Baumaterialien durch minderwertige ersetzt wurden. Man sieht deutlich den Übergang vom Marmor des ersten Bauabschnitts zum Stuck im oberen Teil. Sehenswert ist das *Chorgestühl*, älter als die Kathedrale selbst, das aus der Kartause von Sevilla stammt. Empfehlenswert ist der Aufstieg in den Westturm, **Torre de Poniente** (tgl. 10–18, Juni–Sept. 20 Uhr), von dessen Höhe aus sich ein herrlicher Blick über die Stadt eröffnet.

Interessant ist auch ein Besuch im angeschlossenen **Museo Catedralicio** (Di–Fr 10–13.30 und 16.30–18.30, Sa 10–13 Uhr) vor allem wegen seiner berühmten Monstranzen. Die 5 m hohe *Custodia del Millón* (1721) etwa ist aus purem Silber und angeblich mit einer Million Edelsteinen geschmückt. Eine Führung durch das Museum beinhaltet auch den Besuch der Krypta. Hier liegt der wohl berühmteste Sohn der Stadt, der Komponist Manuel de Falla (1876–1946), begraben.

Unweit vom Eingang des Kathedralmuseums liegen die Überreste des römischen Theaters, **Teatro Romano** 5, das im Jahre 1990 ausgegraben wurde.

Die Cafés auf dem Kathedralplatz laden zur Einkehr ein und die angrenzenden Gassen zu einem Bummel. Vorbei am Mercado Central in der Calle Compañía gelangt man zum **Oratorio de San Felipe Neri** 6 in der Calle Santa Inés. In dem Gotteshaus aus der zweiten Hälfte des 17. Jh. erinnert eine Gedenktafel an das Jahr 1812, als die *Cortes* hier tagte.

Nebenan kann man im *Museo de las Cortes de Cádiz* (c/ Santa Inés, 9, Tel. 956 22 17 88, Di–Fr 9–13 und 16–19, Sa/So/Fei 9–13 Uhr, vorübergehend geschl.) Exponate zu Verfassung und Parlament sowie archäologische Funde bestaunen.

Nach wenigen Schritten in östlicher Richtung gelangt man zum **Torre Tavira** 7 (Tel. 956 21 29 10, www.torretavira.com, Mai–Sept. tgl. 10–20, Okt.–April tgl. 10–18 Uhr), einem Wachturm aus dem 18. Jh., der mit einer schönen Aussicht aufwartet, und mit einer besonderen Ansicht: Mithilfe einer drehbaren *Camera Obscura* werden, einer Live-Übertragung gleich, Bilder aus der Stadt in eine dunkle Kammer im Inneren des Turms projeziert.

Gegen Abend, wenn das Licht der untergehenden Sonne die weißen Häuser in mildes Licht taucht, ist Zeit für einen Bummel entlang der Promenade. Verschiedene Punkte der Befestigungsanlage erlauben schöne Ausblicke auf die Bucht. Vom **Baluarte de la Candelaria** 8 flaniert man ein Stück durch den schön bepflanzten *Parque Genovés*, vorbei am sternförmigen **Castillo de Santa Catalina** 9 und dem ins Meer hineingebauten **Castillo de San Sebastián** 10. Man trifft die Einheimischen beim allabendlichen *Paseo* und kann die Fischer beobachten, die am *Baluarte de Capuchinos* ihre Angeln auswerfen, um die Beute später im nur wenige Meter entfernten, historischen Fischerviertel *Barrio de la Vina* zu verkaufen. Besonders schön ist die **Calle Virgen del Palma** 11, gesäumt von Palmen. Abends öffnen einfache Bars und Fischlokale ihre Pforten, und der Duft von Bratfisch lockt unwiderstehlich.

Bei **Chiclana de la Frontera**, 22 km südlich von Cádiz, bietet das Golf- und Ferienresort *Novo Sancti Petri* (Tel. 956 49 40 05, www.golf-novosancti.es) ein Hotel der gehobenen Kategorie und zwei exklusive Golfplätze.

Praktische Hinweise

Information

Centro de Recepción de Turistas, Paseo de Canalejas, s/n, 11006 Cádiz, Tel. 956 24 10 01, www.cadiz.es (Stadt), www.cadizturismo.com (Provinz)

Hotels

*****Argantonio**, c/ Argantonio, 3, Cádiz, Tel. 956 21 16 40, www.hotelargantonio.com. Charmantes Stadthotel mit geschmackvoll eingerichteten Zimmern.

*****Las Cortes de Cádiz**, c/ San Francisco, 9, Cádiz, Tel. 956 22 04 89, www.hotellascortes.com. Zentral gelegenes und sehr gemütliches Mittelklassehotel.

****Bahía Hostal**, c/ Plocia, 5, Cádiz, Tel. 956 25 90 61, www.hostalbahia.info. Sehr einfaches, freundliches Haus, außerhalb der Halbinsel nahe Bahnhof und Hafen.

Restaurants

El Faro, c/ San Felix, 15, Cádiz, Tel. 902 21 10 68, www.elfarodecadiz.com. Meeresgetier vom Feinsten. Gehobene Preisklasse. Günstiger speist man in der angegliederten *Tapas*-Bar.

Weit schweift der Blick von den Burgruinen über Medina Sidonia bis nach Cádiz

Mesón Miguel Angel, Plaza de Mina, 1, Cádiz, Tel. 956 21 35 00. Beliebtes Restaurant am vielleicht schönsten Platz der Stadt. Auf den Tisch kommen regionaltypische Gerichte (Mi geschl.).

50 Medina Sidonia

Weißes Dorf an der ›Route der Stiere‹.

Etwa 25 km landeinwärts von Cádiz liegt Medina Sidonia. Getreidefelder und vor allem Weideland, auf dem viel versprechende **Kampfstiere** grasen, dominieren die Umgebung.

Die Stadt steht im Zeichen der Familie Medina Sidonia, die zurückgeht auf den tapferen Guzmán el Bueno [s. S. 122]. Zur politischen Macht gesellte sich die wirtschaftliche: Die Herzöge galten als größte Latifundienbesitzer des Landes, und noch heute gehören sie zu den führenden Adelsfamilien Andalusiens.

Der **Arco de la Pastora**, ein doppelter maurischer Hufeisenbogen, führt in die Stadt. Das Gewirr malerischer Gassen wird auf ihrem höchsten Punkt überragt von den Ruinen der Burg. Sehenswert ist auch die Kirche **Santa María Coronada**, die Elemente von Gotik und Renaissance vereint.

51 Conil de la Frontera

Fischerort mit hübscher Altstadt.

Der verträumte **Fischerort** avancierte in den letzten Jahren zum beliebten Urlauberziel. So wurde auch vor einiger Zeit der Hafen verlegt, um den Badegästen am Strand Platz zu machen.

Von der einstigen Festung blieb nur der **Torre de Guzmán** (Mo–Sa 11–14 Uhr) erhalten, von der Stadtbefestigung das Tor *Arco de la Villa*. Hat der Ort auch an Sehenswürdigkeiten nicht viel zu bieten, so lohnt doch ein Bummel durch die Gassen oder ein Spaziergang am langen, breiten Sandstrand. Nördlich schließt sich die Steilküste an, die bei Ebbe schöne Buchten freilegt. Populär ist der Strand **La Fontanilla** mit guten Fischrestaurants.

Praktische Hinweise

Information

Oficina de Turismo, c/ Carretera, 1, 11140 Conil de la Frontera, Tel. 956 44 05 01, www.turismo.conil.org

Hotels

****Hotel Fuerte Conil**, Playa Fontanilla, Conil de la Frontera, Tel. 956 44 33 44, www.fuertehoteles.com. Ökologisch geführtes Hotel im andalusischen Stil in subtropischem Garten, direkt am Strand.

*Oasis**, Carril de la Fuente, 3, Conil de la Frontera, Tel. 956 44 21 59, www.alojamientosoasisconil.com. Günstiges Hotel nahe Zentrum und Strand.

Strandparadies der Costa de la Luz – die Playa Fontanilla macht Urlaubsträume wahr

52 Vejer de la Frontera

›Grenzdorf‹ mit maurischem Charakter.

Der kleine Ort gehört zu den schönsten weißen Dörfern der Region und liegt malerisch in 218 m Höhe auf einer Felsenklippe über dem Río Barbate. Im Gewirr der Gassen mit weißgetünchten Häusern und blumengeschmückten *Patios* hat sich viel vom Geist des Orients erhalten. Den höchsten Punkt des Ortes nehmen die Überreste der *Festung* ein. Einen Blick wert ist die Pfarrkirche **El Divino Salvador** mit romanischen, gotischen und mudéjaren Elementen. Bei einer Siesta auf der palmengesäumten **Plaza de España** mit ihrem *Azulejo*-geschmückten Brunnen kann man sich einige Jahrhunderte zurückträumen.

Praktische Hinweise

Hotel

*****Hospedería Convento San Francisco**, La Plazuela, s/n, Vejer de la Frontera, Tel. 956 45 10 01, www.tugasa.com. Klösterlich schlicht und dennoch stilvoll, mit gutem Restaurant.

53 Cabo de Trafalgar und Caños de Meca

Eine geschichtsträchtige Küstenlandschaft wird zum Aussteigerparadies.

Am 21. Oktober 1805 ging das **Kap von Trafalgar** in die Geschichte ein, als hier die englische Flotte die spanisch-franzö-

sischen Gegner besiegte. In dieser Seeschlacht fand der britische Oberbefehlshaber Lord Nelson den Tod.

TOP TIPP Der breite Sandstrand am **Cabo de Trafalgar** lädt heute zu Strandwanderungen bis zur Steilküste östlich des Dorfes *Caños de Meca* ein. Die romantischen Badegrotten mit den Steilwänden, aus denen **Süßwasserquellen** wie kleine Wasserfälle sprudeln, sind einen Umweg wert. Der Abstieg in die Buchten ist aber nur bei Ebbe möglich!

54 Zahara de los Atunes

Thunfische und lange Sandstrände.

Wie der Name schon sagt, lebt der Ort vom **Thunfischfang**. Mai und Juni sind die Hauptfangmonate, und gejagt wird auf uralte Weise: Die Fische werden in ein großes Netz getrieben und dann von den Fischern einzeln aufgespießt.

Touristen kommen weniger wegen dieses archaischen Schauspiels. Sie locken vielmehr die herrlichen **Sandstrände** in der Umgebung des zu Barbate gehörenden Dorfes.

Praktische Hinweise

Hotels

*****Gran Sol**, Av. de la Playa, Zahara de los Atunes, Tel. 956 43 93 09, www.gransolhotel.com. Traditionsreiches Haus in neo-maurischem Stil direkt am Strand.

*****Pozo del Duque**, Avenida del Pradillo, 32, Zahara de los Atunes, Tel. 956 43 94 00, www.pozodelduque.com. Angenehmes Haus mit Pool am Ortsrand (am Strand).

55 Baelo Claudia

Beeindruckendste römische Ausgrabungsstätte der Region.

Vorbei an Stierweiden und dem herrlichen weißen **Sandstrand** von **Bolonia** gelangt man zum Ausgrabungsgelände von **Baelo Claudia** (Ensenada de Bolonia, s/n, Tel. 956 10 67 97, März–Okt. Di–Sa 9–19/20, Nov.–Febr. Di–Sa 9–18, So/Fei immer 9–14 Uhr) mit modernem Besucherzentrum und interessant gestaltetem Museum. Die römische Siedlung wurde Ende des 2. Jh. v. Chr. gegründet und blühte dank der Produktion von Salzfisch und daraus hergestellter Saucen. Ab Ende des 2. Jh. setzte aufgrund wirtschaftlicher und sozialer Krisen der Niedergang ein. Nach einem Erdbeben verfiel die Stadt völlig und wurde erst zu Beginn des 20. Jh. wieder ausgegraben.

Das *Areal* selbst beeindruckt besonders im Frühjahr, wenn die Ruinen in einen Blumenteppich eingebettet sind. Auszumachen sind die *Stadtmauern* und das *Forum*, um das herum sich die meisten öffentlichen Gebäude gruppieren: Kapitol, Kurie, Gerichtshof, Geschäfte, Basilika und Marktplatz. Etwas abseits, von Gräsern überwuchert, liegt das kleine *Theater*. In Strandnähe wurden die Überreste des römischen *Geschäftsviertels* entdeckt. Zu erkennen sind mehrere große Tröge, in denen vor 2000 Jahren die würzige Fischsauce Garum, das ›Ketchup der Antike‹, hergestellt wurde.

56 Tarifa

TOP TIPP *Südlichste Stadt Spaniens und Mekka der Windsurfer.*

Die Bedeutung Tarifas durch die Jahrhunderte resultierte aus seiner Lage an der Meerenge, dort, wo die **Straße von Gibraltar** ganze 14 km breit ist. Iberer und Phönizier errichteten in dieser Region Siedlungen. Die Römer nannten den Ort *Iulia Traducta* und schifften sich hier nach Afrika ein.

Für die Mauren war Tarifa ein wichtiger Brückenkopf. Befestigt wurde die Stadt im 7. Jh. unter Tarif Ben Malik, auf den der heutige Stadtname zurückgeht. Im Kampf um die Rückeroberung der Stadt 1294 tat sich der Kommandant der Festung, Alonso Pérez de Guzmán (1256–1309), hervor. Der Legende nach opferte er den Mauren seinen Sohn, um die Stadt zu halten. Guzmán erhielt den Beinamen *El Bueno* (der Gute), Landbesitz sowie den Titel eines Herzogs von Medina Sidonia und begründete eines der mächtigsten Adelsgeschlechter Spaniens.

Man betritt die sehenswerte Altstadt durch das Tor, auf dem Tarifas eindrucksvoller Ehrentitel *›muy noble muy leal y heroica ciudad‹* (›die sehr edle, treue und heldenhafte Stadt‹) prangt.

TOP TIPP Ein Bummel führt zum **Castillo Guzmán el Bueno** (tgl. 9–17 Uhr) im Südwesten der Altstadt. Die Festung (10. Jh.) wurde jüngst restauriert, doch ein Besuch lohnt sich vor allem

Sanft oder wild – von Tarifa bis Zahara findet jeder Windsurfer sein ideales Revier

wegen des herrlichen Ausblickes auf die Stadt und die nahe afrikanische Küste. Nur einen Katzensprung entfernt liegt der *Fischereihafen*, in dem auch die Schiffe nach Tanger ablegen. Ihm vorgelagert ist der **Punta de Tarifa** oder **Punta Marroquí**, der südlichste Punkt des europäischen Festlandes.

In der Vergangenheit hielt man die in Tarifa unaufhörlich blasenden Winde für ein Fremdenverkehrshindernis. Das änderte sich mit dem Windsurfboom – Tarifa wurde zu einer der **Windsurfermetropolen** Europas. Doch trotz des Tourismus hat der Ort seinen ursprünglichen kleinstädtischen Charakter bewahrt.

Tanger

35 Min. Fahrzeit benötigen Schnellfähren von Tarifa zu dem gegenüberliegenden marokkanischen Tanger.

i Praktische Hinweise

Information

Oficina de Turismo, Paseo de la Alameda, s/n, 11380 Tarifa, Tel. 956 68 09 93, www.aytotarifa.com

Hotels

TOP TIPP ***__Hurricane__, Ctra. Málaga–Cádiz km 78 (ca. 7 km nördl. von Tarifa), Tel. 956 68 49 19, www.hotelhurricane.com. Schickes Strandhotel mit großem Sportangebot.

**__Cortijo Las Piñas__, Ctra. Málaga–Cádiz, km 74,3, Tel. 956 68 51 36, www.cortijolaspinas.com. Der Gutshof verfügt über Reitpferde (auch Unterricht), eine eigene kleine Stierkampfarena und einige familiengerechte Apartments.

Restaurant

La Garrocha, c/Guzmán el Bueno, 22, Tarifa, Tel. 647 02 33 27. Gemütliches Lokal mit leckeren Gerichten aus dem Meer.

57 Algeciras

Fährhafen nach Marokko.

Die Hafenstadt (115 000 Einw.) in der gleichnamigen Bucht liegt dem Felsen von Gibraltar gegenüber. Außer **Hafenatmosphäre** hat Algeciras nicht viel zu bieten. Lediglich Besucher, die einen Abstecher nach Afrika – ins marokkanische *Tanger* oder das zollfreie, spanische *Ceuta* – eingeplant haben, verbringen hier einige Zeit. Auf der Weiterfahrt nach Westen passiert man **Puerto del Cabrito** mit großartigem Blick auf das afrikanische Küstengebirge.

i Praktische Hinweise

Information

Oficina de Turismo, beim Hafen, Avda. Juan de la Cierva, s/n, 11201 Algeciras, Tel. 956 78 41 31, www.andalucia.org

Fähre: Mehrmals täglich Fährverbindungen nach Ceuta (Fahrtzeit: 1 Std. bzw. 20/30 Min. mit teureren Katamaranen) und nach Tanger (Fahrtzeit: 2 Std. 30 Min.).

Gibraltar – britischer Fels in der Brandung

Weithin sichtbar ragt der 425 m hohe, 4,8 km lange und bis zu 1,4 km breite Felsen von Gibraltar aus dem Meer. Die britische Enklave auf der Iberischen Halbinsel wird von ihren Bewohnern zärtlich **The Gib** genannt. Die Stadt Gibraltar, am Westhang des Felsens gelegen, ist provinziell und kosmopolitisch zugleich. Die 28 000 Einwohner bilden ein buntes **Völkergemisch** aus einheimischen Gibraltarian-Briten, Spaniern, Marokkanern und Indern, die in Englisch, Spanisch und einer Mischung beider Sprachen, dem *Llanito* parlieren.

58 Gibraltar

Britische Lebensart unter südlicher Sonne.

Zu den etwas mehr als 30 000 Einwohnern von *The Gib* kommen Scharen von Besuchern: Briten auf der Suche nach den letzten Resten des *Empire*, Spanier, die die Geschäfte mit zollfreier Ware am Casemates Square stürmen, und Neugierige auf einem Tagesausflug.

Die bekanntesten Bewohner des Felsens sind jedoch die **Berberaffen**, die die Briten im 18. Jh. aus Nordafrika importierten. Es heißt, solange sie auf Gibraltar leben, bleibe ›The Rock‹ britisch.

Geschichte In der Antike galten das heutige Gibraltar und der gegenüberliegende Dschebel Musa als die mythischen **Säulen des Herkules**. Die Legende erzählt, die gewaltige Kraft des Halbgottes habe hier – am Ende der damals bekannten Welt – die beiden Berge als Stützen zwischen Himmel und Erde geschaffen. Die *Straße von Gibraltar*, 60 km lang und an ihrer schmalsten Stelle 14 km breit, verbindet Atlantik und Mittelmeer. Kein Wunder, dass der strategisch an der Schaltstelle zwischen Europa und Afrika günstig gelegene Felsen von Gibraltar schon früh heftig umkämpft war.

Im Jahr 711 überquerten der berberische Feldherr Tarik und seine Mannen die Straße von Gibraltar und machten den Felsen zum Ausgangspunkt für ihre Eroberung der Iberischen Halbinsel. Tarik

Eine imposante Kulisse bildet der Felsen von Gibraltar für das Strandidyll von La Línea

zog weiter, aber sein Name blieb dem Felsen: ›Dschebel al Tarik‹ ›Berg des Tarik‹, woraus Gibraltar wurde.

1309 eroberte Guzmán el Bueno den Felsen für die Spanier zurück. Doch erst 1462 wurde Gibraltar endgültig wieder christlich-spanisch. Im spanischen Erbfolgekrieg besetzten britische Truppen 1704 den Felsen, der ihnen nach dem **Frieden von Utrecht** 1713 zugesprochen wurde.

Die Spanier gaben Gibraltar nie verloren, doch alle Versuche der Rückeroberung scheiterten, nicht nur die militärischen. In einem **Referendum** entschieden sich 1967 mehr als 95 % der Bewohner für den Verbleib im britischen Königreich. Die neue Verfassung erklärte Gibraltar zur britischen **Kronkolonie**. Die Spanier reagierten beleidigt und schlossen die Grenze. Erst 1980 wurde die Wiedereröffnung beschlossen, die dann schließlich 1985 erfolgte.

Regiert wird die Kronkolonie in Vertretung der Queen von einem Gouverneur. In inneren Angelegenheiten ist man autonom, Außenpolitik und Verteidigung dagegen unterliegen der britischen Krone. Gelegentlich gibt es Bestrebungen, eine gemeinsame Verwaltung durch Spanien und Großbritannien einzurichten. Dass die Einwohner Gibraltars an dieser Idee allerdings wenig Freude finden und Briten bleiben wollen, zeigten sie 2002 bei einem Referendum – mit immerhin 99 % der Stimmen!

Besichtigung Durch die kleine, dem Felsen vorgelagerte Stadt *La Línea de la Concepción* führt die Straße über eine Landenge bis zur spanisch-britischen Grenze. Die Einfahrtsstraße kreuzt – ein Kuriosum – die Landebahn des Flughafens und führt direkt ins Stadtzentrum. Die Altstadt beginnt am Casemates Square.

Gibraltar City

Die wichigsten Gebäude der Stadt liegen an der Main Street: die katholische Kathe-

drale **St. Mary the Crowned**, die anglikanische Kathedrale **Holy Trinity** und der Gouverneurspalast **The Convent**, vor dem mehrmals täglich die Wachablösung stattfindet. Das **Gibraltar Museum** (18/20 Bomb House Lane, Tel. 20074289, www.gib.gi/museum, Mo–Fr 10–18, Sa 10–14 Uhr) zeigt ein detailgetreues Modell des Felsens. Der Keller beherbergt ein gut erhaltenes maurisches Bad.

Rock Tour

Hauptattraktion Gibraltars ist der **Felsen** (relativ hoher Eintrittspreis!) selbst. Die Rock Tour kann mit dem eigenen Auto oder mit dem Taxi absolviert werden. Alternativ kann der Felsen mit der **Seilbahn** (Mo–Sa 9.30–16.15 Uhr, im Sommer 9.30–17.15 Uhr) erschlossen werden. Sie hat ihren Ausgangspunkt am Alameda Park und führt über einen Zwischenstopp am Apes' Den (s. u.) zum Gipfel. Möchte man weitere Sehenswürdigkeiten am Rock (alle tgl. 9.30–19 Uhr) kennenlernen, muss man sich dann allerdings auf längere Fußmärsche, u. a. auf der kurvigen Autostraße, einrichten.

So lohnt etwa unterhalb der Seilbahn-Gipfelstation die Tropfsteinhöhle **St. Michael's Cave**, eine von etwa 150 Höhlen hier im Fels, einen Besuch. Archäologische Funde belegen, dass die größte der vielen Höhlen schon in neolithischer Zeit bewohnt war. Heute bildet die romantisch-kitschig ausgeleuchtete Höhle ein grandioses Auditorium für verschiedene Konzerte, Ballett- und Theateraufführungen.

Der Ansturm auf den Felsen ist in der Hauptsaison groß, Autos und Menschen drängen sich bei den Sehenswürdigkeiten. Die berühmtesten Bewohner des Felsens, die *Berberaffen*, ertragen es mit stoischer Ruhe, obwohl sich den **Apes' Den** kein Besucher entgehen lässt. Exemplare der *Macaca Sylvanus*, des schwanzlosen Makaken, wurden von den Briten im 18. Jh. als Haustiere aus Nordafrika importiert. Einige flohen und fanden auf den Kalksteinklippen eine neue Heimat.

Ein Abstecher in das weit verzweigte Tunnelsystem der Verteidigungsstollen, **Great Siege Tunnels**, mit seinen massiven Kanonen erinnert an die große Belagerung Ende des 18. Jh.

Die Ursprünge von **Moorish Castle**, der letzten Station auf dem Rundweg, sollen auf das Jahr der Einnahme des Felsens durch Tarik zurückgehen. Die heute noch erhaltenen Mauerreste stammen jedoch im Wesentlichen aus der ersten Hälfte des 14. Jh.

i Praktische Hinweise

Information

Telefonvorwahl: 00350, es folgt die Nummer des Teilnehmers

Gibraltar Tourist Information, Casemates Square, Gibraltar, Tel. 20074982, Kiosk am zentralen Busparkplatz, www.gibraltar.gov.uk, www.gibraltarinfo.gi

Die Tropfsteinhöhle St. Michael's Cave ist auch magischer Aufführungsort von Konzerten

Nur die Ruhe – entspannt posieren Gibraltars Berberaffen vor den Kameras der Touristen

Einreise: Zur Einreise benötigen EU-Bürger einen gültigen Personalausweis.

Geld: Die offizielle Währung ist das britische Pfund; Euro wird auch akzeptiert.

Straßenverkehr: Im Gegensatz zu Großbritannien herrscht in Gibraltar Rechtsverkehr.

Hotels

*******Rock Hotel**, Europe Road, Gibraltar, Tel. 20 07 30 00, www.rockhotelgibraltar.com. Der Hotelklassiker in Gibraltar mit herrlichem Ausblick und wunderschönem Garten.

***Cannon**, 9, Cannon Lane, Gibraltar, Tel. 20 05 17 11, www.cannonhotel.gi. Preiswert nächtigen – sauber, sehr nett, einfach.

Restaurant

Cafe Rojo, 54 Irish Town, Gibraltar, Tel. 20 05 17 38. Modernes Ambiente, gepflegte Küche mit italienischem Einschlag.

Pubs

Im Stadtzentrum gibt es zahlreiche britische Pubs mit original *Fish 'n' Chips*, Sandwiches und Ale vom Fass, z. B.

Star Bar, 12, Parliament Lane, Gibraltar, Tel. 20 07 59 24, www.starbargibraltar.com. Ältester Pub Gibraltars.

The Horseshoe, 193, Main Street, Tel. 20 07 74 44. Allseits beliebter Pub.

Britisches Flair am Südzipfel Spaniens verströmt der adrette Pub ›The Horseshoe‹

Manzanilla
La Guita

Andalusien aktuell A bis Z

Vor Reiseantritt

ADAC Info-Service:
Tel. 018 05/10 11 12 (0,14 €/Min. aus dem dt. Festnetz, max. 0,42 €/Min. aus Mobilfunknetzen)

ADAC im Internet: www.adac.de, www.adac.de/reisefuehrer

Informationsbroschüren und Kartenmaterial zu Andalusien können ADAC Mitglieder in Deutschland kostenlos in ADAC Geschäftsstellen oder unter Tel. 018 05/10 11 12 anfordern (14 Cent/Min. aus dem dt. Festnetz; max. 42 Cent/Min. aus Mobilfunknetzen) .

Andalusien im Internet:
www.andalucia.org, www.spain.info, www.andalucia.com

Spanisches Fremdenverkehrsamt/ Turespaña:
Deutschland
Kurfürstendamm 63, 10707 Berlin,
Tel. 030/882 65 43, berlin@tourspain.es

Grafenberger Allee 100 (Kutscherhaus), 40237 Düsseldorf, Tel. 02 11/680 39 81, dusseldorf@tourspain.es

Myliusstr. 14, 60323 Frankfurt/Main,
Tel. 069/72 50 38, frankfurt@tourspain.es

Postfach 15 19 40, 80051 München,
Tel. 089/53 07 46 11, munich@tourspain.es (kein Kundenverkehr, nur telefonische oder schriftliche Anfragen)

Prospektbestellung in Deutschland:
Tel. 018 03/00 26 47 (9 Cent/Min. aus dem dt. Festnetz; max. 42 Cent/Min. aus Mobilfunknetzen), www.spain.info

Österreich
Walfischgasse 8, 1010 Wien,
Tel. 01/512 95 80, viena@tourspain.es

Schweiz
Seefeldstr. 19, 1. Stock, 8008 Zürich,
Tel. 04 42 53 60 50, zurich@tourspain.es

15, rue Ami-Lévrier, 1211 Genève 1,
Tel. 02 27 31 11 33, ginebra@tourspain.es

Allgemeine Informationen

Reisedokumente

Personalausweis, Reisepass oder Kinderausweis für Deutsche, Österreicher und Schweizer. Gibraltar gehört zu Großbritannien und kann daher von Bürgerinnen und Bürgern der EU ohne Formalitäten besucht werden; es empfiehlt sich jedoch, zumindest einen Personalausweis mitzuführen. Für einen Ausflug nach Marokko ist der Reisepass erforderlich.

Kfz-Papiere

Führerschein und Zulassungsbescheinigung Teil 1 (vormals Fahrzeugschein). Es wird empfohlen, die Internationale Grüne Versicherungskarte mitzunehmen und eine Vollkasko- und Insassenunfallversicherung abzuschließen.

Krankenversicherung und Impfungen

Die *Europäische Krankenversicherungskarte* garantiert innerhalb der EU medizinische Versorgung vor Ort. Zusätzlich empfiehlt sich der Abschluss einer *Reisekranken- und Rückholversicherung*.

Reisemedizinische Hinweise für ADAC-Mitglieder: Tel. 089/76 76 77

Hund und Katze

Im *EU-Heimtierausweis* müssen die Kennzeichnung des Tieres (Mikrochip/Tätowierung) und eine gültige Tollwutimpfung (mind. 30 Tage, max. 12 Monate alt) eingetragen sein. Potenziell gefährliche Hunde (z.B. Pitbull Terrier, Rottweiler) müssen mit Maulkorb an der Leine geführt werden.

Zollbestimmungen

Innerhalb der EU dürfen Waren zum eigenen Verbrauch unbegrenzt mitgeführt werden. Als Richtmenten gelten pro volljähriger Person: 800 Zigaretten, 400 Zigarillos, 200 Zigarren, 1 kg Rauchtabak, 10 l Spirituosen, 20 l Zwischenerzeugnisse, 90 l Wein (davon max. 60 l Schaumwein) und 110 l Bier. Bei Einreise in die Schweiz bleiben zollfrei: 200 Zigaretten oder 50 Zigarren oder 250 g Tabak, 2 l alkoholische Getränke bis zu 15 % und 1 l Spirituosen über 15 % (für Personen ab 17 Jahren), andere Waren bis zu einem Gesamtwert von 300 CHF, siehe www.ezv.admin.ch.

Geld

Banken, Hotels und viele Geschäfte akzeptieren die gängigen *Kreditkarten*. An zahlreichen *EC-Geldautomaten* (Maestro) kann man gegen wechselnd hohe Gebühr rund um die Uhr Bargeld abheben.

Tourismusämter im Land

Die Fremdenverkehrszentralen, *Oficinas de Turismo*, händigen Stadtpläne aus, helfen bei der Unterkunftssuche und geben auch Auskunft über aktuelle kulturelle Veranstaltungen oder Sportmöglichkeiten vor Ort. Die Anschriften finden sich jeweils bei den *Praktischen Hinweisen* im Anschluss an die Ortsbeschreibungen im Unterwegs-Teil.

Turismo Andaluz S.A., c/ Compañía, 40, 29008 Málaga, Tel. 951 29 93 00, touristisch relevante Informationen Tel. 901 20 00 20, www.andalucia.org

Notrufnummern

Notruf: Tel. 112 (EU-weit, auch mobil: Polizei, Unfallrettung, Feuerwehr)

Ärztlicher Notruf: Tel. 061

Pannenhilfe des Real Automóvil Club de España (RACE): Tel. 915 93 33 33 oder Tel. 900 11 22 22 (Hilfe ist kostenpflichtig)

ADAC Notrufstation:
Barcelona, Tel. 935 08 28 28 (ganzjährig)

ADAC Notrufzentrale München:
Tel. 00 49/89/22 22 22 (rund um die Uhr)

ADAC Ambulanzdienst München:
Tel. 00 49/89/76 76 76 (rund um die Uhr)

Österreichischer Automobil Motorrad und TouringClub
ÖAMTC Schutzbrief-Nothilfe:
Tel. 00 43/(0)1/251 20 00

Touring Club Schweiz
TCS Zentrale Hilfsstelle:
Tel. 00 41/(0)2 24 17 22 20

Ein polizeiliches Protokoll ist für die Schadensregulierung bei Unfällen und v.a. bei **Personenschäden** unbedingt notwendig. Wer kein Spanisch spricht, sollte auf einen Dolmetscher bestehen und sich mit dem Konsulat in Verbindung setzen.

Diplomatische Vertretungen

Deutschland
Deutsches Konsulat/Consulado Alemán, Edificio Eurocom, Bloque Sur, c/ Mauricio Moro Pareto, 2–5°, 29006 Málaga, Tel. 952 36 35 91, www.malaga.diplo.de

Honorarkonsulat, Avda. de Méjico, 10, 11405 Jerez de la Frontera, Tel. 956 18 74 63 www.malaga.diplo.de

Honorarkonsulat, Avda. Carlos III., 401, 04720 Aguadulce (Almería), Tel. 950 34 05 55, www.malaga.diplo.de

Österreich
Honorarkonsulat/Consulado d'Austria, Alameda de Colon, 26, 29001 Málaga, Tel. 952 60 02 67, www.bmaa.gv.at

Schweiz
Konsulat Málaga/Consulado de Suiza, Apartado de correos, 7, 29080 Málaga, Tel. 645 01 03 03 (mobil), www.eda.admin.ch

Sicherheit

Die üblichen Sicherheitsvorkehrungen empfehlen sich besonders in großen Städten und Touristenzentren: auf seine Habseligkeiten achten, Wertsachen im Hotelsafe aufbewahren, Fahrzeuge mit ausländischen Nummernschildern in einem Parkhaus oder auf einem bewachten Parkplatz abstellen. Eventuelle Diebstähle sollten bei der zuständigen Polizeidienststelle (*Comisaría*) angezeigt werden, die Schadensmeldung kann dann der Versicherung vorgelegt werden.

Besondere Verkehrsbestimmungen

Tempolimits (in km/h): Innerhalb geschlossener Ortschaften gilt allgemein für alle Fahrzeuge 50. Außerorts dürfen Pkw und Motorräder 90 fahren, Wohnmobile bis 3,5 t 80 und Pkw mit Anhänger 70. Analog gelten auf Straßen mit mehr als einer Autofahrspur in jeder Richtung 100/90/80, auf Schnellstraßen und Autobahnen 120/100/80.

Überholverbot besteht 100 m vor Kuppen sowie auf Straßen, die nicht mindestens 200 m zu überblicken sind.

Wer im Fall einer Panne oder eines Unfalls außerhalb geschlossener Ortschaften sein Fahrzeug verlässt, muss eine reflektierenden **Warnweste** tragen. **Abschleppen** durch Privatfahrzeuge ist verboten. Während der Fahrt ist **Telefonieren** nur mit Freisprecheinrichtung erlaubt.

Die **Promillegrenze** liegt bei 0,5; bei 0,3 für diejenigen, die ihren Führerschein noch keine zwei Jahre haben.

Das **Parken** auf Bürgersteigen ist in Ortschaften verboten. Gelbe Linien am Straßenrand bedeuten Parkverbot, blaue Linien zeitlich begrenzte Parkerlaubnis (Beschilderung beachten).

Anreise

Auto

Für die Anreise von Mitteleuropa nach Südspanien sollte man 2–3 Tage einplanen. Mit dem Pkw sind zwei **Routen** nach Andalusien zu empfehlen. Entlang der *Mittelmeerküste* bis Murcia und weiter auf der E15 Richtung Almería und Costa del Sol bzw. auf der A92N bei Lorca nach Granada. Durch das *Landesinnere*: über Burgos nach Madrid und auf der E05 Richtung Córdoba bzw. bei Linares auf der E902 nach Granada.

Die **Autobahnen** in Frankreich und Spanien sind gebührenpflichtig, die meist gut ausgebauten Autovías in Spanien gebührenfrei. **Autobahntankstellen** akzeptieren Kreditkarten und sind durchgehend geöffnet, die übrigen bis ca. 20 Uhr.

Bahn

Die Bahnanfahrt ist umständlich und relativ teuer. Die Zugfahrt geht entweder über Port Bou und Barcelona nach Madrid oder entlang der Küste Richtung Valencia und weiter nach Linares-Baeza [Nr.28]. Eine zweite Route führt über Irún nach Madrid. Von Madrid sind mit dem spanischen Hochgeschwindigkeitszug AVE die andalusische Hauptstadt Sevilla (in gut 2 Std.) sowie Cordoba und Málaga schnell und bequem zu erreichen.

Deutsche Bahn, Tel. 018 05 99 66 33, (0,14 €/Min. aus dem dt. Festnetz, max. 0,42 €/Min. aus Mobilfunknetzen), 08 00/150 70 90 (sprachgesteuert, gebührenfrei), www.bahn.de

Bus

Die Deutsche Touring GmbH fährt von mehreren deutschen Städten nach Andalusien; Fahrzeit 35–48 Stunden.

Deutsche Touring GmbH (Europabus), Am Römerhof 17, 60486 Frankfurt/Main, Tel. 069/790 35 01, www.touring.de

Fähre

Ab Algeciras verkehren mehrmals täglich Fähren der spanischen Anbieter *Baleária* (Tel. 902 16 01 80, www.balearia.com) und *Acciona Trasmediterranea* (Tel. 902 45 46 45, www. trasmediterranea.es) nach Tanger und Ceuta. Letzterer bietet auch eine regelmäßige Schiffsverbindung zwischen Málaga und Melilla an.

Flugzeug

Der *Aeropuerto de Málaga*, 8 km westlich des Stadtzentrums, ist der wichtigste Flughafen von Andalusien. Er wird von Linien- und Charterfluggesellschaften, darunter auch sog. Billigfliegern, von vielen europäischen Flughäfen aus angeflogen. Gleiches gilt für die Flughäfen Almería, Granada, Jerez de la Frontera und Sevilla. Infotel. aller spanischen Flughäfen: 902 40 47 04, www.aena.es.

Bank, Post, Telefon

Bank

Banken *(Bancos)* sind in der Regel Mo–Fr 8.30–14, in den Monaten Okt.–April auch Sa 8.30–13 Uhr geöffnet. An den Geldautomaten der Banken kann man rund um die Uhr Bargeld abheben.

Post

Postämter (*Oficina de Correos*) sind Mo–Fr 9–13 und 16–19, Sa 9–13 Uhr geöffnet. Briefmarken (*Sellos*) erhält man auch in Tabakgeschäften (*Estancos*).

Telefon

Internationale Vorwahlen:
Spanien 00 34
Gibraltar 003 50
Deutschland 00 49
Österreich 00 43
Schweiz 00 41

In Spanien müssen die ehem. Ortsvorwahlen als Bestandteil der Rufnummern *immer* mitgewählt werden. Ausgenommen sind Mobiltelefon- und Notrufnummern.

Es gibt Münz- und Kartentelefone; Karten (*Tarjetas telefónicas*) sind in Postämtern und Tabakläden (*Estancos*) erhältlich.

In ganz Spanien sind die handelsüblichen **GSM-Mobiltelefone** nutzbar.

Einkaufen

Öffnungszeiten: Die Geschäfte öffnen zwischen 9 und 10 Uhr, in der Zeit von 14 bis 16/17 Uhr wird in kleinen Läden noch Siesta gehalten. Abendlicher Ladenschluss ist meist 19/20 Uhr. Kaufhäuser haben mittags durchgehend geöffnet, in der Regel bis 22 Uhr. Große Einkaufszentren sind oft auch sonntags geöffnet.

In Andalusien kann man schöne **Keramikwaren** erstehen, jede Provinz hat ihre eigenen Farben und Motive. Córdoba ist berühmt für **Lederwaren** und filigranen **Silberschmuck**. Auch Ubrique ist bekannt für qualitätvolle Lederarbeiten, Grazalema für hochwertige **Webwaren** im Berberstil. In Granada kann man schöne **Holzeinlegearbeiten** (*Taracea*) erwerben, z.B. Teetische, Schachspiele, Tabletts etc. Hübsche Fächer und handbestickte Schultertücher werden in Sevilla verkauft. Beliebte **kulinarische Mitbringsel** sind der luftgetrocknete Schinken (*Jamón serrano*), Paprikawurst (*Chorizo*), Käse (*Queso*), Olivenöl und eingelegte Oliven. An der ersten Stelle der ›flüssigen‹ Souvenirs stehen Sherry und Brandy aus Jerez de la Frontera.

Essen und Trinken

Das **Frühstück** (*Desayuno*) nehmen die Andalusier gegen 9 Uhr zu sich, meist in Form einer Tasse Kaffee mit einem Croissant oder geröstetem Weißbrot, das mit Olivenöl beträufelt wird. Beliebt sind auch *Churros*, ein Fettgebäck, das in heiße, dickflüssige Schokolade getunkt wird. Das **Mittagessen** (*Almuerzo*) gibt es in der Regel erst ab 14 Uhr. In den Restaurants ist es üblich, ein komplettes Menü, d.h. Vorspeise, Hauptgericht und Dessert, zu bestellen. Für den **kleineren Appetit** oder für den Hunger zwischendurch gibt es in Andalusien *Tapas*, köstliche Kleinigkeiten, die auf einem kleinen Schälchen an der Theke zu einem Glas Wein oder Bier serviert werden. Das **Abendessen** (*Cena*) findet für die Andalusier nicht vor 21 Uhr statt, es wird üblicherweise mit drei Gängen zelebriert.

Trinkgeld

In Restaurants ist ein Trinkgeld in Höhe von 10–15 % des Rechnungsbetrages üblich. Die Spanier nehmen das Wechselgeld in Empfang und lassen dann die *Propina* (Trinkgeld) auf dem Tisch liegen. Eine *Propina* erwarten auch Gepäckträger, Zimmermädchen und Taxifahrer.

Rauchverbot

In allen öffentlichen Gebäuden in Spanien herrscht Rauchverbot. In größeren Bars und Restaurants gibt es Nichtraucherzonen. Bei kleineren Lokalen entscheiden die Besitzer, ob geraucht werden darf.

Feiertage

1. Januar (Neujahr/*Año Nuevo*), 6. Januar (Heilige Drei Könige, *Los Reyes Magos*), 28. Februar (Andalusientag/*Día d'Andalucía*), März/April (Karfreitag, Ostern/*Viernes Santo*, *Semana Santa*), 1. Mai (Tag der Arbeit/*Día del Trabajo*), Mai/Juni (Fronleichnam/*Corpus Cristi*), 15. August (Mariä Himmelfahrt/*Asunción*), 12. Oktober (Nationalfeiertag/*Día de la Hispanidad*), 1. November (Allerheiligen/*Todos los Santos*), 6. Dezember (Tag der Verfassung/*Día de la Constitución*), 8. Dezember (Mariä Empfängnis/*Concepción Immaculada*), 25. Dezember (Weihnachten/*Navidad*)

Festivals und Events

Nirgendwo sonst in Spanien werden so viele Feste gefeiert wie in Andalusien. Neben den zahlreichen religiösen Feiern, v.a. die **Semana Santa** (Karwoche), spielen im Frühjahr und Herbst die **Ferias**, eine Art Kirmes, eine wichtige Rolle im andalusischen Festkalender. Das Spanische Fremdenverkehrsamt [s.S.129] publiziert jedes Jahr eine Broschüre, in der die andalusischen Feste und Feiern aufgeführt werden.

Informationen und die genauen Termine zu weiteren kulturellen Veranstaltungen wie z.B. Musik- und Tanzfestivals sind ebenfalls bei den Fremdenverkehrsbüros [s.S.129] und vorab im Internet unter www.spain.info erhältlich.

Februar

Cádiz: Bekannt für ausgelassene *Karnevalsfeiern* (www.carnavaldecadiz.com).

März–April

Ganz Andalusien: Die prachtvollen Prozessionen der *Semana Santa* mit den kapuzentragenden Büßern sind ein unvergessliches Erlebnis.

Sevilla: Die *Feria de Abril* (http://feriadesevilla.andalunet.com) ist das größte Fest dieser Art in Andalusien: Es gibt Stierkampf, anmutige Señoras in Flamencokleidern und stolze Caballeros hoch zu Ross.

April–Mai

Córdoba: Beim *Festival de los Patios Cordobeses* (www.patiosdecordoba.net) werden die schönsten Innenhöfe der Stadt prämiert.

Andalusische Köstlichkeiten

Die andalusische Küche hat viele herzhafte, ländlich-einfache Gerichte hervorgebracht. Sehr beliebt sind **Cocidos**, deftige Eintöpfe mit Kichererbsen, Kartoffeln, Paprikawurst, **Chorizo**, und Blutwurst, **Morcilla**. Fast schon ein Nationalgericht ist die **Tortilla española**, ein sättigendes Kartoffelomelette. Vorzüglich ist auch der typische **Gazpacho andaluz**, eine kalte Tomatensuppe, bestehend aus pürierten Tomaten, Gurken, Knoblauch, Weißbrot, Paprikaschoten sowie einem Schuss Olivenöl und Essig.

Breit gefächert ist das Angebot an Fischgerichten und Meeresfrüchten. Sehr gerne isst man den in Öl ausgebackenen Fisch, **Pescado frito**, der zuvor in Mehl gewendet wird. Als typisch unter den Fleischgerichten gilt der Stierschwanz, **Rabo de toro**. Huhn, **Pollo**, und Kaninchen, **Conejo**, werden gerne mit viel Knoblauch zubereitet. Eine wahre Delikatesse ist der Schinken vom Iberischen Schwein. Den besten Ruf genießt der von Jabugo und Trevélez.

Nicht nur bei den **Nachspeisen** lässt sich der maurische Einfluss erkennen, vieles wird mit Mandeln, Datteln, Pinienkernen und Honig zubereitet. Anknüpfend an diese Tradition bieten einige gehobene Restaurants auch exquisite hispano-arabische Hauptgerichte an. Die fantasievollen Kreationen werden verfeinert durch die Verwendung orientalischer Gewürze, hinzu kommen auch hier Mandeln, Pinienkerne, Orangen und Honig.

Tapas sind kleine kulinarische Leckerbissen, die in unzähligen Variationen in den Bars angeboten werden. In den Vitrinen an der Theke sind diese verführerischen Appetithäppchen ausgestellt, der Gast hat dann die Qual der Wahl. Auf kleinen Schälchen werden Oliven, **Aceitunas**, kleine eingelegte Fischchen, **Boquerones en vinagre**, luftgetrockneter Schinken, **Jamón serrano**, Käse, **Queso**, Salate, **Ensaladas**, und vieles mehr serviert.

Der klassische Aperitif ist der **Fino**, der trockene Sherry. Ähnlich im Geschmack sind der **Manzanilla** aus Sanlúcar de Barrameda sowie die Weine aus Montilla und Moriles (Córdoba). Zum Essen trinkt man einen Wein, **Vino**, gerne auch verdünnt mit Wasser, **Tinto de verano**, Bier, **Cerveza**, oder Mineralwasser mit bzw. ohne Kohlensäure, **Agua con** bzw. **sin gas**. Als Dessertweine bieten sich die süßeren Sherryweine an, beliebt sind auch die hochwertigen spanischen Brandys.

Bei der Romería de Rocío strömen mehrere Hunderttausend Pilger zusammen

Jerez de la Frontera: Beim Volksfest *Feria del Caballo* stehen die rassigen andalusischen Pferde im Mittelpunkt.

El Rocío: Die *Romería de Rocío* (www.rocio.com) ist die größte und wohl fröhlichste Pfingstwallfahrt in ganz Spanien.

Juni

Córdoba, Granada, Sevilla: Während der *Fronleichnamsprozessionen* tragen Gläubige riesige Monstranzen durch die Städte.

Juni/Juli

Granada: Beim *Festival Internacional de Música y Danza de Granada* (www.granadafestival.org) tragen Aufführungsorte wie der Generalife oder der Palast Karls V. zur ganz besonderen Atmosphäre bei.

Juli

Nerja: Das *Festival Cueva Nerja* bietet Musik und Tanz in der Höhle von Nerja.

August

Sanlúcar de Barrameda: Bereits seit 1845 wird an sechs Tagen im August bei den *Carreras de Caballos* (www.carrerassanlucar.es) der Strand des Ortes zur improvisierten Pferderennbahn.

September

Jerez de la Frontera: Die *Fiestas de la Vendimia* sind ein Weinfest mit Pferdeumzügen und einem Flamencofestival.

Ronda: Stierkämpfe in historischen Trachten und Flamencovorführungen sind bei der *Feria de Pedro Romero* zu bewundern.

Oktober/November/Dezember

Jaén: Das *Festival de Otoño* ist ein dreimonatiges Kulturereignis mit Theater-, Tanz- und Musikdarbietungen an diversen Aufführungsorten der Stadt.

Klima und Reisezeit

Die besten Jahreszeiten für eine Andalusien-Reise sind Frühjahr und Herbst. Im Juli/August steigen die Temperaturen im Landesinneren zeitweise auf über 40°C im Schatten. An der Küste lässt es sich dagegen vergleichsweise gut aushalten. Es empfiehlt sich, für die Frühjahrs- und Herbstmonate auf jeden Fall Übergangskleidung mitzunehmen, zur Sicherheit auch Regenschutz.

Klimadaten Sevilla

Monat	Luft (°C) min./max.	Wasser (°C)	Sonnen-std./Tag	Regen-tage
Januar	6/15	15	5	5
Februar	7/17	14	5	5
März	9/20	15	6	3
April	11/24	16	8	3
Mai	13/27	17	11	2
Juni	17/32	20	11	1
Juli	20/36	21	12	0
August	20/36	24	12	0
September	18/32	21	8	2
Oktober	14/26	18	7	4
November	10/20	17	5	6
Dezember	7/16	14	5	5

Nachtleben

Andalusien ist ein Paradies für Nachtschwärmer. In den kühlen Abendstunden geht die ganze Familie zum Spazieren auf den *Paseo*, die Flaniermeile. Auf den Plätzen lässt man dann bei einem Glas Wein oder Bier den Abend ausklingen. Die Jugendlichen machen die Nacht zum Tag, Kneipen und Diskotheken sind bis in die frühen Morgenstunden geöffnet. Man trifft sich gegen 23 Uhr und zieht dann von Kneipe zu Kneipe.

Sport

In den spanischen Fremdenverkehrsämtern [s.S.129] sind Informationsbroschüren zu den verschiedenen Sportmöglichkeiten erhältlich.

Golf

Vor allem an der Küste gibt es ein dichtes Netz von Golfplätzen. Infos:

Real Federación Andaluza de Golf, c/Sierra de Grazalema, 33, 29016 Málaga, Tel. 952 22 55 90, www.golf-andalucia.net

Reiten

Andalusien ist ein Reiterland par excellence. Zentrum der Pferdezucht ist Jerez de la Frontera. Als Pferdenarr sollte man sich dort die Vorführung der ›tanzenden andalusischen Pferde‹ [s.S.113] nicht entgehen lassen.

Ferner gibt es zahlreiche Angebote für Reitunterricht und Reitausflüge. Infos dazu und zu Pferdesportarten von *Horse Trekking* bis *Polo* erhält man kompakt im Internet unter: www.andalucia.com/rural/horseriding.htm

Skifahren

Das Skigebiet der Sierra Nevada, *Pradollano* (Gemeinde Monachil), gilt Nov.–Mai als schneesicher. Infos:

Sierra Nevada Estación de Esquí y Montaña, Plaza de Andalucía, 4 Edif. Cetursa, Monachil, Tel. 902 70 80 90, www.sierranevada.es.

Wandern

Andalusien ist seit einigen Jahren auch bei Wanderfreunden beliebt. Allerdings sind die Wege meist nicht sehr gut markiert, etwas Orientierungsgabe ist hier von Vorteil. Die besten Wandermöglichkeiten bieten sich in den Naturparks, z.B. in *Grazalema*, in der *Sierra de Cazorla y Segura*, in den *Alpujarras* und im *Torcal de Antequera*. Infos:

Federación Andaluza de Montañismo, Calle Santa Paula, 23, Granada, Tel. 958 29 13 40, www.fedamon.com

Bei den Carreras de Caballos in Sanlúcar de Barrameda wird der Strand zur Rennbahn

Wassersport

Die Badeorte an der Küste bieten alle Arten von Wassersport an. Informationen über Möglichkeiten zum *Segeln*, *Surfen*, *Tauchen* oder *Wasserski fahren* erteilen die örtlichen Tourismusämter.

Das Mekka für *Surffans* ist Tarifa. Für Anfänger ist das Windparadies an der Südspitze Spaniens allerdings weniger geeignet. Die Ausrüstung kann man sich auch vor Ort ausleihen.

Statistik

Lage: Andalusien liegt in Südspanien. Im Norden bildet die *Sierra Morena* eine natürliche Barriere zur *Meseta*, dem Hochland von Kastilien. Im Nordwesten grenzt Andalusien an die Extremadura. Nach Westen hin markiert der Río Guadiana die Grenze zu Portugal. Im Süden liegen die Küstenabschnitte der *Costa de la Luz* (Atlantik) und der *Costa del Sol* (Mittelmeer). Im Nordosten grenzt Andalusien an die Region Murcia.

Fläche: 87 268 km²

Einwohner: Andalusien hat 8 Mio. Einwohner. Das entspricht knapp einem Sechstel der spanischen Bevölkerung.

Religion: über 90 % römisch-katholisch.

Verwaltung: Andalusien ist eine der 17 Autonomen Regionen Spaniens.

Hauptstadt: Sevilla (705 000 Einw.) ist Sitz der andalusischen Landesregierung und des Landesparlaments.

Wirtschaft: Die wichtigsten Erwerbszweige Andalusien sind wie von jeher die *Landwirtschaft* (vor allem Oliven, Wein und Getreide) sowie – mittlerweile unverzichtbar – der *Tourismus* (14 % des gesamtspanischen Tourismus).

Unterkunft

Über das Angebot an Hotels, *Paradores*, *Hostales*, Pensionen und *Casas Rurales* (Unterkünfte auf dem Land) geben die Tourismusbüros Auskunft [s. S. 129/130]. Jedes Jahr erscheint für Andalusien ein neues Hotel- und Campingverzeichnis, *Guía de Hoteles, Guía de Camping*, das nach den einzelnen Provinzen geordnet ist. Es gibt auch eine Broschüre *Guía de Hotel Rurales de Andalucía*, in der schöne

Unterkünfte in ländlicher Umgebung vorgestellt werden. Insbesondere während der Osterwoche empfiehlt es sich, Zimmer rechtzeitig zu reservieren.

Apartments

Vor allem an der Küste gibt es eine große Auswahl an Apartments, die in der Regel für Selbstversorger eingerichtet sind. Die möblierten Ferienwohnungen werden klassifiziert mit 1–4 Schlüsseln.

Camping

Die Campingplätze sind je nach Ausstattung und Lage eingeteilt in 1 bis 3 Sterne; ein aktuelles Verzeichnis ist in den Touristikämtern erhältlich. Eine Auswahl geprüfter Campingplätze bietet der jährlich erscheinende *ADAC Camping Caravaning Führer Südeuropa*, der im Buchhandel oder bei den ADAC Geschäftsstellen auch als CD-ROM erhältlich ist.

Hostales, Pensiones, Fondas

Hostales (HS) und **Pensiones** (P) werden nach ihrem Standard mit 1 bis 3 Sternen kategorisiert. Noch günstiger für Reisende mit schmalem Budget sind **Fondas** (F), einfache Herbergen ohne jeglichen Komfort, und **Privatunterkünfte**, kenntlich an den Schildern *Camas* (Betten) oder *Habitaciones* (Zimmer).

Hotels

Je nach Komfort und Ausstattung sind die Hotels (H) in Spanien von 1 bis 5 Sternen gekennzeichnet. Häuser mit herausragendem Komfort sind mit GL für *Gran Lujo* (Großer Luxus) verzeichnet.

Jugendherbergen

Wer einen Internationalen Jugendherbergsausweis besitzt, kann in Andalusien in z.Zt. 22 Jugendherbergen, *Albergues Juveniles*, günstig übernachten. Infos:

Red Española de Albergues Juveniles, nur im Internet: www.reaj.com

Deutsches Jugendherbergswerk, Bismarckstr. 8, 32756 Detmold, Tel. 052 31/74 01-0, www.jugendherberge.de

Paradores

Hervorragend ist die Qualität der staatlich geführten *Paradores* (www.parador.es bzw. www.paradores.de). Die stilvollen Hotels sind zumeist in alten Burgen, Klöstern oder Herrenhäusern untergebracht. Reservierungen u. a. auch möglich über:

Ibero Tours, Immermannstr. 23, 40210 Düsseldorf, Tel. 02 11/864 15 20, www.ibero.com

Verkehrsmittel im Land

Bahn

Die Bahn ist ein vergleichsweise preisgünstiges Fortbewegungsmittel in Spanien. Die **RENFE** (Tel. 902 24 02 02, www.renfe.es), die staatliche Zuggesellschaft ist, was Pünktlichkeit und Komfort angeht, weit besser als ihr Ruf. An der Küste verkehrt nur zwischen Málaga und Fuengirola ein Nahverkehrszug. Der Reiseveranstalter **Ibero Tours** in Düsseldorf (Tel. 02 11/864 15 20, www.ibero.com) hat die Vertretung der RENFE in Deutschland übernommen und stellt Fahrkarten für internationale sowie innerspanische Verbindungen aus.

Der Hochgeschwindigkeitszug AVE verbindet Sevilla und Málaga jeweils über Córdoba in etwa 2,5 Stunden mit Madrid.

Bus

Das Busnetz ist in Andalusien vorzüglich ausgebaut. Zwischen den Provinzhauptstädten verkehren mehrmals täglich komfortable Reisebusse. Etwas niedriger ist in der Regel der Busstandard bei den Verbindungen zwischen den kleineren Ortschaften. In den Busbahnhöfen (*Estación de Autobuses*) erhält man Fahrpläne und Tickets.

Mietwagen

Leihwagen werden in allen größeren Städten und auch in den Küstenorten angeboten. Meist lohnt ein Preisvergleich zwischen den einzelnen Anbietern.

Mitglieder des ADAC können über die ADAC Geschäftsstellen oder unter der Tel. 089/76 76 34 34 bei der **ADAC Autovermietung** (www.adac.de/autovermietung) preisgünstig ein Fahrzeug buchen.

Taxi

Taxifahren ist in Andalusien relativ preisgünstig. Am einfachsten ist es, per Handzeichen ein Taxi anzuhalten, bei freien Taxis leuchtet ein grünes Licht auf dem Dach. Alle Taxis sind mit einem Taxometer ausgestattet. Für Gepäckbeförderung und Nachtfahrten werden Zuschläge berechnet.

Sprachführer

Spanisch für die Reise

Das Wichtigste in Kürze

Ja/Nein	*sí/no*
Bitte/Danke	*por favor/gracias*
In Ordnung!/ Einverstanden!	*¡Está bien!/ ¡De acuerdo!*
Entschuldigung!	*¡Perdón!*
Wie bitte?	*¿Cómo dice/dices?*
Ich verstehe Sie nicht.	*No le entiendo.*
Ich spreche nur wenig Spanisch.	*Hablo sólo un poco de español.*
Können Sie mir bitte helfen?	*¿Puede ayudarme, por favor?*
Das gefällt mir (nicht).	*(No) Me gusta.*
Ich möchte ...	*Quisiera ...*
Haben Sie ...?	*¿Tiene Usted ...?*
Gibt es ...?	*¿Hay ...?*
Wie viel kostet das?	*¿Cuánto cuesta?*
Wie teuer ist ...?	*¿Qué precio tiene ...?*
Kann ich mit Kreditkarte bezahlen?	*¿Puedo pagar con la tarjeta de crédito?*
Wie viel Uhr ist es?	*¿Qué hora es?*
Guten Morgen!	*¡Buenos días!*
Guten Tag!	*¡Buenos días!/ ¡Buenas tardes!*
Guten Abend!	*¡Buenas tardes!*
Gute Nacht!	*¡Buenas noches!*
Hallo!/Grüß Dich!	*¡Hola!/¿Qué tal?*
Mein Name ist ...	*Me llamo ...*
Wie ist Ihr Name, bitte?	*¿Cómo se llama Usted, por favor?*
Wie geht es Dir/Ihnen?	*¿Qué tal/está Usted?*
Auf Wiedersehen!	*¡Adiós!*
Tschüs!	*¡Hasta luego!*
Bis bald!	*¡Hasta pronto!*
Bis morgen!	*¡Hasta mañana!*
gestern/heute/morgen	*ayer/hoy/mañana*
am Vormittag/ Nachmittag	*por la mañana/ por la tarde*
am Abend/ in der Nacht	*por la tarde/ por la noche*
um 1 Uhr/2 Uhr usw.	*a la una/a las dos ...*
um Viertel vor (nach) ...	*a la(s) ... meno(s) cuarto (y cuarto)*
um ... Uhr 30	*a la/las ... y media*
Minute(n)/Stunde(n)	*minuto(s)/hora(s)*
Tag(e)/Woche(n)	*día(s)/semana(s)*
Monat(e)/Jahr(e)	*mes(es)/año(s)*

Zahlen

0	*zero*	19	*diecinueve*
1	*uno*	20	*veinte*
2	*dos*	21	*veintiuno, -a*
3	*tres*	22	*veintidós*
4	*cuatro*	30	*treinta*
5	*cinco*	40	*cuarenta*
6	*seis*	50	*cincuenta*
7	*siete*	60	*sesenta*
8	*ocho*	70	*setenta*
9	*nueve*	80	*ochenta*
10	*diez*	90	*noventa*
11	*once*	100	*cien, ciento*
12	*doce*	200	*doscientos, as*
13	*trece*	1000	*mil*
14	*catorce*	2000	*dos mil*
15	*quince*	10 000	*diez mil*
16	*dieciséis*	1000 000	*un millón*
17	*diecisiete*	½	*medio*
18	*dieciocho*	¼	*un cuarto*

Wochentage

Montag	*lunes*
Dienstag	*martes*
Mittwoch	*miércoles*
Donnerstag	*jueves*
Freitag	*viernes*
Samstag	*sábado*
Sonntag	*domingo*

Monate

Januar	*enero*
Februar	*febrero*
März	*marzo*
April	*abril*
Mai	*mayo*
Juni	*junio*
Juli	*julio*
August	*agosto*
September	*septiembre*
Oktober	*octubre*
November	*noviembre*
Dezember	*diciembre*

Maße

Kilometer	*kilómetro(s)*
Meter	*metro(s)*
Zentimeter	*centímetro(s)*
Kilogramm	*kilogramo(s)*
Pfund	*medio kilo*
Gramm	*gramo(s)*
Liter	*litro(s)*

Unterwegs

Nord/Süd/West/Ost	*norte/sur/oeste/este*
oben/unten	*arriba/abajo*
geöffnet/geschlossen	*abierto/cerrado*
geradeaus/ links/ rechts/ zurück	*derecho/ a la izquierda/ a la derecha/ atrás*

nah/weit	*cerca/lejos*
Wie weit ist das?	*¿A qué distancia está?*
Wo sind die Toiletten?	*¿Dónde están los aseos?*
Bitte, wo ist die (der) nächste ...	*Por favor, ¿dónde está ...*
Telefonzelle/	*la cabina telefónica/*
Bank/Polizei/	*el banco/la policía/*
Post/	*el correo/*
Geldautomat?	*el cajero automático más cerca?*
Wo ist ...	*¿Dónde está ...*
der Hauptbahnhof/	*la estación central/*
die Busstation/	*la estación autobus/*
der Flughafen?	*el aeropuerto?*
Wo finde ich ...	*¿Dónde está ...*
eine Apotheke/	*una farmacia/*
eine Bäckerei/	*una panadería/*
Fotoartikel/	*los artículos fotográficos/*
ein Kaufhaus/	*unos grandes almacenes/*
ein Lebensmittelgeschäft/	*un supermercado/*
den Markt?	*el mercado?*
Ist das der Weg/ die Straße nach ...?	*¿Es éste el camino/ la carretera a ...?*
Ich möchte mit ...	*Quisiera ir en ...*
dem Zug/dem Schiff/	*tren/barco/*
der Fähre/	*ferry/*
dem Flugzeug	*avión*
nach ... fahren.	*a ...*
Gilt dieser Preis für Hin- und Rückfahrt?	*¿Es el precio de ida y vuelta?*
Wie lange gilt das Ticket?	*¿Hasta cuándo está válido el billete?*
Wo ist das Fremdenverkehrsamt/ ein Reisebüro?	*¿Dónde está la oficina de turismo/ una agencia de viajes?*
Ich benötige eine Hotelunterkunft	*Necesito una habitación en un hotel.*
Wo kann ich mein Gepäck lassen?	*¿Dónde puedo dejar mi equipaje?*
Ich habe meinen Koffer verloren.	*He perdido mi maleta.*

Zoll, Polizei

Hier ist die Kaufbescheinigung.	*Aquí está el recibo de compra.*
Hier ist mein(e) ...	*Aquí está mi ...*
Pass/	*pasaporte/*
Personalausweis/	*carnet de identidad/*
Kfz-Schein/	*los documentos del vehículo/*
Grüne Versicherungskarte.	*la Carta Verde.*
Ich fahre nach ... und bleibe ... Tage/Wochen.	*Voy a ... y me quedo ... días/semanas.*
Ich möchte eine Anzeige erstatten	*Quisiera hacer una denuncia.*
Man hat mir ...	*Me han robado ...*
Geld/die Tasche/	*dinero/el bolso/*
die Papiere/	*los documentos/*
die Schlüssel/	*las llaves/*
den Fotoapparat/	*la cámera/*
den Koffer/	*la maleta/*
das Fahrrad gestohlen.	*la bicicleta.*
Verständigen Sie bitte das Deutsche Konsulat.	*Por favor, informe al Consulado Alemán.*

Freizeit

Ich möchte ein ...	*Quisiera alquilar ...*
Fahrrad/	*una bicicleta/*
Motorrad/	*una motocicleta/*
Surfbrett/	*una tabla de surf/*
Mountainbike/	*un mountain bike/*
Boot/Pferd mieten.	*un barco/un caballo.*
Gibt es ein(en) ...	*¿Hay en la cercanía ...*
Freizeitpark/	*un parque de atracciones/*
Freibad/	*una piscina pública/*
Golfplatz in der Nähe?	*un campo de golf?*
Wo ist die nächste Bademöglichkeit?	*¿Dónde hay una posibilidad de bañarse?*
Wo liegt der nächste Strand?	*¿Dónde está la playa más cerca?*
Wann hat ... geöffnet?	*¿Qué horario tiene ...?*

Bank, Post, Telefon

Brauchen Sie meinen Ausweis?	*¿Necesita Usted mi carnet de identidad?*
Wo soll ich unterschreiben?	*¿Dónde tengo que firmar?*
Ich möchte eine Telefonverbindung nach ...	*Quisiera una linea telefónica con ...*
Wie lautet die Vorwahl für ...?	*¿Cómo es el prefijo de...?*
Wo gibt es ...	*¿Dónde puedo conseguir ...*
Münzen für den Fernsprecher/	*monedas/*
Telefonkarten/	*tarjetas para el teléfono/*
Briefmarken?	*sellos?*

Tankstelle

Wo ist die nächste Tankstelle?	*¿Dónde está la gasolinera más cerca?*
Ich möchte ... Liter ...	*Quisiera ... litros de ...*
Super/Diesel	*gasolina super/diesel*
bleifrei/	*gasolina sin plomo/*
verbleit.	*con plomo.*
Volltanken, bitte!	*¡Lleno, por favor!*
Bitte prüfen Sie ...	*Controle por favor ...*
den Reifendruck/	*la presión de los neumáticos/*

den Ölstand/	*el nivel del aceite/*
den Wasserstand/	*el nivel del agua/*
das Wasser für die Scheibenwischanlage/	*el agua para el lavaparabrisas/*
die Batterie.	*la batería.*
Würden Sie bitte ...	*¿Podría ...*
den Ölwechsel vornehmen/	*cambiar el aceite/*
den Radwechsel vornehmen/	*cambiar la rueda/*
die Sicherung austauschen/	*cambiar el fusible/*
die Zündkerzen erneuern/	*cambiar las bujías/*
die Zündung nachstellen/	*ajustar el encendido/*
den Wagen waschen?	*lavar el coche?*

Panne

Ich habe eine Panne.	*Tengo una avería.*
Der Motor startet nicht.	*El motor no arranca.*
Ich habe die Schlüssel im Wagen gelassen.	*Dejé las llaves en el coche.*
Ich habe kein Benzin/Diesel.	*No tengo gasolina/diesel.*
Gibt es hier in der Nähe eine Werkstatt?	*¿Hay algún taller por aquí cerca?*
Können Sie den Wagen reparieren?	*¿Puede Usted reparar el coche?*
Bis wann?	*¿Para cuándo?*

Mietwagen

Ich möchte ein Auto mieten.	*Quisiera alquilar un coche.*
Was kostet die	*¿Cuánto cuesta el*
pro Tag/pro Woche/	*por día/por semana/*
mit unbegrenzter km-Zahl/	*con kilometraje ilimitado/*
mit Kaskoversicherung/	*con seguro ›casco‹/*
mit Kaution?	*con depósito?*
Wo kann ich den Wagen zurückgeben?	*¿Dónde puedo devolver el coche?*

Unfall

Hilfe!	*¡Ayuda!/¡Socorro!*
Achtung!/Vorsicht!	*¡Atención!/¡Cuidado!*
Rufen Sie bitte schnell ...	*Por favor, llame en seguida ...*
einen Krankenwagen/	*una ambulancia/*
die Polizei/	*a la policía/*
die Feuerwehr.	*a los bomberos.*
Es war (nicht) meine Schuld.	*(No) Fue culpa mía.*
Geben Sie mir bitte Ihren Namen und Ihre Adresse.	*Por favor, darme su nombre y dirección.*
Ich brauche die Angaben zu Ihrer Autoversicherung.	*Necesito los datos de su seguro.*

Krankheit

Können Sie mir einen guten Deutsch sprechenden Arzt/Zahnarzt empfehlen?	*¿Puede recomendarme un buen médico/dentista que hable alemán?*
Wann hat er Sprechstunde?	*¿A qué hora tiene su consulta?*
Wo ist die nächste Apotheke?	*¿Dónde está la farmacia más próxima?*
Ich brauche ein Mittel gegen ...	*Necesito un medicamento contra ...*
Durchfall/	*la diarrea/*
Halsschmerzen/	*dolor de garganta/*
Fieber/	*la fiebre/*
Insektenstiche/	*las picaduras de insectos/*
Verstopfung/	*el estreñimiento/*
Zahnschmerzen.	*dolor de muelas.*

Im Hotel

Können Sie mir ein Hotel/eine Pension empfehlen?	*¿Podría recomendarme un hotel/una pensión?*
Ich habe bei Ihnen ein Zimmer reserviert.	*He reservado aquí una habitación.*
Haben Sie ...	*¿Tiene Usted ...*
ein Einzel-/	*una habitación individual/*
Doppelzimmer ...	*doble ...*
mit Bad/Dusche/	*con baño/ducha/*
für eine Nacht/	*para una noche/*
für eine Woche/	*para una semana/*
mit Blick aufs Meer?	*con vista al mar?*
Was kostet das Zimmer mit ...	*¿Cuánto cuesta la habitación con ...*
Frühstück/	*desayuno/*
Halbpension/	*media pensión/*
Vollpension?	*pensión completa?*

Hinweise zur Aussprache

c	vor ›a, o, u‹ wie ›k‹, Bsp.: casa, caja
c	vor ›e‹ und ›i‹ ähnlich dem englischen ›th‹, Bsp.: gracias
ch	wie ›tsch‹, Bsp.: leche
g	vor ›e‹ und ›i‹ wie ›ch‹, Bsp.: gente
gue, gui	wie ›ge, gi‹ ,also mit stummem ›u‹, Bsp.: guitarra, guiso
h	ist immer stumm
j	wie ›ch‹, Bsp.: jamón
ll	wie ›lj‹, Bsp.: tortilla
ñ	wie ›nj‹, Bsp.: niño
que, qui	wie ›ke, ki‹, also mit stummem ›u‹, Bsp.: queso
v	wie ›b‹, Bsp.: via, vino
z	ähnlich dem englischen ›th‹, Bsp.: tenaz

Wie lange gibt es Frühstück?	*¿Hasta qué hora se sirve el desayuno?*
Ich möchte um ... geweckt werden.	*Quisiera que me despierten a la(s) ...*
Ich reise heute Abend/ morgen früh ab.	*Saldré esta noche/ mañana temprano.*
Haben Sie einen Hotelsafe?	*¿Tiene una caja fuerte?*
Nehmen Sie Kreditkarten an?	*¿Acepta tarjetas de crédito?*
Kann ich Geld wechseln?	*¿Puedo cambiar dinero?*

Im Restaurant

Wo gibt es ein gutes Restaurant/ ein günstiges Restaurant?	*¿Dónde hay un buen restaurante/ un restaurante economico?*
Die Speisekarte/ Getränkekarte, bitte.	*¡La carta/ la lista de bebidas, por favor!*
Welches Gericht können Sie besonders empfehlen?	*¿Qué plato puede Usted recomendarme especialmente?*
Ich möchte das Tagesgericht/ Menü (zu ...)	*Quisiera el plato del día/ el menú (de ...).*
Ich möchte nur eine Kleinigkeit essen.	*Quisiera comer poca cosa.*
Haben Sie vegetarische Gerichte?	*¿Hay platos vegetarianos?*
Haben Sie offenen Wein?	*¿Hay un vino de la casa?*
Welche alkoholfreien Getränke haben Sie?	*¿Qué bebidas sin alcohol tiene?*
Haben Sie Mineralwasser mit/ ohne Kohlensäure?	*¿Tiene agua mineral con/sin gas?*
Das Steak bitte ... englisch/ medium/ durchgebraten.	*El bistec ... casi crudo/ medio/ bien hecho, por favor.*
Können Sie mir bitte ... ein Messer/ eine Gabel/ einen Löffel geben?	*Por favor, ¿puede darme ... un cuchillo/ un tenedor/ una cuchara?*
Darf man rauchen?	*¿Puedo fumar?*
Die Rechnung, bitte/ Bezahlen, bitte!	*¡La cuenta, por favor!*

Essen und Trinken

Abendessen	*cena*
Ananas	*piña*
Apfel	*manzana*
Aubergine	*berenjena*
Banane	*plátano*
Bier	*cerveza*
Birne	*pera*
Blutwurst	*morcilla*
Braten	*asado*
Brot/Brötchen/Toast	*pan/panecillo/tostada*
Butter	*mantequilla*
Ei	*huevo*
Eintopf	*cocido*
Eiscreme	*helado*
Erdbeere	*fresa*
Espresso	*café solo*
Espresso mit Milch	*cortado*
Essig	*vinagre*
Fisch	*pescado*
Flasche	*botella*
Fleisch	*carne*
Fruchtsaft	*zumo de frutas*
Frühstück	*desayuno*
Geflügel	*aves*
Gemüse	*verdura*
Glas	*copa/vaso*
Gurke	*pepino*
Huhn	*pollo*
Hummer	*bogavante*
Kalbfleisch	*carne de ternera*
Kaninchen	*conejo*
Karamelpudding	*flan*
Kartoffeln	*patatas*
Käse	*queso*
Krug/Karaffe	*jarra*
Meeresfrüchte	*mariscos*
Milch	*leche*
Milchkaffee	*café con leche*
Mineralwasser	*agua mineral*
Mittagessen	*almuerzo*
Nachspeisen	*postres*
Öl	*aceite*
Oliven	*aceitunas*
Orangensaft (frisch gepresst)	*zumo (natural) de naranja*
Pfeffer	*pimienta*
Pflaumen	*ciruelas*
Pilze	*hongos/setas*
Reis	*arroz*
Rindfleisch	*carne de vaca*
Salat	*ensalada*
Salz	*sal*
Schinken	*jamón*
Schweinefleisch	*carne de cerdo*
Suppe	*sopa*
Süßigkeiten	*dulces*
Tee	*té*
Thunfisch	*atún*
Tomate	*tomate*
Vorspeisen	*entremeses*
Wassermelone	*sandía*
Wein Weiß-/ Rot-/ Rosé-Wein	*vino ... blanco/ tinto/ rosado*
Weinschorle	*tinto de verano*
Weintrauben	*uvas*
Zucker	*azúcar*

Register

A

Abd al Malik al Muzaffar 13
Abd ar Rahman I. 13, 55, 74, 76
Abd ar Rahman II. 77, 78
Abd ar Rahman III. 13, 61, 75, 84
Acinipo 38
Aguadulce 60
Alfonso VI. 13
Alfonso X. der Weise 92, 117
Alfonso XI. 81
Algeciras **123,** 131
Al Hakem II. 77, 78, 84
Almansur 13, 61, 77
Almería 13, 59, **60–62,** 131
Almuñécar **55–56**
Alpujarras 14, 42, **56–58**
Antequera 12, 18, **40–41**
Aracena **104–105**
Arcos de la Frontera **30–31**
Ayamonte 107
Aznar, José María 15

B

Baelo Claudia **122**
Baeza 64, **68–70,** 131
Barranco de Poqueira 57
Boabdil 14, 44, 54
Bubión 57

C

Cabo de Gata 60, 62
Cabo de Trafalgar **121–122**
Cádiz 7, 12, 14, 18, 87, 92, 112, 113, 115, **117–120**
  Baluarte de la Candelaria 120
  Calle Virgen del Palma 120
  Castillo de San Sebastián 120
  Castillo de Santa Catalina 120
  Catedral Nueva 118
  Museo Catedralico 119
  Museo de Cádiz 115, 118
  Oratorio de San Felipe Neri 119
  Oratorio de Santa Cueva 118
  Plaza de San Juan de Dios 118
  Teatro Romano 119
  Torre Tavira 119
Caños de Meca **121–122**
Capileira 57
Carambolo 96
Carmona 86, **101–102**
Casa de la Contratación 14, 87, 92
Casares **30**
Castellar de la Frontera 30
Cazorla **71–72**
Ceuta 123, 131
Chiclana de la Frontera 120
Colón, Cristóbal 90, 104, 106, 107, 108, 109, 112
Conil de la Frontera **121**
Córdoba 8, 13, 21, 43, 55, 60, 72, **74–85,** 87, 132, 133, 134, 136
  Alcázar de los Reyes Cristianos 81
  Baños Árabes 80
  Calleja de las Flores 79
  Judería 80
  Mezquita 8, 10, 74, 78
  Museo Arqueológico 82
  Museo de las Bellas Artes 83
  Museo Diocesano de Bellas Artes 82
  Museo Julio Romero de Torres 83
  Museo Municipal de Arte Taurino 79
  Museo Vivo de Al-Andalus 82
  Palacio del Marqués de Viana 83
  Palacio Episcopal 82
  Plaza de la Corredera 83
  Plaza de las Tendillas 83
  Plaza de los Dolores 83
  Plaza de Tiberiades 79
  Posada del Potro 82
  Puente Romano 82
  Puerta de Almodóvar 80
  Sinagoga 80
  Torre de la Calahorra 82
  Zoco Municipal 80
Corrida de toros 36
Costa de la Luz 104, 112
Costa del Sol 10, 18, 42
Costa Tropical 42
Cueva de la Pileta 12, **33**
Cueva de Nerja 19

D

Dolmen del Romeral 40
Dolmenes de Menga y Viera 40

E

Ecija 86, **103**
El Gran Capitán 52
El Puerto de Santa María 112, **116–117**
El Rocío **110**
Estepona **29**

F

Felipe de Asturias 15
Ferdinand III. der Heilige 13, 64, 68, 75, 87, 94
Ferdinand II. von Aragón (s. a. Katholische Könige) 13, 44
Ferdinand VII. 14
Feria de Abril 86
Feria del Caballo 113
Feria de Pedro Romero 35
Festival de los Patios 76
Flamenco 100, 116
Franco y Bahamonde, Francisco 15
Frigiliana **20**
Fuengirola 18, **27**

G

Gibraltar 7, 10, **124–127**
González, Felipe 15
Granada 8, 13, 42, **43–54,** 74, 92, 119
  Albaicín 49
  Alcaicería 51
  Alhambra 8, 10, 13, 42, 43, 44, 52
  Ayuntamiento Viejo 51
  Bañuelo 49
  Calderería Nueva 49
  Capilla Real 49
  Catedral Santa María de la Encarnación 50
  Centro de Interpretación del Sacromonte 49
  Corral de Carbón 51
  Generalife 43
  Mirador de San Nicolás 49
  Monasterio de la Cartuja 52
  Museo Arqueológico 49
  Parque de las Ciencias 53
  Plaza Bib-Rambla 51
  Plaza Larga 48
  Real Cancillería 49
  San Juan de Dios 52
  Santa Ana 49
Grazalema 31
Guadalquivir 72, 74, 85, 104, 111
Guadix **58–59**
Guzmán el Bueno 120, 122

H

Hadrian 7, 12
Hisham II. 13
Huelva 104, **106–108**

I

Ibn al Ahmar 43, 64
Isabella I. von Kastilien (s. a. Katholische Könige) 13, 44
Itálica 96, **101**

J

Jaén 13, **64–67**
Jerez de la Frontera 112,

113–116
Jiménez, Juan Ramón 106
Juan Carlos I. 15

K

Karl V. 14, 22, 44, 55, 92
Katholische Könige 9, 13, 44, 50, 52, 54, 81, 83

L

La Calahorra 59
Lanjarón 57
La Rábida **108**
Las Alpujarras *siehe* Alpujarras
Lorca, Federico García 42, 52

M

Málaga 13, 15, 18, **20–26,** 119
  Alcazaba 21, 23
  Casa Natal de Picasso 23
  Catedral 21, 22
  Centro del Arte Contemporáneo 25
  Gibralfaro 21
  Iglesia del Sagrario 22
  Iglesia de Santiago 23
  Museo Arqueológico 24
  Museo Interactivo de la Música 24
  Museo Carmen Thyssen 22
  Museo Picasso 23
  Palacio de la Aduana 24
  Palacio de los Condes Buenavista 23
  Palacio Episcopal 22
  Paseo del Parque 24
  Teatro Romano 23
Marbella 18, **28–29**
Martell, Karl 13
Matalascañas 107, 111
Medina Azahara 13, 74, 75, **84–85,** 93
Medina Sidonia **120**
Mijas **27**
Mini Hollywood 63
Moguer **106**
Mohamed Ibn al Ahmar 13
Mojácar 60, **63**
Monachil 58
Morisken 14, 44, 56

N

Necrópolis Romana 102
Nerja **19**
Niebla **105**
Novo Sancti Petri 120

O

Olvera **39**
Orgiva 57

P

Palos de la Frontera **109**
Parque Nacional Coto de Doñana 107, **111,** 112
Parque Nacional Sierra Nevada **58**
Parque Natural Cabo de Gata **62**
Parque Natural de Cazorla y Segura 64, **72–73**
Parque Natural El Torcal de Antequera **41**
Parque Natural Sierra de Grazalema **31–32**
Pedro I. der Grausame 13, 87, 90, 92
Philipp II. 14, 44, 56, 93
Philipp III. 14
Philipp V. 117
Picasso, Pablo Ruiz 15
Pradollano 58
Primo de Rivera, José Antonió 14
Puerto del Cabrito 123
Puerto del Suspiro del Moro 54
Punta de Tarifa 123
Punta Marroquí 123

R

Reconquista 13, 33, 68, 92
Río Odiel 106
Río Tinto 106
Ronda 12, 18, **33–39**
  Alameda del Tajo 35
  Baños Árabes 37
  Casa del Gigante 38
  Casa del Rey Moro 37
  Espíritú Santo 38
  Hotel Reina Victoria 34
  Museo Taurino 35
  Palacio de Salvatierra 37
  Palacio Mondragón 38
  Plaza de España 35
  Plaza de la Duquesa de Parcent 37
  Plaza del Mercadillo 36
  Plaza de Toros 35
  Puente Árabe 36
  Puente Nuevo 35
  Puente Romano 36
  Puerta de Almocábar 38
  San Sebastián 37
  Santa María Mayor 37
Roquetas del Mar 60

S

Salobreña **54**
Sanlúcar de Barrameda 96, **112,** 134
Semana Santa 91
Setenil **39**
Sevilla 9, 10, 13, 14, 15, 44, 72, 74, 75, **86–101**
  Alcázar 13, 86, 93
  Archivo General de Indias 92
  Ayuntamiento 97
  Casa de Pilatos 97
  Catedral 89
  Centro Andaluz de Arte Contemporáneo 98
  Expo-Gelände von 1992 98
  Giralda 88
  Hospital de la Caridad 94
  Hospital Venerables Sacerdotes 94
  Hotel Alfonso XIII. 96
  Isla Mágica 98
  Judería 94
  Metropol Parasol 97
  Museo Arqueológico 96, 101
  Museo de Artes y Costumbres Populares 96
  Museo de Baile Flamenco 97
  Museo de las Bellas Artes 97
  Museo Naval 95
  Museo Taurino 95
  Palacio de la Condesa de Lebrija 97
  Palacio San Telmo 96
  Parque de María Luisa 96
  Plaza de Refinadores 94
  Plaza de San Francisco 97
  Plaza de Toros 95
  Plaza Santa Cruz 94
  Santa María de las Cuevas 98
  Teatro de la Maestranza 95
  Torre del Oro 95
  Triana 96
  Universidad 96
Sherry 115
Sierra de Alhamilla 60, **63**
Sierra de Cazorla y Segura 72
Sierra de Grazalema 10
Sierra Morena 64, 74, 104
Sierra Nevada 10, 42, 43, 56

T

Tanger 123
Tarifa 18, 112, **122–123**
Tarik Ibn Ziyad 7, 12, 34, 124
Toledo 13
Torremolinos **26–27**
Trafalgar, Seeschlacht von 122
Trajan 7, 12
Trevélez 57

U

Úbeda 64, 68, **70–71**
Ubrique 31

V

Vejer de la Frontera **121**

Z

Zahara de la Sierra 32
Zahara de los Atunes **122**
Zapatero, José Luis Rodrígues 15

Impressum

Chefredakteur: Dr. Hans-Joachim Völse
Textchefin: Dr. Dagmar Walden
Chef vom Dienst: Bernhard Scheller
Lektorat: Elisabeth Schnurrer
Bildredaktion: Irene Unterriker, Astrid Rohmfeld
Aktualisierung: Sabine Adler
Klappenkarten: ADAC e.V. Kartografie/KAR
Karten Innenteil: Computerkartographie Carrle, München
Layout: Martina Baur
Herstellung: Ralph Melzer
Druck, Bindung: Rasch Druckerei und Verlag, Bramsche
Printed in Germany

Ansprechpartner für den Anzeigenverkauf: Kommunalverlag GmbH & Co KG, MediaCenterMünchen, Tel. 089/92 80 96-44

ISBN 978-3-89905-938-0

Neu bearbeitete Auflage 2012

Bildnachweis

Umschlag-Vorderseite: Kirche San Jose in Olvera. Foto: Bildagentur Huber/Gräfenhain

AKG, Berlin: 14 unten, 82 (Erich Lessing), 37 (Hervé Champollion), 98, U4 rechts/2 (Wh. von 98) (Joseph Martin) – Alimdi, Deisenhofen: 4/1 (Creativ Studio Heinemann), 32/33 (Martin Siepmann), 62 (Alessandra Sarti), – Anzenberger, Wien: 99 oben (Yadid Levy) – Bildagenturonline, Burgkunstadt: 94/95 – culture-images, Köln: 109 (GP) – ddp Deutscher Depeschendienst, Berlin: 15 unten – dpa picture-alliance, Frankfurt/Main: 3/3 (Wh. von 23), 23 (dpa-Report), 52 (akg-images) – FAN, Hamburg: 3/1 (Wh. von 91), 91 (Axel Meyer), 34 (Hans Zaglitsch), – Bildagentur Huber, Garmisch-Partenkirchen: 1 unten (Wh. von 18/19), 2/4 (Wh. von 124/125), 5/2 (Wh. von 18/19), 10 oben, 18/19, 25, 29, 38/39, 41, 70, 96, 124/125, 127 (2), 128 oben rechts, U4 links/3 (Wh. von 25) (Gräfenhain), 2/2 (Wh. von 63), 63, U4 rechts/5 (Wh. von 63) (Lawrence), 5/3 (Wh. von 24), 22, 24, 54/55, 57, 114 oben, 128 oben links (Wh. von S. 24) (R. Schmid), 8 oben (Müller-St.), 34/35, 106/107, 126 (Tom Mackie), 42/43, U4 links/1 (Wh. von 42/43) (Bäck), 48 (Ripani Massimo), 72 (Römmelt), 133 oben (L. Grandadam), U4 links (Canali Pietro) – Images.de, Berlin: 5/1 (Wh. von 11), 11, 36 (Peter Arnold), 50 (AISA), 68 (Lonely Planet Images/John Banagan), 100 (Stéphane Frances) – Rainer Jahns, Siegsdorf: 10/11, 20/21, 80, 128 Mitte, U4 links/4 (Wh. von 10/11) – Jupiterimages, Ottobrunn: 6/7 (French Photographers Only), 9 (Fuste Raga), 99 unten (Stadler) – Helga Lade, Frankfurt/Main: 59 – laif, Köln: 4/2 (Wh. von 66/67), 66/67, 93 unten (Anna Neumann), 4/3 (Wh. von 32), 32 (Westrich), 6 oben, U4 links/5 (Wh. von 6 oben) (Bruno Morandi/hemis.fr), 16/17 (Rapho), 56 (Kirchgessner), 58/59 (Hemispheres), 66, 105, 128 unten links, 128 unten rechts (Gonzalez), 74/75 (Patrick Escudero/hemis.fr), 108 (Reporters), 113 (Marta Ramoneda/Pol), 114 unten (Rene Mattes/hemis.fr), U4 rechts (Wh. von 113) – LOOK, München: 4/4 (Wh. von 123), 5/4 (Wh. von 86/87), 6 Mitte, 71, 86/87, 110, 115, 123 (Jürgen Richter), 45, 79, 101, 104, 106, 111 (age fotostock), 93 oben (Sabine Lubenow) – Mauritius Images, Mittenwald: 1 oben (Wh. von 30/31), 30/31 (Robert Harding), 2/3 (Wh. von 27), 26, 27, 76/77, U4 rechts/3 (Wh. von 27) (Hans-Peter Merten), 8 unten, 40, 64/65, 69, 73 oben, 103 (age), 46/47, U4 rechts/1 (Wh. von 46/47) (Jose Fuste Raga), 51, 117 (Rolf Hicker), 78/79 (CuboImages), 92, 120, 121 (imagebroker/Martin Siepmann), 97 – Bildagentur Schapowalow, Hamburg: 10 unten, 133 unten (Food Centrale), 49, 61 (Robert Harding), 90 (Atlantide) – Süddeutscher Verlag (DIZ), München: 12 (2), 13, 15 oben – Superbild, München: 76 (JTB) – Ullstein Bild, Berlin: 1 Mitte, 2/1 (Wh. von 134), 3/4 (Wh. von 73 unten), 53, 73 unten, 102, 134, U4 links/2 (Wh. von 53), U4 rechts/4 (Wh. von 73 unten) (Imagebroker.net), 82/83 (Kujath), 85, 118/119 (AISA), 135 (Peter Arnold) – White Star, Hamburg: 28 (Gumm) – Thomas Peter Widmann, Regensburg: 89

Port Antonio und der Osten – wo Hollywood von Piratenromantik träumte 55

17 **Buff Bay** 55
Crystal Springs – Somerset Falls – Fishdone Waterfalls
18 **Rio Grande** 56
19 **Port Antonio** 57
20 **Boston Bay** 64
21 **Long Bay** 65
22 **Reach Falls** 65
23 **Bath** 65
24 **Morant Point Lighthouse** 66
25 **Morant Bay** 66
26 **Yallahs** 67
27 **Bull Bay** 67

Kingston und der Südosten – Metropole am Fuße der Blauen Berge 69

28 **Kingston** 69
29 **Port Royal** 82
Lime Cay 83
30 **Jack's Hill** 84
31 **Blue Mountain Peak** 85
Gordon Town – World's End – Mavis Bank
32 **Newcastle und Holywell National Park** 87
Strawberry Hill – Newcastle – Hardwar Gap
33 **Castleton Botanical Gardens** 89
34 **Port Henderson** 90
Portmore 90
35 **Hellshire Hills und Hellshire Beaches** 90
Two Sisters Caves 91
36 **Spanish Town** 91
37 **Mountain River Cave** 95
Guanaboa Vale 95

Mandeville und der Südwesten – Bauernland und britisches Ambiente, Bamboo Avenue und Badefreuden 97

38 **Old Harbour** 97
Colbeck Castle 98
39 **May Pen** 98
40 **Milk River Bath** 98
Alligator Hole River 99

41 Christiana 100
42 Mandeville 100
43 Treasure Beach 103
44 Lover's Leap 106
Alligator Pond 106
45 Black River 106
46 Bamboo Avenue und YS Falls 108
47 Appleton Estate 109
48 Whitehouse 110
49 Belmont und Bluefields 111
Abeokuta Paradise Nature Park 111

Negril und der Westen – Urlaubsfreuden am Silberstrand, pittoreske Klippenkulisse und Zuckerhäfen 113

50 Savanna-la-Mar 113
Mayfield Falls 114
51 Little London 114
52 Negril 114
53 Orange Bay und Green Island 122
54 Lucea 123

Jamaika Kaleidoskop

Wha ah gwaan, mi yute? – Jamaikaner parlieren Patois 22
Slavery Days – das Echo der Erinnerung 33
Balm Mothers, Obeah und Anancy, als wär's ein Stück von Afrika 36
Silbernes Metall aus roter Erde 40
Xaymaca oder die Insel der Glückseligen 43
Wo das Brot auf Bäumen wächst 57
Soul Rebel und King of Reggae 76
Potzblitz – Usain Bolt und die schnellste Nation der Welt 80
Sündenbabel – plötzlich vom Meer verschluckt 83
James Bond trinkt ihn, die Queen auch 86
Jah Rastafari – der schwarze Messias 104
Hey, hoh und ne Buddel voll Rum 110
Hit me with Music 115
Ackee, Bammy, Callaloo – das ABC der jamaikanischen Küche 129

Karten und Pläne

Jamaika West
vordere Umschlagklappe
Jamaika Ost und Kingston
hintere Umschlagklappe
Montego Bay 20
Ocho Rios 48
Port Antonio: Zentrum 59
Port Antonio: Umgebung 60
Kingston: Downtown 70
Kingston: Uptown 74
Spanish Town 94

☐ Service

Jamaika aktuell A bis Z 125

Vor Reiseantritt 125
Allgemeine Informationen 125
Anreise 127
Bank, Post, Telefon 127
Einkaufen 127
Essen und Trinken 128
Feiertage 130
Festivals und Events 130
Klima und Reisezeit 131
Kultur live 131
Nachtleben 132
Sport 132
Statistik 134
Touren 134
Unterkunft 135
Verkehrsmittel 135

Sprachführer 136

Englisch für die Reise

Register 141

Impressum 143
Bildnachweis 143

Leserforum

Die Meinung unserer Leserinnen und Leser ist wichtig, daher freuen wir uns von Ihnen zu hören. Wenn Ihnen dieser Reiseführer gefällt, wenn Sie Hinweise zu den Inhalten haben – Ergänzungs- und Verbesserungsvorschläge, Tipps und Korrekturen –, dann kontaktieren Sie uns bitte:

Redaktion ADAC Reiseführer
Gräfe und Unzer Verlag GmbH
Grillparzerstr. 12, 81675 München
adac.reisefuehrer@graefe-und-unzer.de

Jamaika Impressionen

Karibisches Juwel in türkisblauem Meer

Xaymaca, Land aus Wald und Wasser, nannten die *Taino* ihre Heimat im Karibischen Meer. So klangvoll wie dieser Name, so schön ist diese Insel, ein vielfältiges Naturschauspiel mit dicht begrünten Bergen, sanften Hügeln, majestätischen Flusstälern und blendend weißen Stränden. Und als Glanzpunkte dieser prachtvollen Szenerie plätschern und sprudeln wahre Wunderwerke von Wasserfällen aus dem tropischen Grün ins türkisfarbene Meer, gerahmt von farbenfroher Blütenpracht.

Wie Purpur, Samt und Seide

Jamaika hat alles, was zu einem karibischen Urlaubsparadies gehört, vor allem eine Vielzahl traumhafter Hotels, denen das traditionelle britische Flair einen entwaffnenden Charme verleiht. Vom Luxusresort mit eigenem 18-Loch-Golfplatz über die mit Antiquitäten möblierte Plantagenvilla bis zum hübschen Guesthouse reicht die Palette. Die bedeutendsten Ferienorte sind das mondäne **Montego Bay**, das Nordküstenjuwel **Ocho Rios** mit den berühmten Dunn's River Falls, das Hollywood erprobte **Port Antonio** und das hippe **Negril**. Letzteres ist ein touristischer Tummelplatz mit magischer Anziehungskraft, schließlich wurde hier das lustvolle Nichtstun quasi neu erfunden. Bei Spaziergängen am 11 km langen Strand, bei abendlichen Beach-Konzerten oder in den malerischen Bars auf den Klippen des West End wird für Besucher aus aller Welt jamaikanische Lebensfreude erlebbar. Diese Mischung aus Reggae-Rhythmus, Rasta-Vibes und karibischer Partystimmung wird gekrönt durch ein schier unerschöpfliches **Sport- und Freizeitangebot**, welches hier und in den anderen Urlaubszentren der Insel verfügbar ist. Neben Segeln, Tennis und Reiten, Schnorcheln, Tauchen, Paragliding, River Tubing und Mountainbiking gehören zu den Aktivitäten auch Wanderungen durch die majestätischen **Blue Mountains**, Boots-

Die jamaikanische Schatzkiste der Natur:
Oben: *Rote Paradiesblüte – ›Heliconia rostrata‹ heißt die feinziselierte Blüte*
Rechts: *Weißer Paradiesstrand – während die sanfte Meeresbrise Palmwedel zum Flüstern bringt und über die Segel der Boote streicht, schlendern Strandläufer am Negril Beach in den sonnigen Tag hinein*
Rechts oben: *Grüner Paradiesgarten – samtig-sattes Blätterwerk rankt sich um die schlacksig-eleganten Königspalmen im Royal Palm Reserve bei Negril*

fahrten zu Krokodilen auf dem **Black River**, Schwimmen mit Delphinen in **Ocho Rios**, Floß-Rafting auf dem **Rio Grande** bei Port Antonio, Exkursionen zum früheren Piratenbabel **Port Royal**, Unterwasserspaziergänge in **Montego Bay**, per Zipline durch die Baumwipfel des Regenwaldes gleiten und Stippvisiten auf einigen der schönsten **Golfplätze** der Welt, z. B. die Anlagen The White Witch und Half Moon Golf Club, beide in Rose Hall nahe Montego Bay.

Blickpunkte

Jamaika, die nach Kuba und Hispaniola drittgrößte Insel der Karibik (10 990 km², 236 km lang, 82 km breit), ähnelt in Umriss und Profil dem zerfurchten Panzer einer

Riesenschildkröte. Im **Osten** erheben sich die üppig bewachsenen Blue Mountains und **John Crow Mountains**. An den Nordhängen dieser Gebirge erstreckt sich immergrüner tropischer *Regenwald*, im Süden liegen die sorgsam gepflegten Terrassenfelder, auf denen einer der besten und teuersten Kaffees der Welt, der *Blue Mountain Coffee*, angebaut wird. Im **Westen** bei Montego Bay breitet sich die mit Felsnadeln gespickte bizarr-schöne Hügellandschaft des **Cockpit Country** aus, in dem noch heute Nachfahren der rebellischen Maroons, geflohener Sklaven, leben. In den **Central Highlands** der Insel, bei **Mandeville**, schließlich wurden in den 1940er-Jahren dicht unter der Erdoberfläche große Vorkommen von *Bauxit* entdeckt, ein Rohstoff, der zu Aluminium verarbeitet wird. Seit Jahrhunderten schon erntet man auf der Insel Zuckerrohr, im **Südwesten** z. B. wiegen sich noch heute tausende kräftiger Halme im Wind. Sie liefern nicht nur Zucker, sondern auch den Grundstoff für köstlichen *Jamaica Rum*, der pur oder als fruchtiger Cocktail genossen, die paradiesische Stimmung zusätzlich hebt. Hier im **Süden** kann man das ländliche, vom Tourismus kaum berührte Jamaika studieren, und selbst Urlaubsorte wie **Treasure Beach** strahlen eine entspannte Atmosphäre aus.

Im Südosten, am Fuße der majestätischen Blue Mountains, liegt **Kingston**, die quirlige Hauptstadt des Inselstaats. In der Metropole und ihrem Großraum rund um den riesigen Naturhafen der Kingston Bay lebt etwa ein Drittel der Inselbevölkerung. Kingston hat allenthalben Viertel mit hübschen Villen und Apartmentanlagen aufzuweisen. Zu seinen Schattenseiten gehören große Ghettos, die von Armut und Hoffnungslosigkeit, Gewalt und Kriminalität gezeichnet sind. Vor allem aber ist Kingston das vitale Zentrum des politischen, wirtschaftlichen und kulturellen Lebens, es gibt Parks und Museen, lebhafte Märkte und ein modernes Geschäftsviertel mit schicken Shopping Malls und Hotels. Hier wie auch im nahen **Spanish Town** sind außerdem eine Reihe sehenswerter Kirchen und Kolonialbauten erhalten.

Out of Many, One People

Auch wenn Jamaika, nicht zuletzt dank des Tourismus, zu den besser gestellten Karibikstaaten gehört und sich inzwischen ein recht gut situierter Mittelstand etabliert hat, herrscht immer noch ein krasses Wohlstandsgefälle. Viele Löhne liegen weit unter dem Existenzminimum und stehen im Widerspruch zu den hohen Lebenshaltungskosten. Nicht weit von opulenten Ferienhäusern und Luxushotels leben noch heute viele Familien in winzigen Hütten, mal im Grünen, mal in Ghettos wie denen von Kingston und MoBay. Überleben kann nur, wer sich etwas dazu verdient. Obst- und Souvenirstände, Bars und Shops am Straßenrand bringen Nebenverdienst ebenso wie allerlei Geschäftchen mit den Touristen. Manchen dieser ›Freiberufler‹ ist eine gewisse Schläue und Aufdringlichkeit eigen, denen sich der Reisende am besten mit höflichen, klaren Worten entzieht.

Trotz aller Alltagssorgen sind die meisten Jamaikaner ausgesprochen lebenslustig, zugleich liebenswürdig und stolz. Sie erzählen und diskutieren für ihr Leben gern und setzten sich wie Schauspieler in Szene. Dabei spielen Sprache und Wortwitz eine große Rolle. **Patois**, das jamaikanische Creole, gehört zu den lebendigsten Idiomen der Karibik. Es basiert auf englischen Dialekten mit Vokabeln aus der Taino-Sprache, aus dem Spanischen und einigen afrikanischen Sprachen.

Das Motto des jamaikanischen Wappens, ›Out of Many, One People‹, erinnert daran, dass dieses Volk aus vielen anderen hervorgegangen ist. Die Vorfahren von 91% der knapp 3 Mio. Jamaikaner stammen aus **Afrika**. Sie waren einst von den Engländern als Sklaven gekauft worden, um die riesigen Felder der Zuckerrohrplantagen zu bestellen. In vielen Orten erinnern Denkmäler an die Zeit der **Sklaverei**, an gescheiterte Aufstände der Unterdrückten. Als nach Aufhebung der Sklaverei 1838 Mangel an Arbeitskräften herrschte, warben die Engländer *Vertragsarbeiter* aus Indien, China, von der Arabischen Halbinsel und sogar aus

Links oben: *Focus und Farbdesign – Foto- und Fußball-Shooting am Strand von Negril*
Links unten: *Wildromantische Klippenkulisse mit Blick auf das Negril Lighthouse*
Oben: *Indeed, it's quite british – ein Stück London des 18. Jh. entstand in der früheren Hauptstadt Spanish Town*
Mitte: *Energy God – den göttlichen Beinamen verdiente sich der Dancehall-Star Elephant Man mit seinen furiosen Bühnenshows*

Deutschland an. Deren Nachfahren machen heute knapp 5 % der Bevölkerung aus. Von den **Spaniern** allerdings, die mit Christoph Kolumbus 1494 erstmals den Fuß auf die Insel setzten und 1655 von den Engländern vertrieben wurden, zeugt außer einigen Namen für Orte, Flüsse oder Buchten nichts mehr. Die aus dem heutigen Venezuela stammenden **Taino**, die um 600 als erste auf der Insel siedelten, wurden während der spanischen Kolonialherrschaft Opfer unmenschlicher Arbeitsbedingungen und eingeschleppter Krankheiten. Von ihnen sind ebenfalls nur wenige historische Zeugnisse überliefert.

Britische Traditionen hingegen sind heute noch allgegenwärtig, obgleich nur wenige tausend Jamaikaner europäischer Abstammung auf der Karibikinsel leben. Die drei Verwaltungsbezirke und 14 Kreise, die **Parishes**, folgen der früheren kolonialen Einteilung. Erhalten sind auch viele repräsentative **Great Houses** der britischen Plantagenbesitzer, einige als exklusive Herbergen, andere als Museen hergerichtet. Aus einem englischen Geschichtsbuch könnten die makellosen Uniformen der *Polizisten* mit dem breiten roten Streifen an der Hosennaht stammen. Die Kinder tragen traditionelle englische *Schuluniformen*, an denen Eingeweihte Jahrgang und Schultyp erkennen können. Auf gepflegten Rasenplätzen spielen weiß gekleidete Jamaikaner die britischste aller Sportarten, *Cricket*. Das augenfälligste Erbe der britischen Kolonialzeit ist jedoch der **Linksverkehr** auf den Straßen, der nur die Urlauber aus dem Vereinigten Königreich nicht aus der Ruhe bringt.

Roots, Reggae und Rekorde

Das afrikanische Erbe Jamaikas, ethnische Einflüsse der anderen Einwanderer und die Glaubensbewegung der **Rastafari**, die einen schwarzen Messias verehren, schufen den Nährboden, auf dem sich ein ungewöhnlich vielseitiges kulturelles Leben entfaltet. Galerien und Museen stellen Werke renommierter jamaikanischer Maler und Bildhauer aus, und Kingston ist stolz auf seine kreative Theaterszene.

Doch keine Kunstform reicht in ihrer Bedeutung an die **Musik** heran, die das gesamte Alltagsleben der Insel durchdringt. Man hört **Reggae** überall, im Taxi oder Bus, in der Bank oder auf dem Markt.

In den Nachtklubs und bei Straßenpartys wummert **Dancehall Music** aus riesigen Lautsprechertürmen. Die fetzigere Variante des relaxten Reggae begeistert durch freche, kritische Texte und schelmische Tanzstile. Während der erste Reggae-Megastar **Bob Marley** heute fast wie ein Heiliger verehrt wird, feiern auch die Sänger und DJs des 21. Jh. weltweit Erfolge. Berühmtheiten wie Bounty Killer, Elephant Man, Mavado, Busy Signal, Sean Paul, Beenie Man, Lady Saw, und Tanya Stephens besingen Jamaika wie es heute ist, wortgewandt, oft sexistisch und mit großer Liebe für das ›Likkle Island‹.

Musikverliebt, tanzfreudig und unfassbar schnell ist der aktuelle Star der jamaikanischen Leichtathletik-Szene **Usain Bolt**. Seit den *Olympischen Spielen* 2008 in Peking hält der lässig und lustig agierende Sprinter die Welt mit überragenden Leistungen in Atem. China verließ er als dreifacher Olympiasieger mit drei neuen Weltrekorden (100 m, 200 m, 4 × 100 m), drei Goldmedallien erlief er auch bei den *Olympischen Spielen* 2012 in London. Heute ist Usain Bolt, der schnellste Athlet in der Geschichte, ein Idol der großen **Sportnation Jamaika**, die auch Spitzensportler wie Asafa Powell und Shelly-Ann Fraser hervorgebracht hat. Den *Lightning Bolt* (Blitz) genannten Ausnahmesportler aber erachtet so mancher Experte und Bewunderer schon für so berühmt wie Bob Marley.

Oben: *Blue Mountains in Flammen – eine pompöse Sonnenuntergangsfarbsymphonie*
Mitte: *Flinker Kolibri nippt an süßer Blüte*
Unten: *Jamaica's Rising Stars – Digicel-Plakatwand am Knutsford Boulevard in Kingston*
Links: *Kunst kommentiert Leben – bunter Alltag in der All Star Bar von Port Antonio*

Geschichte, Kunst, Kultur im Überblick

Von Indianern und Sklaven, Piraten und Politikern, Rebellen, Rum und Reggae

um 600 Jamaika, die drittgrößte Antilleninsel, wird wie die gesamte karibische Inselkette von Taino besiedelt. Das ursprünglich aus dem Gebiet des Orinoco-Delta (Venezuela) stammende Volk prägt auch den Namen seiner neuen Heimat, Xaymaca, ›Land aus Wald und Wasser‹.

1494 Auf seiner zweiten Fahrt entdeckt Christoph Kolumbus Jamaika und geht am 5. Mai an der Nordküste beim heutigen Ort St. Ann's Bay an Land. Er erklärt die Insel zum Eigentum der spanischen Krone.

1503 Gegen Ende der vierten Reise läuft Kolumbus' Schiff in der St. Ann's Bay auf Grund. Die Besatzung verbringt unfreiwillig ein Jahr auf der Insel.

1509 Spanische Siedler unter Führung von Diego Kolumbus, dem Sohn des Entdeckers, gründen den Ort Sevilla la Nueva beim heutigen St. Ann's Bay.

1517 Die ersten afrikanischen Sklaven treffen ein. Sie ersetzen die von Entbehrungen und Krankheiten dahingerafften Taino als Arbeitskräfte auf den spanischen Zuckerrohrplantagen. Jamaikas Bedeutung als Kolonie wird gering eingeschätzt, nachdem weder Gold noch andere Bodenschätze gefunden werden. Die Insel dient als Warenumschlagplatz und Versorgungsstation für Schiffe.

1534 Da sich die Lage von Sevilla la Nueva an der Nordküste als unvorteilhaft erweist, errichten die Spanier an der Südküste eine neue Hauptstadt, Villa de la Vega.

ab 1655 Im Auftrag des Lordprotektors Oliver Cromwell erobert die britische Flotte unter Leitung von Admiral William Penn und General Robert Venables Jamaika. Nach der Niederlage in der Schlacht bei Rio Nuevo 1658 verlassen 1660 die letzten spanischen Truppen von Runaway Bay aus die Insel in Richtung Kuba. Auf dem Gebiet der zerstörten Hauptstadt Villa de la Vega errichten die Engländer ihre Kapitale mit Namen Spanish Town. Die Sklaven der Spanier flüchten ins Landesinnere und führen dort als Maroons (von span. cimarrón = wild) ein Dasein im ständigen Guerillakampf gegen die neuen Inselherren.

Mit allen Wassern gewaschen: Pirat Henry Morgan wird 1674 Gouverneur von Jamaika

1670 Im ›Vertrag von Madrid‹ erhält Großbritannien Jamaika endgültig zugesprochen. Zu dieser Zeit machen Privateers oder Buccaneers genannte Freibeuter Port Royal an der Südküste zu ihrem Hauptquartier. Ausgestattet mit Freibriefen der englischen Krone schützen sie die Insel vor Übergriffen und jagen spanische Galeonen, die mit Edelmetallen aus den amerikanischen Kolonien beladen auf Heimatkurs segeln.

1674 Der Waliser Henry Morgan (1635–1688), einst der am meisten gefürchtete Freibeuter der Karibik, wird vom britischen König zum Ritter geschlagen und als Gouverneur von Jamaika eingesetzt. Die Freibeuterei wird verboten. Morgan erweist sich als effektiver Vollstrecker britischer Politik.

1690 Versuche der britischen Truppen, geflohene Sklaven bei den Maroons zu finden, lösen den Ersten Maroon-Krieg aus, eine Auseinandersetzung, die beinahe 50 Jahre andauert.

1692 Am 7. Juni erschüttert ein gewaltiges Erdbeben Port Royal, den sagenhaft reichen Piratenhafen und britischen Flottenstützpunkt. Große Teile der Stadt werden zerstört, die Hälfte des Areals versinkt im Meer und 3000 Einwohner kommen um. Überlebende gründen an der Landseite der Bucht den Ort Kingston.

18. Jh. Jamaika entwickelt sich zur wichtigsten Zuckerkolonie im britischen Empire. Zu Beginn des Jahrhunderts sind 80 % der Bevölkerung (von 47 000) Sklaven. Da deren Lebenserwartung wegen der harten Feldarbeit sehr niedrig ist, bleibt die Nachfrage nach Zwangsarbeitern immens. Zwischen 1700 und 1810 werden 600 000 Sklaven nach Jamaika importiert, und die Insel avanciert zum bedeutendsten Sklavenmarkt der Karibik. – Piraten machen weiterhin das Karibische Meer unsicher und plündern europäi-

Kampf der Schwarzen um soziale Gerechtigkeit – die ›Morant Bay Rebellion‹ (1865)

sche Schiffe. Auf Jamaika berühmt-berüchtigt sind z. B. der von den Briten gejagte Edward Teach, genannt Blackbeard († 1718), und Calico Jack Rackham, der 1720 in Bloody Bay (Negril) gefasst und anschließend hingerichtet wird.

1739 Ein Friedensabkommen zwischen der britischen Kolonialmacht und den Maroons unter Leitung von Cudjoe sichert diesen Freiheit, Land sowie das Recht auf Selbstverwaltung zu und beendet damit den Ersten Maroon-Krieg.

1760 Ein nach dem Anführer ›Tacky's Rebellion‹ genannter Sklavenaufstand erfasst die Insel und wird erst nach fünf Monaten niedergeschlagen. 60 Weiße und mehr als 1000 Sklaven finden den Tod.

1782 Während des nordamerikanischen Unabhängigkeitskrieges gegen Großbritannien 1755–81 gelingt es den Franzosen und Spaniern, die britische Position in der Karibik zu schwächen und einige ihrer Inseln zu besetzen. Im April 1782 planen die Verbündeten, Jamaika zu erobern, doch dann kommt es bei den Îles des Saintes südlich von Guadeloupe zur ›Battle of The Saints‹. Die britische Flotte unter Admiral George Rodney erringt einen entscheidenden Sieg über die französische Flotte unter Admiral Comte de Grasse.

1789, 1793 Captain William Bligh segelt im Auftrag der englischen Krone 1789 erstmals nach Tahiti, um dort Setzlinge des Brotfruchtbaumes für die Karibik zu laden. Nach der Meuterei auf der ›Bounty‹ im Südpazifik gelingt es Bligh sich zu retten. Im Jahr 1793 unternimmt er eine zweite, diesmal erfolgreiche Expedition. Die ertragreiche und nahrhafte Brotfrucht dient fortan als preiswertes Nahrungsmittel für Sklaven.

1795 Nach der öffentlichen Auspeitschung zweier des Diebstahls verdächtigter Maroons in Falmouth bricht der Zweite Maroon-Krieg aus. Die Engländer setzen Bluthunde zur Menschjagd ein, und die Maroons kapitulieren nach fünf Monaten. In Missachtung der Friedensvereinbarungen werden 600 Maroons nach Sierra Leone in Afrika deportiert.

1807 Unter dem Eindruck der Französischen Revolution von 1789 bilden sich auf den karibischen Inseln Freiheitsbewegungen heraus. Unter dem Druck der Antisklaverei-Aktivisten im Mutterland und aufgrund der Bedrohung durch die unterdrückten Massen in den Kolonien wird in Großbritannien zunächst der Sklavenhandel untersagt.

1814 Die jamaikanische Zuckerindustrie erreicht mit 34 Mio. Pfund Jahresproduktion ihren Höhepunkt.

1831 Die ›Christmas Rebellion‹, ein Aufstand von mehr als 20 000 Sklaven, breitet sich von Montego Bay rasch über die ganze Insel aus. Nur durch die Lüge, die Sklaverei sei gerade abgeschafft worden, bringt man die Schwarzen zum Einlenken. Tausende werden anschließend gnadenlos niedergemetzelt. Ihr Anführer, der Prediger Sam Sharpe, wird 1832 auf dem heute nach ihm benannten Hauptplatz von Montego Bay gehängt.

1838 Nach einer Übergangszeit von vier Jahren wird die Sklaverei im britischen Empire endgültig abgeschafft. Viele Zuckerrohrplantagen auf Jamaika geraten auch aufgrund einer Exportflaute in eine Existenzkrise. Die Briten werben in anderen Kolonien Landarbeiter an. 40 000 Inder und Chinesen sowie 1200 Deutsche aus den Hannoverschen Landen des englischen Königshauses treffen auf der Insel ein.

1865 Soziale Not und die Diskriminierung schwarzer Landarbeiter lösen die ›Morant Bay Rebellion‹ aus. Die Kolonialregierung unter Gouverneur Edward Eyre schlägt nach dem Tod 18 Weißer erbarmungslos zu. Mehr als 400 Schwarze werden umgebracht, unter ihnen auch Paul Bogle, der Anführer der Bewegung, und der Mulatte George William Gordon, der mit den Schwarzen und ihrer Forderung nach Land und fairer Behandlung sympathisiert.

1866 In Folge der inneren Unruhen wird Jamaika als

Kronkolonie direkt der Kontrolle des Londoner Parlaments unterstellt.

1866, 1870 Handelskapitäne wie George Bush und Lorenzo Dow Baker verkaufen mit großem Profit Ladungen von Bananen aus Port Antonio und Port Morant auf US-amerikanischen Märkten und fördern damit die Bananenproduktion auf Jamaika.

1872 Kingston löst Spanish Town als Hauptstadt ab.

1879 Das Institute of Jamaica wird in Kingston gegründet. Als wichtigste kulturelle Institution betreut es noch heute u.a. die Bibliotheken und Museen.

1881 George Stiebel, der als erster schwarzer Millionär Jamaikas sein Glück mit Goldfunden in Venezuela gemacht hat, lässt die prachtvolle Stadtvilla Devon House in Kingston errichten.

1907 Ein schweres Erdbeben zerstört große Teile Kingstons, 800 Menschen sterben.

1918–20 Marcus Mosiah Garvey (1887–1940) aus St. Ann's Bay gründet in New York die UNIA, die United Negroe Improvement Association, zur wirtschaftlichen und politischen Förderung der Schwarzen. Er gilt auch als Begründer der Back-to-Africa-Bewegung.

1927/28 Der jamaikanische Bananenexport durch die United Fruit Company erreicht seinen Höhepunkt. Als Bananendampfer-Passagiere kommen ab 1928 die ersten Urlauber aus den USA nach Port Antonio.

ab 1930 Die ersten Rastafari-Gruppen bilden sich in Kingston. Sie verehren Kaiser Haile Selassie von Äthiopien als den von Garvey prophezeiten schwarzen Messias [s. S. 104].

1938 Wirtschaftskrisen, Arbeitslosigkeit und Armut lösen schwere soziale Unruhen aus. Der Arbeiterführer Alexander Bustamante (1884–1977) gründet die erste Gewerkschaft. Die erste politische Partei, People's National Party (PNP), wird von Norman Washington Manley (1893–1969) aus der Taufe gehoben.

1942 Im St. Ann Parish wird Bauxit, Grundstoff der Aluminium Produktion, gefunden. Anfang der 1950er-Jahre beginnt der industrielle Abbau des Rohstoffs.

1944 Die Insel erhält eine neue Verfassung. Bei den ersten Wahlen gewinnt die von Bustamante im Jahr zuvor gegründete Jamaica Labour Party (JLP).

1955 Jamaika wird innere Selbstverwaltung zugestanden, bei den Wahlen kommt erstmals die People's National Party unter Norman Manley an die Macht.

1958–61 Die Briten schließen eine Reihe ihrer karibischen Inseln zur West Indies Federation zusammen. Dieser Staatenbund ist auf Jamaika nicht populär, da man die eigenen wirtschaftlichen und politischen Interessen stärker gewahrt sehen möchte. In einem Referendum entscheidet sich die Bevölkerung 1961 für den Austritt Jamaikas aus der Föderation. Bald darauf löst diese sich auf.

1962 Am 6. August erhält Jamaika die Unabhängigkeit und wird ein Staat im British Commonwealth of Nations. Staatsoberhaupt ist die britische Königin, vertreten durch einen Generalgouverneur. Die politische Macht geht von einem alle fünf Jahre gewählten Parlament aus. Erster Premierminister wird Alexander Bustamante (JLP).

Alexander Bustamante wird 1962 erster Premierminister Jamaikas

1972–80 Michael Manley (1924–1997), Sohn von Norman Manley und Anführer der PNP, regiert die Insel. Im Rahmen seiner Politik des demokratischen Sozialismus werden Schlüsselbetriebe verstaatlicht, und eine Landreform regelt die Vergabe von Ackerboden an Kleinbauern. Die Beziehungen zum sozialistischen Kuba werden intensiviert. Wohlha-

Moderne Zeiten – per Tram fahren Kingstonians um 1900 durch die Orange Street

bende Jamaikaner verlassen das Land, internationales Kapital zieht sich zurück, die Weltbank sowie die USA verschärfen ihren Kurs gegenüber Jamaika. Die Wirtschaft gerät ins Straucheln, die innenpolitischen Auseinandersetzungen sind zunehmend von Gewalt geprägt.

1973 Der Film ›The Harder They Come‹, der mit dem Sänger Jimmy Cliff in der Hauptrolle das Ghettoleben in Kingston schildert, macht Reggae Music international populär. – Bob Marley und seine Gruppe ›The Wailers‹ erringen weltweit Spitzenplätze in den Hitparaden.

1976 Bob Marley entgeht vor seinem Auftritt bei einem von der PNP organisierten Konzert knapp einem Mordanschlag.

1980 Nach einem von blutigen Auseinandersetzungen geprägten Wahlkampf trägt die JLP unter Edward Seaga den Sieg davon und führt das Land mit Unterstützung durch die USA auf einen prowestlichen Kurs zurück. – Der Hurrikan Allen fegt über die Insel und zerstört einen Teil der Ernte.

1981 Reggae-Superstar Bob Marley (* 1945) stirbt in Miami an Krebs. Er wird von Millionen weltweit betrauert und findet in seinem Geburtsort Nine Mile im Parish St. Ann seine letzte Ruhe.

1987 Der Reggae-Sänger Peter Tosh, einst Mitglied der ›Wailers‹, wird in Kingston ermordet.

1988 Der Hurrikan Gilbert trifft Jamaika und verursacht gewaltige Schäden, ein Viertel der Bevölkerung wird obdachlos.

1989 Nach seinem Wahlsieg kehrt Michael Manley (PNP) mit einem sozialdemokratischen Programm ins Amt zurück

Michael Manley während seiner ersten Amtszeit als Premier (um 1975)

1992 Manley übergibt sein Amt aus gesundheitlichen Gründen an Percival J. Patterson. Er ist der erste schwarze Premierminister Jamaikas.

1997 Ex-Premier Michael Manley stirbt 72-jährig und wird im National Heroes Park von Kingston beigesetzt.

1998 Die ›Reggae Boyz‹ genannte, kurz zuvor gegründete Nationalmannschaft von Jamaika nimmt an der Fußballweltmeisterschaft in Frankreich teil.

2004 Im Mai stirbt der Musikproduzent Sir Coxone Clement Dodd, Gründer des Labels Studio One, der die Entwicklung des Reggae und u. a. die Karriere von Bob Marley maßgeblich beeinflusste. – Der Hurrikan Ivan, einer der verheerendsten Stürme der Geschichte, trifft am 10. September auf Jamaika und richtet große Schäden an.

2005 Der Jamaikaner Asafa Powell bricht in Athen den Weltrekord über 100 m mit 9,77 Sek. In Folge verbessert er ihn drei Mal, zuletzt im Jahr 2007 auf 9,74 Sek.

2006 Jamaika erhält mit Portia Simpson Miller (PNP) zum ersten Mal eine Premierministerin. – Die Poetin und Komödiantin Louise Bennet-Coverly (›Miss Lou‹) stirbt im Alter von 86 Jahren. Sie hatte Patois in der Literatur, auf der Bühne und im TV salonfähig gemacht.

2007 Bei Neuwahlen gewinnt die JLP zum ersten Mal seit 18 Jahren, Bruce Golding wird Ministerpräsident.

2008 Usain Bolt stellt im Mai in New York einen neuen Weltrekord über 100 m (9,72 Sek.) auf. Bei der Olympiade in Peking überflügeln Jamaikas Athleten die internationale Konkurrenz, sie gewinnen elf Medaillen, darunter sechs Mal Gold. Usain Bolt verblüfft die Sportwelt mit drei Weltrekorden über 100 m, 200 m und 4 × 100 m.

2014 Bei den Olympischen Winterspielen 2014 im russischen Sotschi geht Jamaika mit einem Zweierbob-Team an den Start und lässt Erinnerungen an den Disney-Kultfilm ›Cool Runnings‹ von 1993 aufleben.

Stars der WM 2009 in Berlin – Usain Bolt und Asafa Powell nach der 4 × 100 m Staffel